I0079271

Una nuova storia generale da insegnare

A cura di Luciana Coltri, Daniela Dalola
e Maria Teresa Rabitti

MNAMON

Indice

SECONDA PARTE
Alcune dimensioni, alcune tematiche
e alcuni strumenti necessari

TERZA PARTE
Alcune proposte di applicazione didattica
Relazioni e laboratori

ALTRI LABORATORI
Elaborazione di piani di lavoro annuali

Presentazione

di Luciana Coltri, Daniela Dalola e M. Teresa Rabitti

"La storia non mi interessa, studio e poi dimentico tutto il giorno dopo" dichiarano gli allievi, "Insegnare storia è faticoso, di nessuna soddisfazione, i ragazzi non studiano o si preparano solo per la verifica" lamentano gli insegnanti.

Che la storia insegnata e studiata a scuola sia inutile, non motivante, mal sopportata da studenti e insegnanti è ormai cosa risaputa e il fallimento formativo ampiamente verificato da interviste e statistiche. Quando vengono riportate dalla televisione o dai giornali certe risposte fornite dai giovani e non solo da loro, sui fatti fondamentali della storia italiana o europea o peggio ancora mondiale, proviamo vergogna e irritazione ma soprattutto preoccupazione.

Allora che fare? Rassegnarsi? O compiere analisi articolate delle cause del fallimento e fare proposte di cambiamento, corrette dal punto di visto storiografico, motivate, concrete, fattibili che tengano conto dei suggerimenti delle Indicazioni nazionali?

L'associazione Clio '92 sente profondamente l'esigenza di un rinnovamento dell'insegnamento-apprendimento della storia e da anni cerca di dare risposta alla domanda: "Come la storia generale scolastica può motivare gli allievi e dare risposte alle esigenze di conoscenze significative degli studenti?
Questo volume dà conto delle relazioni e dei laboratori che si sono tenuti durante la XXIII edizione della Scuola

Estiva di Arcevia dal 22 al 25 agosto 2017, oltre che delle elaborazioni e delle sperimentazioni già avviate da anni dall'associazione.

Il testo propone un'analisi approfondita delle responsabilità dei soggetti che operano nella scuola, dei metodi e degli strumenti oggi adottati nella grande maggioranza dei casi nell'insegnamento della storia. Offre la possibilità di pensare una nuova storia generale da insegnare, esempi di modelli storiografici differenti da quello manualistico lineare cronologico, politico, eurocentrato, offre temi di storia globale e di W. H., propone metodologie didattiche e strumenti operativi per accompagnare e sollecitare gli insegnanti a compiere una grande trasformazione nell'insegnamento.

Il saggio di Ivo Mattozzi, in apertura del volume, pone con chiarezza la critica all'insegnamento della storia generale tradizionalmente insegnata; analizza la responsabilità dei manuali, degli insegnanti e degli studenti. Chiarisce che *"Sono stati elaborati molteplici modelli di storia generale, ma quello che è diventato canonico nei sistemi scolastici è quello elaborato e imposto come il più adatto a formare sudditi o cittadini informati sulle vicende politiche nazionali e su quelle dei principali paesi europei, specie occidentali."*

Oggi è necessario fare riferimento a nuovi modelli storiografici, a nuove organizzazioni del sapere, a temi significativi per gli studenti che vivono nel presente. Mattozzi fornisce agli insegnanti degli strumenti, 10 indicazioni, per selezionare le conoscenze significative da proporre nella costruzione di piani di lavoro annuali in modo da far pensare diversamente la storia da insegnare e, quindi, la sua valenza formativa.

Sottolinea Mattozzi che prioritario è modificare il modo di concepire e presentare la storia ai giovani allievi, non relegata nei libri al solo studio del passato, ma qui nel no-stro tempo" *Noi siamo immersi nelle storie reali che si stanno svolgendo quotidianamente"* e il passato è dentro le storie in corso.

Prendere atto di questa impostazione è un'urgenza, visto che le indicazioni Nazionali e le produzioni storiografiche sollecitano ed avallano questi mutamenti di prospettiva.

Gli insegnanti devono avere il coraggio di riorganizzare i testi e operare trasposizioni didattiche funzionali e significative facendo riferimento alle produzioni della storio-grafia contemporanea. Questo è possibile se l'insegnante acquisisce la competenza di compiere trasposizioni vali-de, che tengano conto della semantica, della sintassi e del-la grammatica della storia, come sostiene nella sua significativa trattazione Pentucci, per adattare l'insegnamento alle strutture cognitive degli studenti.

Nel suo contributo Saltarelli ribadisce quanto sia difficile per gli insegnanti operare una revisione e una ristruttura-zione di nuovi nuclei di sapere storico. Questo soprattutto se si deve utilizzare una manualistica che ripropone un sa-pere storico secondo il canone tradizionale ottocentesco. Suggerisce, quindi, di assumere come modello per una efficace trasposizione didattica alcune importantissime opere storiografiche e analizza l'opera di storia generale "La società feudale" di March Bloch. Saltarelli evidenzia come le caratteristiche della struttura di quest'opera pos-sano essere altamente funzionali alla trasferibilità didatti-ca di alcuni contenuti.

Gusso attribuisce allo studio della realtà post-industriale, che analizza in modo ampio e documentato, l'importan-za di essere l'elemento di rottura con la storia generale tradizionale. La realtà post industriale diventa per lui l'elemento indispensabile per comprendere la realtà del presente.

Altri contributi presentano esempi di temi e modi di strutturare le conoscenze più aderenti alla nuova storia generale. I saggi di Brusa e Coppari ci sollecitano a guardare la storia dal mare. Brusa ci suggerisce di tener conto dei tre oceani: Atlantico, Indiano e Pacifico perché *"Vista dagli oceani, la storia dell'umanità ha un momento di svolta che non manca di sorprendere il lettore occidentale. [...] Tre oceani. Tre quadri storici essenziali con i quali possiamo scandire l'intera storia dell'umanità"*. Per Coppari è il Mediterraneo il punto di vista da cui guardare per proporre tempi e problemi interessanti e significativi per comprendere il mondo di oggi.

Il contributo di Guanci suggerisce temi di storia globale come l'ambiente e l'alimentazione e propone, in alternativa ad una storia eurocentrica, uno sguardo al mondo e alle tematiche della Word History.

Il testo di Rabitti dà corpo a uno dei criteri di selezione delle conoscenze significative indicati da Mattozzi, ed esemplifica come l'uso reiterato delle carte a scala mondiale ci permetta di affrontare in modo semplice e motivante due importanti processi di trasformazione: *"Il popolamento del mondo da parte dell'Homo sapiens"* e *"La rivoluzione neolitica e l'origine dell'agricoltura"* e un tema di storia globale" *Gli scambi biologici"*. Tema centrale quest'ultimo per cogliere come nella storia dell'umanità sempre in un modo più o meno intenso, siano avvenuti scambi di merci, mescolanze di popoli e contaminazioni di epidemie. Tema trascurato dalla produzione manualistica.

Il tema della *'storia dimezzata'* si pone come un altro criterio da seguire per selezionare le conoscenze significative da proporre agli allievi. Il contributo di Serafini fa il punto sulla storia di 'genere' e la sua assenza, o quasi, dalla produzione manualistica, nonostante le sollecitazioni delle Indicazioni Nazionali. L'autrice mostra come la produzione storiografica in merito sia ormai ampia e adeguata e come sia indispensabile per costruire una nuova storia generale rendere evidente la presenza del soggetto femminile nella storia.

Una proposta seria e documentata per motivare gli allievi alla comprensione e costruzione della storia è quella di Tibaldini che ci invita a conoscere le antiche civiltà del mondo giocando ai giochi da tavolo inventati e giocati dagli uomini del passato con un costante sguardo al bisogno di gioco del presente. *"Gli uomini giocano per tutto il corso della propria vita, e nello stesso modo il genere umano ha giocato lungo tutto il corso della propria storia, anzi, possiamo dire che giocare è una pratica universale, senza limiti geografici o temporali"*.

Nella terza parte del volume si riportano le attività laboratoriali, che si sono svolte durante la SEA, quali prime risposte concrete alle sollecitazioni date dalle relazioni. I laboratori si sono, dunque, configurati non solo come momenti per la progettazione di unità di apprendimento, ma anche come spazi di confronto in cui discutere e problematizzare le nuove prospettive.

13

La storia generale scolastica: come rinnovarla?

di Ivo Mattozzi

Abbiamo ancora bisogno della storia generale scolastica?

Abbiamo ancora bisogno di spalmare la storia generale in due cicli di 5 anni e dare agli studenti la sensazione di fare nel secondo ciclo il ripasso di ciò che hanno studiato nel primo ciclo?

Abbiamo ancora bisogno di una storia generale che dà l'illusione di rappresentare e di far conoscere il corso di tutti gli eventi più importanti dall'inizio della storia ad oggi?

La risposta potrebbe essere un bel "No, ne possiamo fare a meno, considerata la incultura storica diffusa degli studenti che mostrano di non avere nessun beneficio formativo dallo studio della storia generale insegnata."

Infatti, non si legge mai una valutazione positiva della conoscenza storica maturata dalla maggioranza degli studenti in 10 anni di studi.

A che serve imporre la storia se gli studenti per lo più la considerano noiosa e inutile e pensano che la storia contemporanea sia la sola che abbia qualche relazione col mondo attuale e che imparare storia consista nella fatica di ricordare date, nomi di personaggi e di eventi?

Perché la imparano male e la dimenticano presto? Perché si chiedono giustamente che hanno a che fare le conoscenze storiche con il mondo nel quale agiscono?

All'origine del fallimento formativo della storia insegnata e studiata possiamo additare una pluralità di fattori agenti sia nel campo della didattica sia dalla parte dei processi di apprendimento e delle disposizioni cognitive degli allievi: ad esempio, modi incongrui di trasporre le conoscenze, di guidare le attività di apprendimento e di verificare l'appreso, abilità scarse e presentismo degli studenti. Ma nessun rimedio didattico potrà essere efficace se verrà applicato alla storia generale tradizionale pigramente accettata come inevitabile e insostituibile.

Il fattore principale della crisi della formazione storica è costituito dalla composizione e dalla struttura della storia generale attualmente insegnata.

Il modello di storia generale, diventato canonico nel corso dell'800 e che noi insegnanti abbiamo assorbito attraverso gli studi ripetuti della sua trasposizione manualistica, ha invaso il nostro pensiero fino al punto di considerarlo come l'unico possibile. È tale convinzione che ci impedisce di capire le novità proposte nelle *Indicazioni per il curricolo* e per *i piani di studio* e di assumerle nei curricoli di istituto e nei piani di lavoro annuali.

Dobbiamo rassegnarci a questa irrilevanza della storia generale insegnata attualmente? No, non dobbiamo rassegnarci. Abbiamo la facoltà e la possibilità di sostituire al modello che non funziona un sistema di storia generale più rispondente alle esigenze di comprensione del mondo e più gradevole da studiare.

È possibile avvincere e istruire gli alunni con conoscenze più interessanti? È possibile pensare un'altra storia, da insegnare con più gusto e con maggiore profitto?

È possibile proporre conoscenze storiche che fanno pensare storicamente il mondo e rendono noi e gli studenti cittadini più consapevoli e più capaci di usare le conoscenze storiche?

Per la difesa della storia generale da insegnare

Se vogliamo difendere la funzione della storia generale scolastica nella formazione di cultura e di competenze dobbiamo renderci conto che sono disponibili molteplici modelli di strutturazione di storia generale, dobbiamo criticare l'asse portante delle conoscenze e la loro organizzazione tradizionale nella manualistica, dobbiamo cambiare il modello di riferimento e rendere il nuovo modello ispiratore di una diversa selezione delle conoscenze, di una loro diversa organizzazione in sistema nei nostri piani di lavoro.

Il primo compito è prendere consapevolezza delle caratteristiche che rendono il modello tradizionale incapace di rispondere alle esigenze attuali. Le conoscenze che insegniamo non sono "la storia", ma compongono il genere storiografico che si chiama "storia generale". Sono stati elaborati molteplici modelli di storia generale, ma quello che è diventato canonico nei sistemi scolastici è quello elaborato e imposto come il più adatto a formare sudditi o cittadini informati sulle vicende politiche nazionali e su quelle dei principali paesi europei, specie occidentali. Se vogliamo affermare il valore formativo della storia generale, dobbiamo

- riconoscere i limiti del modello assunto dalla tradizione scolastica,
- conoscere altri modelli più aggiornati, più gradevoli, più efficaci,
- assumerli per progettare piani di lavoro composti di conoscenze più adeguate a interessare e motivare all'apprendimento e a promuovere abilità di uso delle conoscenze e di ragionamento storico.

Iniziamo con il rilevare i limiti del modello tradizionale, quello trasposto nella manualistica come asse discorsivo portante.

Critica del modello tradizionale[1]

La funzione politica e non cognitiva

Considerate il modo in cui un parlamentare inglese ha ridotto l'apprendimento della storia in una interpellanza presentata a proposito delle proposte di rinnovamento del curricolo di storia nelle scuole inglesi:

> «Perché non possiamo tornare ai buoni vecchi giorni in cui imparavamo a memoria i nomi dei re e delle regine d'Inghilterra, le gesta dei nostri guerrieri, le nostre battaglie e i fatti gloriosi del nostro passato?»

Possiamo prendere queste parole come una caricatura di un sistema di conoscenze. Ma essa rivela il modello di storia generale che il parlamentare ha nella mente come tanti altri intervenuti nel dibattito. Infatti,

> «Né si trattava di una voce isolata: analoghe considerazioni furono infatti avanzate da vari organi di stampa. È evidente che così concepita la storia si riduceva a una galleria di glo-

---

1   Sui modelli di storia generale alternativi si veda Mattozzi I., *Una nuova storia generale scolastica per comprendere il mondo e agire da cittadini globali*, in "Quaderni di Clio '92" numero 16/marzo 2017, pp. 21-48. Tutto il Quaderno curato da Ciro Elio Junior Saltarelli e intitolato *Il sapere storico e la formazione di alunni competenti* contiene contributi e recensioni di libri di storia generale che chiariscono i termini delle questioni relative alla storia da insegnare e propongono soluzioni. Rispetto al mio testo centrato sui modelli alternativi di storia generale, l'articolo presente rappresenta lo sviluppo in direzione dei criteri di applicazione di modelli alternativi nell'insegnamento.

rie nazionali. L'interpellante dovette certamente esser soddisfatto della replica del primo ministro secondo il quale «i bambini devono conoscere le pietre miliari (*landmarks*) della storia britannica e questo deve esser loro insegnato a scuola»[2]

Tali battute rivelano la funzione che è assegnata già dall'origine alla storia generale insegnata: inculcare negli studenti l'amore patrio mediante lo studio e la memorizzazione degli eventi "pietre miliari" del percorso storico nazionale che si è intrecciato con i percorsi storici di altre potenze europee e con quelli di popoli extraeuropei. Tale funzione era esaltata dappertutto nel mondo occidentale. Basti ricordare le indicazioni dello storico francese Ernest Lavisse:

«All'insegnamento della storia spetta il dovere glorioso di far amare e di far comprendere la patria [...] tutti i nostri eroi del passato, persino quelli avvolti nella leggenda [...] Se lo scolaro non porta con sé il ricordo delle nostre glorie nazionali, se non sa che i nostri antenati hanno combattuto su mille campi di battaglia per nobili cause, se non ha per nulla appreso qual è il costo di sangue e di fatiche pagato per fare l'unità della patria [...] e, dopo aver liberato dal caos le nostre istituzioni, vegliare sulle leggi sacre che ci rendono liberi, se non diviene un cittadino compenetrato di questi doveri e un soldato che ama la sua bandiera, l'insegnante avrà perso il suo tempo.»[3]

Ma «*Doveri gloriosi, eroi avvolti dalla leggenda, nobili cause, unità della patria, leggi sacre che ci rendono liberi, soldato*, questi termini, questi principi, si ritrovano, con sfumature si-

2   G.B. Nash, Ch.A. Crabtree, R. Dunn., *History on Trial. Culture Wars and the Teaching of the Past*, New York City, Vintage Books 2000 pp. 157, cit. in Procacci G., *Carte d'identità. Revisionismi, nazionalismi e fondamentalismi nei manuali di storia*, Roma, Carocci 2007, p. 126-127.

3   Citato in P. Nora, *Ernest Lavisse, son rôle dans la formation du sentiment national*, in "Revue Historique", 1962, pp. 73-102: M. Ferro, *Cinema e storia. Linee per una ricerca*, Milano, Feltrinelli 1980, p. 94.

mili, in tutta l'Europa, in Kovalevskij, Treitske o Seeley: non è solo la Francia che "entra in un'era tricolore".»[4]

Dunque, per un lungo periodo la selezione e il primato della rilevanza delle conoscenze componenti la storia generale canonica sono state giustificate con gli scopi educativi connessi col patriottismo e con la nazionalizzazione delle masse.

Richiamo tale funzione non perché sia ancora rivendicata nei termini ottocenteschi, ma perché essa è all'origine di una selezione delle conoscenze storiche costituenti la storia generale scolastica tradizionale: gli eventi, cioè quei fatti che hanno un breve svolgimento ma che appaiono come tappe non ignorabili del percorso storico della nazione o dell'Europa occidentale.

Infatti, negli anni 1960, quando tali scopi non furono più considerati attuali, quella selezione e quella gerarchia furono esaltate come le sole che possono dare fondamento alla conoscenza di qualunque altro sapere storico. Fu lo storico Yves Renouard a rivendicare con chiarezza il ruolo di fondamento di tutto il sapere storico in un convegno internazionale:

«la storia politica espone gli avvenimenti principali del passato, in rapporto con la storia militare e la storia diplomatica; enumera i regimi, i regni, i ministeri, le crisi di governo, i grandi fatti; essa presenta i personaggi.
Così facendo, essa costituisce — si ha troppo la tendenza a dimenticarlo — l'intelaiatura stessa della storia: collocando gli avvenimenti nel loro ordine cronologico, fissa i picchetti che servono ad assegnare a tutti i fatti non politici la loro successione e collocazione reali.»[5]

---

4   Ferro, *Cinema e storia*, p. 94.

5   Y. Renouard, *Études d'histoire médiévale*, Paris, SEVPEN, 1968, vol. I, pp. 41-42 di 41-60.

Ho evidenziato il vocabolario che rivela il modo di pensare la storia. Renouard lo ereditava dalla storiografia ottocentesca. Fate caso. Mancano "durata", "processo", "contemporaneità". Gli eventi della sfera politica, militare, diplomatica sono considerati le pietre miliari del percorso cronologico. È necessario conoscere e imparare tali fatti e la loro successione prima di interessarsi a fatti storici pertinenti ad altre sfere delle attività umane.

Renouard parlava ad un pubblico di storici professionali e non si poneva il problema della maggioranza degli studenti che non vanno oltre allo studio della storia generale politica, diplomatica, militare e, dunque, non possono servirsi delle conoscenze apprese per incasellare fatti accaduti in altri campi nell'ordinamento cronologico ormai dominato. Ma Renouard non dava altre ragioni del privilegio gerarchico assegnato agli eventi politici, si limitava ad esaltarlo in termini di segnaposto nell'inquadramento temporale.

La storia generale scolastica ha avuto un doppio mandato: uno dai regimi politici, l'altro dalla storiografia ottocentesca. Il mandato dei regimi politici di qualunque tipo è ideologico. E quello che i regimi ottocenteschi hanno assegnato non è ancora esaurito. È come una fenice che risorge ogni volta dalle ceneri dei valori sorpassati. I valori decadono ma ad essi si sostituiscono nuovi valori. Adesso, ad esempio, ci sono i valori della identità europea, delle "radici", della cittadinanza ecc. ecc.

Il mandato della storiografia tradizionale è stato quello di formare uno sfondo di informazioni e di conoscenze su cui poter proiettare le storie monografiche: quadri cronologici, concetti, interpretazioni, partizioni periodizzanti, senso comune, sapere canonico condiviso.

Di questo s'è contentata la maggioranza degli storici che hanno influito sulle decisioni dei governi. Non hanno mai preso in considerazione che il sapere storico così formato era il solo diffuso anche tra le classi dirigenti. E non hanno mai pensato che la storia generale possa produrre conoscenze originali inibite alle ricerche monografiche e indispensabili alla comprensione del mondo come mondo storico.

Ma le elaborazioni storiografiche rendono possibile pensare una storia generale non diretta a costruire valori politici. È possibile pensare che la storia generale da insegnare debba rispondere solo all'etica della conoscenza a vantaggio della promozione del pensiero storico.

Grazie alla storiografia che si è sviluppata nel corso del '900 noi sappiamo che a fare la storia ci sono strutture durevoli, processi di trasformazione, fenomeni contemporanei che si sono manifestati in campi diversi da quello politico e che essi implicano effetti per la vita delle comunità umane più decisivi degli eventi militari e diplomatici. Dunque, dobbiamo accantonare la gerarchia delle rilevanze cara a Renouard e agli autori di manuali e pensare altre gerarchie.

Il limite della scala spaziale nazionale ed europea occidentale

La funzione di educazione patriottica ha fatto circoscrivere l'ambito dei fatti storici importanti allo spazio dello stato nazionale e a quello dell'Europa occidentale di cui esso si sente parte. I fatti della storia nazionale sono importanti in quanto si sono intrecciati con quelli degli altri stati europei.

Questi limiti spaziali non sono intaccati dall'inserzione di conoscenze relative ad altre parti del mondo poiché esse sono assunte in funzione secondaria e complementare rispetto alla storia nazionale o europea occidentale.

Il modo di selezionare e di organizzare i fatti

Il modello tradizionale di storia generale può avere una scala nazionale o una in cui si alternano la scala nazionale e quella europea. In ogni caso le conoscenze che costituiscono la spina dorsale della rappresentazione del passato sono quelle riguardanti i potenti, i governanti e gli eventi nei quali essi sono coinvolti come gli unici soggetti che fanno la storia, che producono "fatti storici" (come si sente dire ancora oggi). Gli eventi politici, bellici, istituzionali sono evocati per il tempo breve del loro svolgimento e montati nell'ordine cronologico secondo l'anno di inizio, sicché nella concatenazione discorsiva si succedono fatti pertinenti via via a diversi processi e la sequenza così incoerente dal punto di vista tematico genera confusione e spezza il filo dei processi che trasformano i mondi. I processi sono ridotti a uno spezzatino di fatti tematizzati in capitoli diversi ciascuno dei quali perde il senso che gli conferirebbe l'essere parte di un processo di trasformazione. Gli alunni affogano nuotando nel movimento di ondate di eventi senza durata e privi di significato se presi ognuno per sé.

Proviamo a vedere questi criteri sbagliati applicati in un manuale.

Consideriamo come viene trasposto tale modello in testi destinati agli alunni.

Prendiamo un processo importante come quello della formazione della unità nazionale italiana. Se tematizziamo il processo come "Risorgimento" o come "formazione dello stato unitario italiano", esso dovrebbe essere rappresentato dal principio (La Italia della Restaurazione) alla fine (La proclamazione del regno d'Italia nel 1861). Cosa succede invece con l'ordinamento cronologico eventografico? Che dopo l'età della Restaurazione e i primi moti carbonari italiani seguono le conoscenze riguardanti l'indipendenza acquisita dalle colonie latino americane, poi dalla Grecia. A questo punto segue la dottrina del presidente Monroe. Poi si riprende con gli eventi risorgimentali, ma ci sono le interpolazioni degli eventi parigini e della pubblicazione del *Manifesto del partito comunista*.

Ciascuno di quei fatti contribuiscono allo svolgimento di processi di trasformazione diversi: la formazione degli stati latino americani trasforma la geopolitica e l'economia nel mondo americano ma anche della Spagna e del Portogallo; la dottrina Monroe è un anello dello sviluppo della potenza degli USA; l'indipendenza della Grecia e la crisi dell'impero ottomano sono elementi delle trasformazioni geopolitiche europee; l'elaborazione e la pubblicazione del *Manifesto del partito comunista* sono all'interno di un processo di analisi e di interpretazione dei rapporti economici e sociali che metterà in moto lotte sociali formidabili e conseguenze sulla geopolitica lungo tutto il '900. Ma ciascuno di tali fatti è presentato singolarmente, avulso dal processo di cui è parte. Una pratica di montaggio analogo si può facilmente riconoscere a proposito dei processi che i manuali titolano, generalmente, come "esplorazioni e scoperte geografiche" e come "rottura dell'unità cristiana" [con grave errore concettuale, poiché il cristianesimo era diviso già prima dell'inizio della rivoluzione protestante].

Ma esaminate gli indici di storia medievale, moderna e contemporanea e troverete che la storia è offerta a fettine incoerenti. L'indice dà risalto - tematizza - ciascuno evento ritenuto importante e l'organizza in brevi tratti temporali secondo la data dell'inizio (secondo quello che viene considerato l'ordine cronologico inevitabile). L'effetto di tale selezione ed organizzazione è la scarsa significatività di ciascuna conoscenza e l'omissione del rapporto con il mondo attuale. La conseguenza è il disagio degli studenti che non capiscono perché valga la pena studiare e ricordare quelle conoscenze puntuali estratte dai processi di trasformazione che dovrebbero dar conto di come il mondo attuale si è configurato. La storia generale canonica rende stupidi e incapaci di capire le storie in corso. Ecco un esempio di incapacità di comprendere i processi di trasformazione.

«Del resto, all'inizio del XX secolo, che cos'è il cinema per i begli spiriti, per le persone colte? "Una macchina di instupidimento e di dissoluzione, un passatempo per illetterati, per creature miserabili, abbrutite dal bisogno".

Il vescovo, il deputato, il generale, il notaio, il professore, il magistrato, condividono questo giudizio di Georges Duhamel. Non si compromettono in "questo spettacolo per iloti". I primi verdetti della giurisprudenza mettono ben in evidenza in che modo il film è accolto dalle classi dirigenti. Il film è considerato come una sorta di fenomeno da baraccone, il Diritto non riconosce l'esistenza dell'autore. Quelle immagini che si muovono sono dovute alla "macchina speciale con cui sono ottenute". Per molto tempo il Diritto ha considerato autore del film lo scrittore del soggetto.[5] Per consuetudine non si riconosceva il diritto d'autore a chi filmava. Non aveva diritto al riconoscimento di uomo colto, lo si qualificava "cacciatore" d'immagini.»[6]

Ed ecco invece come l'attenzione alle conoscenze che riguardano storie fatte da persone comuni (e non da potenti) rendono possibile interpretare il processo di trasforma-

---

6   M. Ferro, *Cinema e storia*, p. 96. Ecco la dichiarazione originale di Georges Duhamel : « C'est un divertissement d'ilotes, un passe-temps d'illettrés, de créatures misérables, ahuries par leur besogne et leurs soucis. C'est, savamment empoisonnée, la nourriture d'une multitude que les puissances de moloch ont jugée condamnée et qu'elles achèvent d'avilir. Un spectacle qui ne demande aucun effort, qui ne suppose aucune suite dans les idées, ne soulève aucune question, n'aborde sérieusement aucun problème, n'allume aucune passion, n'éveille au fond des cœurs aucune lumière, n'excite aucune espérance sinon celle, ridicule, d'être un jour « star » à Los Angeles. » G. Duhamel, *Scenes de la vie future*, Mercure de France 1930.

zione che stiamo vivendo con la digitalizzazione diffusa in tutti gli aspetti della vita umana. Ian Goldin e Chris Kutarna nel loro recente libro *Nuova età dell'oro. Guida a un secondo Rinascimento economico e culturale*, basano la loro visione ottimistica delle storie in corso su analogie continue con le storie che si svolsero dal 1450 al 1550. Come Gutenberg e la stampa, Zuckerberg e i social media contribuiscono a diffondere la conoscenza; il crollo del muro di Berlino e la globalizzazione hanno abbattuto barriere e consentito di varcare confini prima invalicabili in misura pari alla scoperta di Cristoforo Colombo; i flussi migratori di oggi, spesso determinati da movimenti geopolitici radicati nella religione, ricordano quelli provocati in Europa dalla scissione tra Chiesa cattolica e Chiesa riformata[7]. Dentro un libro che riguarda il presente e il futuro, il lettore può incontrare ricostruzioni delle storie quattro e cinquecentesche, più godibili e più comprensibili di quelle che propone la manualistica.

Dalla storia sbagliata alla storia adeguata

È possibile mettere a soqquadro la storia generale stereotipata e sostituirla con un altro modello di storia generale? Sì è possibile ed è doveroso farlo. Altri modelli elaborati da storici sono disponibili. Ma per assumerli e trasporli in storia da insegnare occorre pensare la storia e la sua funzione diversamente da come ci hanno insegnato a pensarla. Cercherò di farvi pensare diversamente la storia, di proporvi scopi diversi da quelli che privilegiava

---

7   Il libro è edito da Il Saggiatore, Milano 2018. Ian Goldin insegna Globalizzazione e sviluppo alla University of Oxford. È stato direttore della Oxford Martin School, vicepresidente della Banca mondiale e consigliere di Nelson Mandela. Chris Kutarna è ricercatore in Scienze politiche e membro della Oxford Martin School.

Lavisse e vi proporrò i criteri per riconoscere e organizzare conoscenze storiche interessanti, utili, formative:

Pensiero n. 1. La storia non sta nei libri di storia e non è solo nel passato, è qui nel nostro tempo

Noi siamo immersi nelle storie reali che si stanno svolgendo quotidianamente.

«Ma è evidente che noi viviamo immersi nelle storie come i pesci nell'acqua: le respiriamo, riempiendocene i polmoni e buttandole fuori.

L'arte di vivere con piena consapevolezza, a livello personale, consiste nel vedere le storie e diventarne i narratori, invece di subirle come forze nascoste che ci governano.

L'evento recente che appare in superficie è spesso solo un fregio sul cofano sotto cui gira il potente motore sociale di una storia che sta dando una direzione alla nostra cultura. Sono quelle che chiamiamo narrazioni dominanti, paradigmi, memi[8] o metafore in base alle quali viviamo, o contesti in cui inquadrare le esperienze.»[9]

Noi siamo attori e soggetti di storie familiari che sono parte di storie sociali, contribuiamo allo svolgimento di storie professionali, le nostre storie private, familiari e professionali si intrecciano con quelle sociali, economiche e politiche nazionali, europee e mondiali. Siamo obbligati a prendere decisioni e perciò abbiamo necessità di capire

---

8   Meme: Elemento di una cultura o di un sistema di comportamento trasmesso da un individuo a un altro per imitazione. In Wikipedia: «Il Meme è una minima unità culturale come, ad esempio, una moda, uno stereotipo, un'immagine, che si propaga tra le persone attraverso la copia o l'imitazione mediante disseminazione e condivisione.». La definizione ci fa pensare a copioni di comportamento appresi per imitazione.

9   R. Solnit, *Tirar fuori le storie, rompere lo status quo*, in SUR - http://www.edizionisur.it

come le storie si stanno svolgendo e come potrebbero svilupparsi. Dunque, il pensiero storico non si applica solo ai fatti del passato ma si esercita in qualche modo e misura rispetto alle storie in svolgimento. Se è così, un primo impegno pedagogico è quello di rendere gli alunni consapevoli delle storie che stiamo vivendo e insegnare la storia in modo da fornire loro gli strumenti per pensare le storie in corso e saper criticare le rappresentazioni di esse.

Pensiero n. 2. Dentro il mondo attuale e dentro le storie in corso ci sono gli effetti di storie fatte nel passato anche più remoto

Considerate una qualunque delle storie in corso nelle quali siamo immersi (quella della scuola, dell'alfabetizzazione, della rivoluzione digitale, dell'Unione europea, dei rapporti geopolitici nelle diverse aree del mondo ecc. ecc.) non potreste capirne nessuna senza metterle in rapporto con le tante storie che si sono svolte nel corso del tempo dell'umanità. Lo ha sostenuto bene Marc Bloch: «… se, […], il presente ci sembra di solito difficile da comprendere, una delle cause principali consiste nel fatto che esso non porta mai in sé stesso la sua spiegazione. Non essendo altro, dopotutto, che un momento ritagliato artificialmente nell'infinito svolgimento dei tempi, ha subito la spinta delle età che lo hanno preceduto; certamente, non nella sua totalità, ma in larga misura, è comandato dal passato, da un passato a volte molto remoto.»[10] Il passato è, dunque, nel presente e condiziona le storie che vi si stanno sviluppando. Le conoscenze storiche possono metterci in grado di comprendere le ragioni del loro generarsi e del loro svolgimento. Dobbiamo, perciò, insegnare e far apprendere le conoscenze in modo che gli alunni di-

---

10   M. Bloch, *Signoria francese e maniero inglese. Lezioni sulla proprietà fondiaria in Francia e in Inghilterra*, a cura di Gagliani D., Orlandi G., Vasetti D., Milano, Feltrinelli 1980, p. 87.

ventino consapevoli che il mondo attuale e le storie che vi si stanno svolgendo sono comprensibili se conosciamo le storie passate, anche quelle del passato remotissimo.

Pensiero n. 3. La storia è presente anche come uso delle conoscenze storiche

Ogni giorno giornali, periodici, trasmissioni radiofoniche e televisive propongono testi e interventi nei quali gli autori o gli interlocutori usano le conoscenze storiche per interpretare i fenomeni attuali. Bastino due esempi emblematici. In "La Lettura" inserto del Corriere della Sera del 23 luglio 2017, n. 295, sono usciti due articoli presentati in questo modo:

«Il mondo sta uscendo da una crisi decennale che ha segnato la fine della **globalizzazione dolce**. E sostengono alcuni, soprattutto riguardo all'Europa, sta entrando in una **ri-medievalizzazione della vita pubblica: un sistema di sovranità multiple** che possa dare origine a un nuovo ordine flessibile, post coercitivo. Ma il vero modello è **il Rinascimento. Il dibattito sulla plausibilità o** meno di una società neofeudale è proprio il tema di apertura del nuovo numero de «la Lettura» (n.295), il supplemento culturale del «Corriere».

I due articoli propongono visioni diverse delle storie in corso e usano per sostenerle analogie con storie del passato, quello medievale e quello rinascimentale:

«Secondo Jan Zielonka, scienziato politico e professore all'Università di Oxford, **oggi il mondo, e in particolare l'Europa, starebbero entrando in una nuova fase, una sorta di ri-medievalizzazione della società.**
L'emergenza e il disordine istituzionali frutto di recenti eventi politici e finanziari, secondo Zielonka e altri suoi colleghi, **potrebbero portare a forme di organizzazione basate su sovranità multiple, in parte sovrapposte e senza**

un comando supremo, che ricordano in qualche modo il sistema feudale.» «Un articolo di Maurizio Ferrera (in cui viene discussa la tesi di Zielonka) riflette sulla fine della cosiddetta **globalizzazione «dolce»** — **democratica e inclusiva** — **e sul futuro del nostro continente.** Secondo Ferrera, **il modello** a cui guardare **oggi** è, più che il feudalesimo, **il Rinascimento,** «perché è di equilibrio, ragione, misura che oggi abbiamo disperatamente bisogno».

Come è chiaro, siamo di fronte ad un caso di uso analogico di conoscenze storiche. Ferrera ragiona su come interpretare la storia in corso della globalizzazione e per sostenere le sue tesi esamina l'analogia con il mondo feudale proposta da Jan Zielonka, ma per conto suo preferisce evocare l'analogia col mondo rinascimentale.

Per capire l'articolo e criticarlo, aderire o per prenderne le distanze il lettore deve essere competente a usare le conoscenze apprese. Deve conoscere tre argomenti di storia generale:

1. processo di globalizzazione;
2. feudalesimo;
3. rinascimento dal punto di vista geopolitico.

E deve conoscerli meglio di quanto non si possa conoscere con la manualistica attuale. Infatti, la direzione della rivista ha invitato, Giuseppe Sergi, specialista di storia medievale a mettere a fuoco il concetto di feudalesimo. Sergi rivendica la valutazione meno negativa del feudalesimo. L'accezione negativa di questo termine, scrive l'autore, è legata alla sua indebita identificazione con il Medioevo, un periodo storico su cui pesano valutazioni sbrigative. Si sofferma sull'impero di Carlo Magno e sul suo governo di ispirazione statale, caratterizzato da una parvenza di ordine in cui giocavano un ruolo importante proprio i vincoli feudali. Sergi esamina poi il periodo precedente all'anno Mille e l'evoluzione progressiva dei rapporti di potere che vide sorgere signori territoriali non feudali, ai quali più tardi venne assegnata una legittimazione dall'alto. Sergi fa riferimento all'uso stereotipato di "feudo" nel linguaggio comune:

«Come si definisce un ambito di potere arbitrario e senza limiti su poveri sudditi che non hanno nessuno a cui chiedere giustizia? Feudo. Ma feudo si dice anche di una zona in cui un orientamento vasto e diffuso si manifesta con particolare compattezza: la Romagna «feudo juventino» o la Rai degli anni Cinquanta «feudo democristiano». Come si definisce un signore locale avvezzo a ogni tipo di abuso? Feudatario. Ma feudatario si dice anche di un fedele che deve la sua influenza a qualcuno che gliel'ha delegata dall'alto. Ciò che nel linguaggio corrente accomuna questi elementi contraddittori è la negatività.»

Poi ricorda che anche nel linguaggio colto è prevalsa la valutazione del tutto negativa della struttura feudale:

«Uno storico di metà Novecento, Robert Boutruche, osservava che anche il "linguaggio dotto" è "incline a definire con questa parola ogni cedimento dell'autorità pubblica", sottolineando come sia sempre spontaneo collegare l'idea di feudalesimo a "spezzettamento dell'autorità, torbidi interni, scatenamento degli interessi privati... azione brutale e forza oppressiva".»

Infine, propone una valutazione più adeguata alla comprensione del fenomeno e demolisce lo stereotipo della piramide feudale:

«La sostanza non è certo da esaltare, ma non merita di essere perennemente evocata come contenitore di ogni male. A godere di buona stampa è l'impero di Carlo Magno, con un governo di ispirazione statale e funzionari regionali (i conti) che lo rappresentavano. Eppure in quella parvenza di ordine (l'ordine è sempre giudica-

31

to positivamente) il feudalesimo c'era: molti vassalli del re non erano conti, erano più numerosi dei funzionari, avevano compiti militari compensati da benefici in terre (feudi, appunto), terre su cui i vassalli non avevano potere ma da cui ricavavano introiti che "stipendiavano" il loro servizio armato. Si è detto che molti vassalli non erano conti, aggiungiamo che non erano neppure ufficiali minori. Inoltre vari personaggi ricchi e potenti laici, ma anche vescovi e abati) avevano loro clientele vassallatiche. Questi altri potenti (seniores), che concedevano feudi, nella maggior parte dei casi non erano vassalli del re: **ecco perché è da cancellare l'immagine scolastica della «piramide feudale»**[11]

Insomma, lo storico Sergi invita ad aggiornare la conoscenza generalmente trasmessa dalla storia generale scolastica per poter prendere le distanze da usi impropri delle analogie tra processi del passato e processi in corso. Gli scrittori manifestano, dunque, un uso della conoscenza e della valutazione dei processi storici che serve per interpretare e avvalorare o temere gli esiti dei processi in corso. A noi lettori tocca usare la conoscenza per comprendere e valutare tali interpretazioni e renderci conto che i nostri comportamenti potranno contribuire alla piega che prenderanno tali processi.

Pensiero n. 4.
Occorre assegnare scopi diversi alla storia generale scolastica.

Non possiamo contentarci dell'apprendimento di informazioni fattuali su eventi, date, nomi di personaggi. Non possiamo contentarci neppure della ripetizione di interpretazioni, di spiegazioni. Dobbiamo ambire a effetti for-

---

11   G. Sergi, *Ma il feudalesimo va riabilitato*, in "La Lettura" del 23 luglio 2017. Lo si può leggere in https://www.pressreader.com/italy/corriere-della-sera-la-lettura/20170723/281543700986038 [visitato il 28/6/2018]

mativi più ambiziosi che la storia generale ben impostata può permettere di conseguire. Grazie al suo studio gli allievi dovrebbero rendersi conto che

▶ la storia generale rappresenta delle storie effettivamente svolte che sono all'origine di caratteristiche del mondo attuale;
▶ noi stiamo dentro storie in corso e che tante le subiamo ma in tante contribuiamo al loro svolgimento e che esse sono il seguito di storie fatte nel passato anche remoto;
▶ le conoscenze storiche non basta memorizzarle, ma occorre imparare ad usarle allo scopo di capire il mondo come mondo storico e di interpretare le storie che vi si stanno svolgendo;
▶ le conoscenze storiche vanno messe in relazione con le tracce che costituiscono il patrimonio culturale.

Insomma, lo studio della storia generale dovrebbe concorrere a potenziare le abilità cognitive e le capacità logico-argomentative e critiche degli studenti.
Come realizzare tale prospettiva? Innanzitutto, con repertori di conoscenze storiche significative selezionate grazie a nuovi criteri di rilevanza e a nuovi modelli di strutturazione sistematica di esse.

I criteri di rilevanza e di selezione

Le conoscenze storiche prodotte dagli storici con ricerche monografiche o con elaborazione di storie generali dedicate a singoli fenomeni sono sovrabbondanti. Occorre, dunque, riconoscere quelle più significative grazie ad una gerarchia di rilevanza radicalmente diversa da quella proposta da Renouard e selezionare drasticamente quelle da trasporre didatticamente e da montare nella storia generale scolastica.

Per questo lavoro occorrono criteri di rilevanza della significatività delle conoscenze. Ne propongo una decina che potrebbero dare risposta alla domanda: "qual è la storia che vale la pena insegnare?"[12]

---

12   Anche Scipione Guarracino si è posto il problema di quale sia "la storia che vale la pena di insegnare" e articola il problema in queste domande: «Bisogna insegnare storia nazionale, europea o mondiale? O bisogna invece pensare a una qualche combinazione delle tre? Si deve o no attribuire alla storia contemporanea un peso relativo in qualche modo privilegiato? E come vanno dosate e articolate le dimensioni dei temi politici, economici, sociali e così via per avvicinarsi, almeno, al pur inattingibile ideale della «storia globale»? e propone qualche esempio di «centri maggiori di focalizzazione che non hanno un ordine evolutivo come gli «evi» ma la peculiarità di svilupparsi su ampie e coerenti cronologie e intorno a un numero di temi gestibili nei tempi scolastici. Centri di questo genere sono certamente la vita materiale (come sono cambiate negli ultimi tre secoli le condizioni della vita e della morte?) e la vita mentale (la rappresentazione del tempo, dello spazio, dell'aldilà); la forma politica «Stato» e la sua variante «Stato nazionale» (come funzionavano le comunità politiche prima di diventare nazioni?); la guerra (come è cambiata la guerra dal Settecento a oggi?) e la pace (il contenuto dei trattati di pace è più interessante dei pretesti per fare la guerra); la storia comparata del mondo (fino a quanto l'Europa è stata un mondo di barbari?) e meglio ancora la storia del mondo come interazioni successive (come ha fatto l'Europa a dominare il mondo?).» Guarracino S., *Le questioni dell'insegnare storia*, in *Insegnare storia. Il laboratorio storico e altre pratiche attive*, a cura di F. Monducci, Torino, Utet 2018, pp. 3-12.

Criterio 1
Conoscenze storiche che possano essere messe in relazione con le caratteristiche del mondo attuale

Ci sono conoscenze che è agevole connettere con aspetti o con processi caratterizzanti il mondo attuale: ad esempio, come comprendere il mondo abitato da 7 miliardi di umani che si nutrono grazie alla produzione agricola e agli allevamenti, che fabbricano e usano prodotti industriali, che si comportano secondo precetti religiosi diversi, se non si conoscono adeguatamente la formazione dell'umanità, la rivoluzione agricola, la rivoluzione industriale e l'origine e la diffusione delle religioni? Conoscenze come queste riguardano trasformazioni che una volta innestate durano con i loro effetti continuativamente pur attraverso tanti mutamenti. Ci sono, poi, processi che si concludono dopo avere generato trasformazioni che mettono in moto altri processi. Ad esempio, il processo di formazione della Europa etnica, religiosa, geopolitica, economica e culturale svoltosi dalla fine dell'impero romano occidentale possiamo considerarlo concluso con l'assestamento che si può descrivere nel XII secolo. Noi possiamo insegnarla come una delle molteplici tappe del processo complessivo che porta all'Europa attuale. Dovremmo presentare la conoscenza del primo processo in modo che gli alunni le assegnino senso poiché senza quella tappa non potrebbe esserci l'Europa odierna e poiché sussistono alcuni dei caratteri emersi nel processo e una parte del patrimonio culturale formatosi allora.

Criterio 2
Ampliamento della scala spaziale e della visione della storia

Lo spazio tematizzato nel modello tradizionale è quello della nazione e dell'Europa occidentale. Il resto del mondo viene evocato e magari tematizzato solo in rapporto agli eventi politici e militari che riguardano le potenze occidentali. Cambiare modello implica tematizzare spazi che permettano di mettere in rapporto lo spazio nazionale o europeo con altri mondi.

Ad esempio, l'impianto centrato sull'Europa occidentale induce al riflesso condizionato che fa scrivere un titolo errato come questo:

1517: rottura dell'unità cristiana

Se gli spazi presi in considerazione a proposito del processo di diffusione del cristianesimo fossero stati più estesi di quello europeo occidentale, si saprebbe che oltre la chiesa romana esistevano (ed esistono tuttora) le chiese armene, copte, ortodossa prima che il protestantesimo generasse altre divisioni della chiesa cattolica. L'unità cristiana era frantumata da molto tempo prima del 1517. Conoscere la storia della diffusione del cristianesimo e della costituzione di comunità cristiane diverse da quella cattolica è la condizione per far comprendere la presenza di quelle comunità nel mondo attuale e le vicende drammatiche nelle quali sono impegnate. Prendete, per esempio, il caso della comunità copta egiziana. Si legge o si sente di attentati alle chiese copte e la cosa ci sorprende perché nessuno ci ha insegnato che tra la fine dell'Egitto faraonico e l'avvento degli arabi, per quasi settecento anni, dal I al VII secolo, la valle del Nilo fu cristiana. Durante quel periodo, l'Egitto fece parte dell'Impero romano e di quello bizantino, perciò visse in pieno la diffusione del cristianesimo nel mondo mediterraneo. Ciò che resta di quell'epoca è una comunità, quella dei cristiani copti, che oggigiorno costituiscono una decima parte della popolazione del paese [Sono 7 milioni][13].

Oppure a proposito del commercio delle spezie, se ne parla come se esso si svolgesse dal Vicino Oriente ai porti italiani come Venezia e Genova. La produzione e il commercio nell'Oceano Indiano sono fatti ignorare agli studenti col risultato che diventa difficile capire perché Portogallo e Spagna ci tenessero tanto a far arrivare loro navi e mercanti nell'oceano Indiano.
Ma l'altro mutamento di scala da assumere è quella mondiale. Occorre mettere la storia sulla scena mondiale trattando

‣ di formazione dell'umanità,
‣ della rivoluzione neolitica con l'invenzione dell'agricoltura, dell'urbanizzazione, del processo di statalizzazione, di invenzione della scrittura,
‣ della invenzione e diffusione di carta, armi da fuoco, libro a stampa,
‣ della espansione europea e della mondializzazione dell'economia,
‣ della industrializzazione del mondo,
‣ della globalizzazione.

Questi processi di trasformazione segnano le tappe della storia universale e del farsi del mondo attuale. Questi sono i veri capisaldi che non dovrebbero essere ignorati da nessun cittadino del mondo.

---

13   Da "Storica", National Geographic, n. 101, luglio 2017, p. 25-26.

Criterio 3

Occorre ricompattare tematicamente i fatti pertinenti allo stesso processo ma sparpagliati nel testo a causa della collocazione cronologica

Bastino tre esempi.

Esempio 1: catalogo di civiltà o inclusione delle civiltà in un processo? È diventato banale distinguere le civiltà antiche raggruppate in civiltà dei fiumi e civiltà del mare. Le prime vengono presentate come se non avessero niente a che fare con i mari, le seconde come se non dipendessero anche dai corsi d'acqua. Inoltre, tale raggruppamento suscita l'idea errata che le civiltà dello stesso gruppo abbiano avuto le stesse caratteristiche. Immaginate, invece, di raggrupparle in civiltà di città-stato e in civiltà imperiali. In questo caso si indirizza l'attenzione verso aspetti demografici e di funzionamento dei poteri e delle amministrazioni rispetto ad ambienti e territori. Ma è possibile rendere la conoscenza più significativa se le civiltà marittime vengono connesse in un processo di trasformazione come quello che portò alla formazione del mondo mediterraneo come mondo popolato da tanti popoli che avevano rapporti commerciali tra di loro e che diventò il mondo dominato dalla Roma repubblicana.

Esempio 2: "La scoperta dell'America 1492-1540" o "L'espansione europea e la mondializzazione dell'economia tra fine '400 e inizio '800" [la fine può essere anche 1750 o 1700].
Il primo titolo (o qualcosa di simile) è quello che solitamente promette l'evento iniziale di una grande trasformazione che, però, non viene trattata compattamente e non ha un seguito discorsivo, poiché deve lasciare il posto -nell'ordinamento cronologico stereotipato - ad altri eventi non coerenti, accaduti nel frattempo, come le guerre d'Italia e quell'altro evento originario che è l'entrata in

scena del luteranesimo. L'evento di fine XV secolo è preceduto da fatti importanti come quelli che hanno per protagonisti i navigatori e i mercanti portoghesi che dal 1415 sono alla ricerca della via verso l'oro africano e poi verso le Indie attorno al continente africano che è da loro esplorato e conosciuto per la prima volta nella parte sub sahariana. Ma questi eventi sono considerati poco importanti rispetto ai viaggi colombiani e perciò sono disposti nel testo in paragrafi lontani dal capitolo dedicato a Colombo e ai conquistatori spagnoli. Inoltre la trasformazione non è compiuta con le conquiste di Hernán **Cortés e Francisco Pizarro**. Ma il seguito del processo è trattato in capitoli distanti e sparpagliati nel testo. Così la conoscenza delle tante trasformazioni susseguite alla scoperta e all'espansione degli europei è frantumata.

Se vogliamo far conoscere come il mondo si unificò e si trasformò dal 1400 in poi dobbiamo presentare il contesto mondiale e le conoscenze geografiche all'inizio del XV secolo, mettere in rilievo i traffici di oro dalle miniere sub sahariane al Mediterraneo e il commercio delle spezie dall'oceano Indiano al Mediterraneo, i protagonisti che si avvantaggiavano di tali traffici come i mercanti musulmani e genovesi per l'oro e i mercanti musulmani e veneziani per le spezie. In tale contesto presentiamo come inizia il processo con le navigazioni portoghesi verso le fonti di oro sub sahariane dal 1415 e come continua con la ricerca della via alle spezie dal 1475 e con il successo della spedizione di Vasco da Gama, primo importatore europeo diretto di spezie dalle coste indiane del Malabar. Poi dovremmo proseguire con i viaggi di Colombo e le conquiste e le colonizzazioni americane e con gli scambi di etnie e di prodotti agricoli e minerari che hanno trasformato ambienti, demografie, economie, società e sistemazioni geopolitiche, dando al mondo caratteristiche che durano tuttora.

Esempio 3: è "normale" che il rispetto dell'ordinamento cronologico, applicato banalmente, induca a frantumare il processo della formazione religiosa dell'Europa moderna dal 1500 al 1648 in vari eventi a partire dalla esposizione delle tesi di Lutero fino alle paci di Westfalia, intervallati da eventi singoli o che compongono altri processi. Si tratta di ricostituire la trama del processo in modo che ci sia continuità discorsiva tra l'inizio luterano e la sistemazione religiosa di metà Seicento come in questa articolazione tematica:

La formazione religiosa dell'Europa moderna [1500-1648]

- L'Europa cristiana oggi - Questioni
- L'Europa religiosa all'inizio del XVI sec.
- Nasce il protestantesimo
- La pluralità delle fede protestanti
- Le guerre di religione e le emigrazioni per motivi religiosi
- La guerra dei 30 anni
- La pace e la sistemazione religiosa dell'Europa cristiana
- La idea di tolleranza religiosa

Come si intende, per comprendere un processo di trasformazione non c'è bisogno di sapere come si è arrivati allo stato di cose iniziale e non c'è bisogno di conoscere la catena degli gli eventi precedenti.

Basta far conoscere adeguatamente lo stato di cose iniziale. La conoscenza necessaria da mettere alla base della comprensione del processo, dei riferimenti spaziali, informativi e concettuali è quella dello stato di cose iniziale.

Poi segue la ricostruzione narrativa dei fatti che si concatenano e modificano le situazioni fino alla trasformazione profonda dello stato di cose iniziale.

La trattazione di un processo di trasformazione può essere schematizzata così:

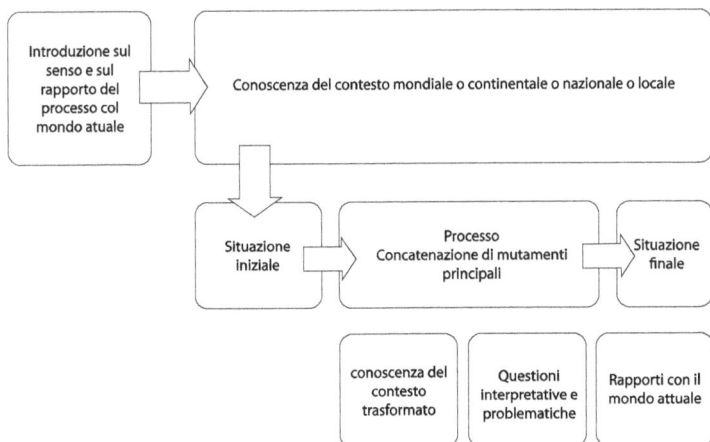

Criterio 4

Non limitare la conoscenza ai fatti "origine" (ad es. la rivoluzione scientifica o la rivoluzione industriale di fine '700 e primissimi anni dell'800 fino all'uso del motore a vapore) come se bastassero a dare conto del mondo attuale e a mettere in grado di usare la conoscenza

Si fa credere agli studenti che una volta accaduto l'evento iniziale il processo progredisca senza intoppi. Galileo ha scoperto il metodo scientifico? Basta far conoscere solo questo, poiché da allora in poi l'applicazione del metodo porta alle scoperte scientifiche dei giorni nostri. Copernico e Galileo hanno dimostrato che è la Terra a girare attorno al Sole ed hanno messo in crisi la visione biblica e la credenza contraria? Basta far apprendere questa informazione per far intendere la trasformazione della concezione scientifica dell'universo. La conoscenza delle scoperte scientifiche susseguenti è superflua e fa parte della storia della scienza non di quella generale. Così questa impo-

41

stazione fa ignorare storie rilevanti per capire come si sia sviluppata la visione scientifica e come essa sia diventata così pervasiva nelle storie in corso. La gravità della privazione di conoscenze a cui siamo stati condannati risalta se evoco la storia della scoperta delle ere geologiche e della umanità preadamitica. Da quando si è affermata la conoscenza che la Terra ha quattro miliardi e mezzo di anni e che la umanità si è formata da qualche milione di anni? Da due secoli appena. Ma prima cosa si credeva di sapere? Nella società cristiana si credeva che nella *Bibbia* fosse scritta la vera storia della creazione e che essa potesse essere datata a circa quattro mila anni prima della nascita di Cristo, cioè circa 6000 anni fa.

«Le lunghe genealogie dei figli di Adamo tramandate nel *Genesi* consentivano, se prese alla lettera come fanno i fondamentalisti, di risalire di generazione in generazione dall'età di Mosè alla creazione. Nel XVII secolo l'arcivescovo Ussher stabilì la data della creazione al 4004 a.C. e, successivamente, uno studioso la fissò con ammirevole precisione al 23 ottobre di quell'anno, alle nove del mattino. Questo conveniente punto fisso, stampato ai margini della *Authorized Version* (anglicana, 1611) della Bibbia (fig. 1), diede agli studiosi un limite invalicabile per l'inizio della vita dell'uomo, un punto di partenza per la preistoria e per il mondo stesso.»[14]

Ma questa credenza e la datazione conseguente si perpetuarono fino all'inizio del XIX secolo. Ad es. nel 1765 uscì la *Storia universale dal principio del mondo sino al presente* e nella prefazione proponeva tre diversi calcoli cronologici basati sul racconto biblico: l'inizio del mondo non andava oltre i 5873 anni a.C.

---

14   C. Renfrew, L'europa della preistoria, vari, Laterza, 1996, p.
12

Ancora alla fine del XVIII secolo per il filosofo ed epistemologo della storia Wilhelm von Humboldt la storia umana aveva solo 6000 anni:

«nei seimila anni sui quali abbiamo notizie è possibile non scoprire il minimo nesso tra gli avvenimenti ...»[15]

«Questa convinzione non apparteneva solo ai creduloni o ai devoti, se perfino Isacco Newton la accettò implicitamente, e nel suo studio dettagliato sull'intero problema della datazione, *Correzione alla cronologia dei regni antichi*, rimproverò severamente gli Egizi per aver fissato le origini della propria monarchia a prima del 5000 a.C.: «sin da epoca antica si vantavano di aver avuto un grandissimo impero sotto i loro re... che si sarebbe esteso ad est fino alle Indie, ad ovest fino all'Oceano Atlantico; vanagloriosamente affermavano che la loro monarchia era di alcuni millenni più antica del mondo».

Questa critica era reale, poiché un uomo di cultura del XVII o anche del XVIII secolo, non poteva che ritenere un'inutile e sciocca speculazione ogni ipotesi che estendesse il passato dell'uomo di più di 6000 anni.

Due grandi avanzamenti intellettuali furono necessari perché la storia si liberasse di questo modello del passato troppo restrittivo, ed entrambi furono così importanti, che è difficile comprenderne appieno l'audacia rispetto al pensiero scientifico di un secolo fa.»[16]

La conoscenza della storia profonda della Terra e quella della evoluzione umana si sono affermate attraverso controversie che hanno opposto scienziati e studiosi nella scoperta dei fossili come tracce di trasformazioni geologi-

---

15   W. Humboldt, *Il secolo diciottesimo*, in *Scritti filosofici*, Torino, Utet 2007, p. 303.

16   Renfrew, *L'Europa della preistoria*, p. 13.

che radicali, nella datazione di esse e nella produzione di informazioni.
Le controversie si sono protratte per tre secoli. La ricostruzione di esse e della storia del processo di trasformazione delle conoscenze e della visione del passato del mondo meriterebbe di essere inclusa in ogni curricolo e in ogni piano di lavoro. Il testo di riferimento per la trasposizione potrebbe essere quello di Paolo Rossi, *I segni del tempo*.[17] Tale ricostruzione è interessante e formativa per molti motivi.

1. Fa capire
   a. come le credenze religiose siano tenaci e possano entrare in conflitto con le scoperte e le teorie scientifiche;
   b. come sia stata superata la versione biblica considerata incontestabile perché creduta dettata da Dio;
   c. come i fossili di animali e di ominidi siano state interpretati come tracce e siano state usate per produrre informazioni su storie difficili da credere. Dunque, è una lezione di metodo euristico.
1. Può essere messa in connessione con ciò che sappiamo di sapere oggi.
2. Può essere messa in connessione con le affermazioni dei fondamentalisti cristiani che negli USA sostengono tuttora la validità della versione biblica.

Fu una grande rivoluzione intellettuale che si svolse tra la metà del '600 e l'inizio dell'800. Si realizzò, su due terreni diversi quello della geologia o storia naturale della Terra e quello relativo ai tempi più remoti della storia umana,

---

17   P. Rossi, *I segni del tempo. Storia della Terra e storia delle nazioni da Hooke a Vico*, Milano, Feltrinelli 2008.

ai miti e alle favole. La cosmologia e la geologia moderne, l'evoluzionismo, la moderna antropologia e la storia comparata delle civiltà, la stessa nozione di preistoria hanno i loro presupposti e affondano le loro radici in questa grande rivoluzione intellettuale.

Criterio 5
La storia è dimezzata, cioè limitata a rappresentare solo il protagonismo del genere maschile?

Non la storia, ma la storia generale che si insegna è considerata dimezzata perché sulla scena di essa appaiono solo maschi e le poche donne sono quelle che hanno esercitato poteri. Ma la storia, quella effettiva, è interamente fatta da donne e uomini dal paleolitico al presente. È la storia generale scolastica che è stata accecata o seguita ad esserlo rispetto al ruolo che le donne, comuni o eccezionali, hanno svolto nelle civiltà e nei processi storici. Rinnovare la visione della storia generale comporta proporre conoscenze che diano conto dell'apporto delle donne allo sviluppo delle civiltà e nei processi sociali ed economici, nella sfera familiare, nelle attività produttive, nelle attività culturali come quelle religiose o letterarie.

Criterio 6
Nuova gerarchia di rilevanze tematiche: storia dal basso, la storia fatta da uomini e donne senza potere[18]

La gerarchia delle rilevanze genera il modello di storia generale scolastica. Nel caso del modello tradizionale gli eventi politici, militari, diplomatici sono in primo piano e svolti in capitoli consistenti. Le invenzioni vengono trattate in paragrafi esili che si limitano a dare la notizia della novità e omettono la ricostruzione delle trasformazioni sociali, economiche, politiche che le nuove tecniche generano. Ad esempio, nelle storie generali scolastiche avete mai incontrato capitoli ampi dedicati a far conoscere le trasformazioni prodotte dalla diffusione delle tecniche metallurgiche, dei mulini, della carta, delle armi da fuoco, della stampa, della porcellana cinese, degli scambi di piante e animali da ambienti originari in ambienti diversi e dei mutamenti nell'alimentazione, dell'alfabetizzazione, della balneazione, dei mezzi di comunicazione, dei consumi di massa? Tali fenomeni sono stati decisivi nella trasformazione delle vite quotidiane, delle società, delle civiltà, del mondo, dell'umanità durevolmente per lunghi periodi o, addirittura, fino al nostro tempo. Ma essi sono considerati secondari rispetto agli eventi politici ritenuti "pietre miliari", "picchetti" nel corso della storia generale tradizionale e, perciò, trattati entro paragrafi sbrigativi o in zone paratestuali trascurabili.

La conseguenza è che agli studenti si nega anche la possibilità di comprendere i nessi che ci sono tra le trasformazioni politiche, militari, diplomatiche e le trasformazioni dal basso, quelle prodotte grazie alle invenzioni di indi-

---

18   I. Mattozzi, *La Historia desde abajo en la historia general escolar* [= *La storia dal basso nella storia generale scolastica*] in *atti del XXVI Simposio dell'AUPDCS Una enseñanza de las ciencias sociales para el futuro: recursos para trabajar la invisibilidad de personas, lugares y temáticas*, Universidad de Extremadura, 24-26 de marzo de 2015, Caceres, 2015, pp. 259-268.

vidui geniali ma comuni e alla loro adozione da parte di masse di persone. Ad esempio, come si rende comprensibile la formazione del modello di stato accentrato e burocratico, se non si intrecciano le storie della carta, delle armi da fuoco, della stampa come mezzi necessari al funzionamento del potere centralizzato?

Criterio 7
Rendere evidenti le responsabilità degli individui che costituiscono le masse nello svolgimento delle storie

Ci sono processi storici, specie nel corso del '900, che hanno portato alle dittature, alle discriminazioni e persecuzioni razziste, alle guerre catastrofiche. Non basta che gli studenti apprendano la sequenza degli eventi e la responsabilità primaria dei governanti, dei dittatori e dei loro accoliti, se vogliamo che le conoscenze storiche siano usabili per capire le storie in corso e che gli studenti si preparino a contribuire al loro svolgimento da soggetti consapevoli e attivi in qualche misura.

Dobbiamo dare le informazioni affinché gli studenti possano ragionare sul fatto che quelle storie sono andate per il verso orribile grazie al sostegno che individui e masse di persone hanno dato alle ideologie, alla propaganda e alle decisioni dei governanti e dei dittatori. E che si rendano conto delle ragioni del fallimento di coloro che si opponevano e delle loro responsabilità nella piega presa dalle vicende.

Insomma, non basta che gli studenti imparino, ma occorre che ragionino sullo svolgimento dei processi e per potenziare le loro abilità di analisi e di argomentazione e il senso della propria responsabilità civica. Ad esempio, sarebbe molto formativo trasporre didatticamente e sinteticamente il libro di W.S. Allen, *Come si diventa nazisti*, e basterebbe far leggere la introduzione di Luciano Gallino:

«nel libro di Allen gli attori individuali sono gente comune: operai della ferrovia e impiegati del municipio, reduci della grande guerra e giornalisti del quotidiano locale, librai e funzionari statali; mentre fra gli attori collettivi troviamo entità ordinarie, quali il Club dei giardinieri e la Società di pronto soccorso fra i lavoratori, le sezioni locali di tre o quattro partiti, il Consiglio comunale e quello della contea di Thalburg. In questo spazio raccolto i luoghi sono poche strade che si fanno a piedi in un quarto d'ora, una piazza del mercato, un campo di tiro, il Municipio, e i tempi sono sequenze reali e ravvicinate di giorni e di stagioni, quali possono stare in un dramma teatrale che realizza l'unità di tempo e di luogo. "Come si diventa nazisti" è il dramma di una città che ha affidato il compito di scriverlo – e dire così è qualcosa di più d'una metafora – a uno storico, circa trent'anni dopo gli eventi in esso rappresentati; un intervallo lungo, ma non tanto da impedire che molti degli attori fossero ancora vivi, le raccolte dei giornali locali integre, i documenti municipali disponibili, gli stessi luoghi – rimasti pressoché indenni dalla guerra – non ancora stravolti dal miracolo economico [...]Allen ricostruisce, con la fluida vivacità di uno che sembra fosse davvero presente in quei giorni, non può fare a meno di trasmettere allo spettatore-lettore sensazioni ultime, conoscenze che trapassano quel tempo e quel luogo perché si ricollegano agli strati profondi, permanenti e ricorrenti, dei processi sociali e dell'esperienza umana. Esse ci dicono che non esiste nulla capace di vietare che ciò che è accaduto a Thalburg a cavallo degli anni Trenta possa prima o poi accadere di nuovo, in Germania o in altri paesi europei; e che i grandi drammi sociopolitici non sembrano affatto, agli occhi degli stessi attori che in quel momento li stanno recitando, dei veri e propri drammi. Sono sequenze scoordinate di fatterelli quotidiani, a volte insipidi a volte irritanti, con rari picchi di accelerazione e di intensità. È soltanto alla fine, quando è troppo tardi, che si comincia a capire che quelle sequenze di piccoli fatti stavano tracciando sul muro, sotto lo sguardo di tutti, le linee di un cruento destino. «Il problema del nazismo fu prima di tutto un problema di percezione» scrive l'autore proprio alla fine del libro. Ma lo stesso si potrebbe dire, per il passato, a proposito del fascismo, o del bolscevismo; mentre per il futuro non si può escludere di doverlo ripetere a proposito di qualche altro ismo autoritario. Gli attori del dramma thalburghese sono principalmente le formazioni politiche, la NSDAP (Partito nazionalsocialista dei lavoratori tedeschi) e la SPD (Partito socialista di Germania), e due classi sociali: la piccola e media borghesia, formata da due strati ben distinti – proprietari terrieri, commercianti e artigiani da un lato; funzionari statali, professionisti e uomini d'affari dall'altro – e i lavoratori delle poche industrie locali, della ferrovia e dell'agricoltura. Per decenni i voti dei lavoratori – alle elezioni nazionali – si erano concentrati sulla SPD, cui andavano ancora nel 1928 oltre 2200 voti su meno di 5400 espressi nel comune di Thalburg. Insignificante il consenso elettorale nei confronti del Partito comunista: poche decine di voti. E all'inizio della storia insignificante era pure il voto per la NSDAP, che nello stesso 1928 ricevette la miseria di 123 voti. I voti della borghesia erano dispersi tra una miriade di piccoli partiti, il più importante dei quali, il partito dello Stato, superava a malapena i 500 voti. Negli anni successivi la struttura del consenso elettorale muta vistosamente. In soli due anni, dal 1928 al 1930, i voti a favore della NSDAP aumentano di quattordici volte, salendo da 123 a 1742, su un totale di voti espressi che intanto ha superato i 6000. Poi aumentano ancora di due volte e mezza, raggiungendo i 4200, pari al 62,3 per cento del totale, alle elezioni del luglio 1932, per superarli infine abbondantemente in quelle del fatale 1933. Nello stesso arco di tempo la SPD non crolla, ma perde un terzo esatto dei suoi elettori, scesi a meno di 1500; viceversa si riducono a poca cosa i voti per i tradizionali partiti moderati e conservatori. Più che la SPD a perdere, fu dunque – così come avvenne in tutta la Germania – la NSDAP a stravincere, nel corso di elezioni politiche che almeno fino al 1933 si potevano considerare, nell'insieme, regolari. Non fu alcuna forza esterna, né alcun preliminare colpo di stato, a consegnare la cittadina dello Hannover, così come l'intero paese, al nazismo. Fu, insieme con le inadeguatezze e gli errori della classe dirigente, la libera volontà degli elettori.

Il colpo di stato, la rivoluzione che trasformò la democrazia di Weimar in una dittatura, avvennero soltanto dopo
che gli elettori ebbero spianato la strada.»[19]

Ma analoga operazione potrebbe essere fatta per l'inter-
ventismo italiano nella prima guerra mondiale, per il sostegno all'ascesa di Lenin al potere in Russia o al fascismo
o per l'indifferenza e il sostegno rispetto alle leggi razziste
del 1938 che discriminarono e mortificarono una comunità perfettamente integrata nella nozione italiana.

Criterio 8
Far vedere la storia con carte, immagini di tracce, infografica,
documentari, testi di finzione storica

Generalmente carte geostoriche, immagini di tracce,
grafici e documentari sono considerati dei prodotti co-
municativi secondari rispetto agli assi discorsivi e nella
manualistica sono confinati nelle zone paratestuali. In genere non vengono inclusi nei processi di insegnamento
e di apprendimento in modo organico. Sono considerati
meri accessori. Così si sprecano risorse importanti per la
comprensione delle conoscenze e del loro contributo al
sistema della storia generale. Occorre assumere un'altra
visione del rapporto tra i testi non continui e quelli continui.
Le storie effettive si sono svolte e si svolgono in contesti
ambientali e territoriali e le relazioni spaziali tra i fenomeni sono decisive per capire il loro svolgimento. Carte
geostoriche singole aiutano a comprendere i contesti. Ma

---

19   L. Gallino, *Introduzione a Allen W.S., Come si diventa nazisti,*
Torino, Einaudi 1994, [e-dizione originale: 1965], pp. IX-XIII.

con le carte geostoriche è possibile montare sequenze di fotogrammi di film dei processi di trasformazione.[20] Le conoscenze sono costruite grazie all'uso delle tracce e questa origine andrebbe richiamata frequentemente per rendere gli alunni coscienti della dipendenza delle ricostruzioni storiche dalle operazioni di produzione delle informazioni applicate ai diversi elementi costitutivi delle tracce. Perciò sarebbe rivelatore mettere in relazione le informazioni con le tracce che ne hanno permesso la produzione.

Le informazioni quantitative sono sintetizzate e presentate in modo sempre più efficace con l'infografica, che rende possibile vedere informazioni e dati connessi nel tempo e nello spazio in modo coinvolgente.

Sono tutti mezzi che rendono possibile ridurre la quantità di discorso, di "spiegazione", che rendono più comprensibili i testi discorsivi e possono aumentare il gradimento delle conoscenze perché sollecitano attività cognitive. Oggi sono più facilmente disponibili grazie alle risorse presenti sul web o grazie alla digitalizzazione possibile e rapida delle risorse cartacee.

Ma la storia è comunicata anche per mezzo di opere finzionali testuali o disegnate o cinematografiche e per mezzo di videodocumentari. E tali opere sono spesso più avvincenti e più adeguate a promuovere conoscenze dei testi storiografici. Utilizzarle nell'insegnamento e nell'apprendimento permette di introdurre conoscenze non presenti nella manualistica e di presentarle con testi più gradevoli.[21]

---

20   Si tenga presente l'esempio del *Film de l'Histoire de l'Homme* in Bertin J., *Atlas historique de l'humanité*, Edition de la Martinière 2004.

21   Sull'uso didattico delle rappresentazioni finzionali della storia v. i due cofanetti delle regi-strazioni delle lezioni pubblicati dal CAD di Arcevia e i due volumi di atti dei corsi 2015 e 2016 della Scuola Estiva di Arcevia: 1. *Incroci di linguaggi. Rappresentazioni artistiche del passato nella didattica della storia*, a cura di Paola Lotti ed Elena Monari,

Criterio 9

Rendere chiaro, trasparente, esplicito che le conoscenze storiche da studiare rendono conto di come il mondo a diverse scale spaziali si è modificato da uno stato di cose all'altro.

Le scale spaziali privilegiate nel modello canonico di storia generale scolastica sono quelle dell'Europa occidentale e quella nazionale. Il resto del mondo è tematizzato solo quando arrivano gli europei.

Se vogliamo rendere la storia più formativa abbiamo bisogno di inserire nel sistema conoscenze valide a scala mondiale, a scala nazionale, a scala europea, a scala locale. Si possono innanzitutto trattare le conoscenze a scala mondiale che possono essere le impalcature entro le quali montare le conoscenze a scala minore. Descrizioni di stati del mondo e processi che li hanno modificati nel lungo periodo. Le indicazioni sia per la scuola dell'obbligo sia per la scuola superiore indicano:

- Formazione dell'umanità (ominazione)
- Invenzione dell'agricoltura (neolitizzazione), dell'urbanizzazione, della metallurgia, della scrittura
- Espansione europea e mondializzazione dell'economia
- Sviluppo industriale (industrializzazione)
- Globalizzazione

Ma ci sono anche "storie dal basso" (quelle fatte da artigiani e artigiane) che hanno avuto un impatto a scala

---

Mnamon 2016; 2. *La storia oltre i manuali. Come usare testi storiografici e testi di finzione storica*, a cura di Daniela Dalola e Maria Teresa Rabitti, Mnamon 2017. I due libri sono pubblicati originariamente in versione digitale, ma sono disponibili a stampa su richiesta. Sul rapporto tra rappresentazioni iconiche e storia segnalo Haskell F., *Le immagini della storia. L'arte e l'interpretazione del passato*, Torino, Einaudi 1997.

mondiale: i processi di diffusione della produzione della carta, delle armi da fuoco, della stampa, ad esempio.

Tra questi processi e queste tappe della storia a scala mondiale vanno inseriti i processi che hanno trasformato gli spazi a scala minore. Ma il rapporto tra le conoscenze può essere interscalare. Si può far apprendere una storia a scala locale per far vedere che è un caso di storia a scala superiore. Oppure si può partire da una conoscenza a scala mondiale e mostrare come certe trasformazioni hanno interessato spazi locali.

Insomma, tematizzare correttamente e coerentemente lo spazio dei fenomeni da studiare e periodizzarli convenientemente è una condizione per renderli più sensati, più comprensibili, più gradevoli.

In conclusione. Criterio 10. Insegnare meno, insegnare meglio, insegnare solo storie significative

Lo so. I pensieri e i criteri che ho proposto spalancano l'oceano delle conoscenze storiche rilevanti e significative disponibili. E fanno pensare all'impossibilità di dominarle e di insegnarle tutte. Ma questo è una preoccupazione che non c'è ragione di assumere. Non possiamo e non dobbiamo insegnare tutto. È la storia generale tradizionale che illude di far conoscere tutto il sapere storico necessario. Ma – ormai lo sappiamo - essa è il risultato di una selezione di conoscenze basata su una gerarchia arbitraria. Essa non fa conoscere tutta la storia importante. Essa omette tante conoscenze rilevanti e significative. Ma genera l'illusione di completezza perché si presenta come sistema di conoscenze concluso grazie alle concatenazioni di eventi in un ordine cronologico a maglie strette. L'aggravante è che le conoscenze incluse nel suo canone sono in maggioranza poco significative, poco affascinanti e poco formative.

Dunque, non dovrebbero esserci scrupoli a selezionare altre conoscenze e a trattarne di meno e a includerle in un sistema aperto che rivela la sua incompletezza. Un rinnovamento necessario è quello di proporre solo una quantità sopportabile di conoscenze significative: una selezione di conoscenze riguardanti contesti e processi di trasformazione decisivi in numero compatibile con le attività di insegnamento e di apprendimento che si possono articolare nel tempo assegnato alla disciplina.

Le conoscenze selezionate se sono significative contribuiscono a formare la cultura storica utilizzabile per comprendere il mondo e aperta a nuovi accrescimenti.

Nella scuola primaria si tratta di proporre le conoscenze dei contesti sotto forma di quadri di civiltà e alcuni processi di trasformazione trattati con leggerezza per sommi capi: ad esempio, la formazione dell'umanità, la formazione del mondo mediterraneo, la colonizzazione greca, l'espansione del dominio territoriale dei romani, la nascita e la diffusione del cristianesimo.

Ma anche la conoscenza della sequenza dei contesti e il confronto dei quadri di civiltà permettono di fondare la conoscenza delle trasformazioni principali che si verificarono dallo stato del mondo senza umanità allo stato del mondo in cui la specie Homo sapiens era diffusa in tutti i continenti e alcuni gruppi avevano inventato l'agricoltura e l'allevamento.

Nella scuola secondaria di I grado conviene mettere a fuoco le trasformazioni decisive nei campi della cultura materiale, della organizzazione sociale, della diffusione delle religioni, della geopolitica, dell'organizzazione statuale, in modo da formare la trama di alcuni dei processi storici più decisivi nelle trasformazioni del mondo. Se gli alunni arrivassero a dominare tale trama, allora nella scuola secondaria di II grado potrebbero essere sfidati ad affrontare il ragionamento sulle spiegazioni di alcuni dei processi già studiati e potrebbero studiarne altri che permettano di incrementare le maglie della trama. Secondo questa proposta gli alunni costruiscono il loro sapere storico con il montaggio di conoscenze di descrizione di contesti, di stati di cose e di trasformazioni, di narrazioni di processi di trasformazioni, di argomentazione di spiegazioni.

Facciamo l'esempio per il periodo 1400-1800. Rappresentiamo lo stato di cose all'inizio: la distribuzione dell'umanità in tutti i continenti, la divisione negli stati principali, la diffusione delle religioni, i traffici tra Oceano indiano/ mar Mediterraneo/Europa, i traffici transahariani/Mediterraneo, la diffusione dei mulini, l'uso della carta, l'uso di armi da fuoco rudimentali, le caratteristiche dei regimi politici, i saperi e le arti.

Poi rappresentiamo lo stato del mondo alla fine dell'800 e mettiamo in evidenza le trasformazioni: l'espansione degli europei nel mondo, il rimescolamento demografico nel mondo, i mutamenti nelle colture e nell'alimentazione, l'aumento degli stati nazionali, la distinzione tra stati con differenti regimi politici, la diffusione delle religioni, i traffici mondiali, la diffusione della stampa, della ferrovia, della fotografia, del telegrafo, la diffusione della produzione industriale e chimica, la diffusione di armi da fuoco sempre più micidiali, i saperi scientifici, le arti.

Elaboriamo le questioni alle quali dar risposta con l'insegnamento delle conoscenze riguardanti i processi di trasformazione. Possiamo fare una lista di processi di trasformazione e poi selezionare quelli da inserire nel piano di lavoro. Dichiariamo onestamente agli studenti che non tratteremo tutta la storia ma solo un numero limitato di conoscenze che faranno comprendere come il mondo si è trasformato in alcune sfere delle attività umane.

Le *Indicazioni per il curricolo* incoraggiano ad assumere tale prospettiva.

Si tratta non di copiare gli indici dei manuali ma di trasporre le *indicazioni* in piani di lavoro annuali. Elencate i processi di trasformazione che pensate siano fattibili durante l'anno in quella classe; ristrutturate l'indice del manuale componendo con i capitoli e i paragrafi sparpagliati processi di trasformazione; trasponete i testi che trattano di processi non presenti nel libro di testo.

La selezione e lo scarto saranno indolori poiché tutte le conoscenze insegnate saranno significative e potranno costituire l'impalcatura della cultura storica adatta ad essere incrementata da menti educate a conferire al mondo un senso storico. Facciamo in modo che la storia insegnata appaia come una disciplina che offre schemi interpretativi del mondo attuale e delle storie che vi sono in corso. Così, smettendo di considerare la storia come insiemi di fatti, di concetti o anche di teorie da affidare alla memoria, gli studenti avranno la possibilità di rendersi conto del suo potere formativo.[22]

---

22   Sull'insegnare meno, insegnare e far apprendere meglio, leggete il libro di Gardner H., *Sapere per comprendere. Discipline di studio e disciplina della mente*, Milano, Feltrinelli, 2000. Consiglio di tener conto dei ragionamenti svolti nei capitoli 6. *Progetto di un'educazione al comprendere* e 7. *Approcci alle discipline*, pp. 119-165. A p. 161 Gardner chiarisce con lucidità: «Le discipline, infatti, non si identificano prioritariamente né con i loro contenuti né con i fatti e i concetti di cui sono intessuti i glossari e gli indici dei testi, i compendi degli standard nazionali e, anche troppo spesso, i test scolastici. Le discipline sono dei modi di pensare, messi a punto dai loro cultori, che consentono a chi le pratica di conferire al mondo un senso particolare e in larga misura non intuitivo. Una volta acquisite e interiorizzate, le discipline diventano i modi in cui gli esperti costruiscono i fenomeni del loro mondo o, per tornare a un'immagine precedente, gli schemi interpretativi di tale costruzione.»

Il presente come storia e la società 'post-industriale'[23]

di Maurizio Gusso

1. Premessa di metodo

Adotto un **'taglio' intermedio** fra **società 'post-industriale'** e **'presente come storia'** (o 'passato recente'), cercando di evitare due rischi di derive corrispondenti: un approccio eccessivamente sistematico, teorico, accademico e metodologico alla società 'post-industriale', inadatto (per la sua forte astrazione) agli studenti e a parecchi insegnanti; un approccio eccessivamente empirico e/o soggettivo al presente e al 'passato recente', troppo dispersivo per allievi e docenti, per i quali servono anche concettualizzazioni e modelli interpretativi e ipotesi di periodizzazione, come quelli relativi alla società 'post-industriale'.

---

23   Versione riveduta e aggiornata della relazione omonima, tenuta ad Arcevia (AN) il 22 agosto 2017; la sua presentazione in PowerPoint – con una sitografia e con una bibliografia tematica più ampia di quella riportata qui – è stata pubblicata in https://www.storieinrete.org/storie_wp/?p=18832.

2. Le società 'post-industriali': cenni al dibattito storiografico-interdisciplinare

2.1 Origini e affermazione dell'espressione "società post-industriale"

Nel 1969 esce *La société post-industrielle* (Touraine, 1970) di Alain Touraine, che aveva iniziato a usare il termine "post-industriel" nel 1959. Nel 1973 esce il libro *The coming of post-industrial society* (Bell, 1973) di Daniel Bell, che aveva iniziato a usare l'aggettivo "post-industrial" nel 1959.

2.2 Carattere consapevolmente convenzionale e provvisorio del termine "post-industriale" secondo Domenico De Masi

Il termine "post-industriale" è stato usato in modo consapevolmente convenzionale e provvisorio per designare la graduale trasformazione della società industriale in una diversa società presente, constatandone empiricamente alcune profonde differenze rispetto a quella industriale, di cui pure conserva o potenzia (come una sorta di società 'iperindustriale'), alcune caratteristiche, senza, però, poter dire con certezza verso che tipo preciso di società si sta evolvendo.

Le definizioni più spesso usate per la società attuale, per gli stadi evolutivi della transizione e per le società auspicabili sono più di trecento [...].
La quantità stessa e la disparità delle denominazioni forniscono ragioni sufficienti per non accettarne alcuna. Allo stato delle riflessioni non solo non esiste la certezza scientificamente necessaria circa l'elemento che caratterizzerà il sistema sociale che si va profilando, ma non sappiamo neanche se ci sarà questo fattore egemone [...]. È anzi probabile che uno degli ulteriori tratti distintivi del nuovo sistema sociale sarà proprio quello di esse-

re policentrico, e di basarsi su un reticolo portante di processi e di elementi nessuno dei quali, da solo, potrebbe determinare la dinamica del tutto. Per questa ragione, e per la fortuna di cui già gode questo termine, è preferibile la denominazione di s.p. [società post-industriale] che va tenuta ferma fin quando non apparirà chiaro che la nuova società, oltre a delinearsi per differenza rispetto alla società industriale, si distingue anche per uno o più fattori determinanti di cui sia ben visibile la preminenza. Va tenuto presente, inoltre, che il passaggio da una fase all'altra non significa sostituzione radicale della seconda alla prima: significa solo che un elemento diviene centrale al posto di un altro, il quale perde la propria egemonia ma non la propria presenza e influenza. E come, nella stessa area, convivono lavoratori dei campi, lavoratori delle fabbriche e lavoratori dei servizi, così nello stesso individuo convivono modelli di vita rurali, industriali e postindustriali.
Il termine s.p., dunque, non è impeccabile ma resta almeno per ora preferibile, proprio grazie a quella sua indefinitezza che non obbliga a privilegiare alcun fattore (De Masi, 1995: pp. 8-9).

2.3 Per un approccio pluridimensionale e integrato alla società 'post-industriale'

Propongo un approccio pluridimensionale (tecnologico, economico, sociale, politico, culturale ecc.) e integrato alla società 'post-industriale'.

2.4 Alcuni elementi caratterizzanti le società 'post-industriali'

2.4.1 "Società dei servizi"

L'espressione "Service Society" è stata utilizzata in particolare da Carl Gersuny e William R. Rosengren nel libro *The Service Society* (Gersuny e Rosengren, 1973), ma è stata ripresa poi da vari studiosi.
Uno degli aspetti che definiscono la società post-industriale (secondo Bell, 1973) è il passaggio dalla produzio-

59

ne dei beni (tipica della società industriale) alla produzione di servizi. Bell, 1973.

[...] fissa al 1956 la data di nascita della s.p. avendo, per la prima volta in quell'anno, il numero di "colletti bianchi" superato quello degli operai negli Stati Uniti. [...] Al terziario tradizionale, si affianca ora il *quaternario* (sindacati, banche, assicurazioni) e il *quinario* (servizi per la salute, l'educazione, la ricerca scientifica, il tempo libero, l'amministrazione pubblica)" (De Masi, 1995: p. 9).

In Italia il sorpasso del settore 'secondario' da parte del 'terziario' (in termini sia di numero di addetti, sia di percentuale nella composizione del Prodotto Interno Lordo) avviene tra i due Censimenti ISTAT del 1961 (l'Italia vi risulta un paese a economia secondario-terziario-primaria) e del 1971 (l'Italia vi risulta un paese a economia terziario-secondario-primaria). Sull'"economia dei servizi", con particolare attenzione alla terziarizzazione dell'economia italiana, cfr. Martinelli e Gadrey, 2000.

2.4.2 "Società dell'informazione"

Le espressioni "Information Society" e "Société de l'information" sono state utilizzate rispettivamente da Daniel Bell e Alain Touraine, che a volte usa anche l'espressione «*società postindustriale dell'informazione*» (Touraine, 1998: p. 165). Touraine sottolinea che «*[...] la società postindustriale va definita innanzitutto come società dell'informazione*» (*ivi*: p. 158).

«*Se si assume che un tipo di società dev'essere definito anzitutto attraverso il suo apparato tecnologico, è evidente che l'universo informatico e più generalmente elettronico costituisce lo 'zoccolo' della società postindustriale*» (*ivi*: p. 157); tuttavia,

[...] per poter parlare di una società dell'informazione si deve scoprire una relazione necessaria tra il livello tecnologico e altri livelli della vita sociale.

Il che deve condurre i sociologi a ricercare i legami che uniscono le tecnologie dell'informazione a nuove forme di organizzazione, di gestione e di dominio sociale (*ivi*: p. 158).

Il tratto specifico della società dell'informazione consiste nel separare il piano tecnologico, che governa largamente la competitività economica e dove hanno smesso di collocarsi i più importanti rapporti sociali, da quello che si può definire il piano del consumo, dove si collocano ora questi rapporti perché *è* il piano della costruzione delle identità e dei comportamenti morali. La nostra società postindustriale è guidata [...] dalla tecnologia, ma, rifiutando di sottoporre quest'ultima a controlli sociali e culturali, essa non può più essere dominata dall'idea di progresso, che si fonda sul legame tra lo sviluppo delle conoscenze e delle tecniche e il miglioramento delle condizioni di vita individuale e collettiva. [...] La nostra società è una società dell'informazione, ma è anche e soprattutto la società della dissociazione fra tecnologia e vita morale (*ivi*: p. 160).

Manuel Castells ha usato l'espressione «*età dell'informazione*» nella sua trilogia *L'età dell'informazione* (Castells, 2002-2004). Per una storia della società dell'informazione cfr. Mattelart, 2002.

2.4.3 "Economia della conoscenza" e salto qualitativo nello sviluppo tecnologico-scientifico

L'espressione «*Knowledge economy*» è stata usata come titolo del cap. 12 del libro *The Age of Discontinuity* (Drucker, 1969) di Peter F. Drucker, che aveva già introdotto l'espressione «*Knowledge* Worker» nel suo volume *Landmarks of Tomorrow* (Drucker, 1957).

2.4.4 Il dibattito sul 'postmoderno'

Il concetto di "postmoderno" (nato e diffuso in ambito architettonico, letterario e filosofico) non va confuso con quello di "post-industriale" (cfr. Jameson, 1989; Kumar, 2000; Lyotard, 1981).

2.5 Altri fenomeni intrecciati con la società 'post-industriale': un percorso bibliografico

2.5.1 "Finanzcapitalismo"

Il "Finanzcapitalismo" è una 'mega-macchina sociale' «[...] costruita per estrarre valore» (Gallino, 2011: p. 5). «Il finanzcapitalismo ha come motore il sistema finanziario» e «[...] persegue l'accumulazione di capitale facendo tutto il possibile per saltare la fase intermedia, la produzione di merci. Il denaro viene impiegato, investito, fatto circolare sui mercati finanziari allo scopo di produrre immediatamente una maggior quantità di denaro» (ivi: p. 7), con la «pretesa categorica» di «[...] ricavare dalla produzione di denaro per mezzo di denaro un reddito decisamente più elevato rispetto alla produzione di denaro per mezzo di merci» (ivi: p. 8).

In forza delle tre componenti suindicate [«sistema bancocentrico, finanza ombra e investitori istituzionali»: ivi, p. 11], che formano il suo braccio operativo e hanno avuto un esorbitante sviluppo a partire dagli anni '80 del secolo scorso, la megamacchina del finanzcapitalismo è giunta ad asservire ai propri scopi di estrazione del valore ogni aspetto come ogni angolo del mondo contemporaneo. Un simile successo non è dovuto a un'economia che con le sue innovazioni ha travolto la politica, bensì a una politica che ha identificato i propri fini con quelli dell'economia finanziaria, adoperandosi con ogni mezzo per favorire la sua ascesa. In tal modo la politica ha abdicato al proprio compito storico di incivilire, governando l'economia, la convivenza umana. Ma non si è limitata a questo. Ha contribuito a trasformare il finanzcapitalismo nel sistema politico dominante a livello mondiale, capace di unificare le civiltà preesistenti in una sola civiltà-mondo, e al tempo stesso di svuotare di sostanza e di senso il processo democratico (ivi: pp. 12-13).

2.5.2 "Post-fordismo"/"Toyotismo"

Sul "post-fordismo" cfr. Bologna e Fumagalli, 1997; sul "toyotismo" (Toyota Production System) cfr. Monden, 1986.

2.5.3 Globalizzazione

Cfr. Appadurai, 2001; Bauman, 1999; Beck, 1999, 2000; Gallino, 2000; Giovagnoli, 2003; Gozzini, 2003; Osterhammel e Petersson, 2005; Robertson, 1999; Stiglitz, 2002; Zolo, 2004.

2.5.4 Egemonia 'neoliberista'

Con l'espressione "egemonia 'neoliberista'" mi riferisco a un'egemonia economica, politica e ideologico-culturale:
a. delle ideologie e delle 'scuole' economiche neoliberiste: si veda, per esempio, la Chicago school of economics, a partire dagli statunitensi Milton Friedman e George Stigler, premi Nobel per l'economia rispettivamente nel 1976 e nel 1982;
b. delle politiche economiche neo-liberiste, a partire dai governi britannici (1979-1990) di Margaret Thatcher e dalle presidenze statunitensi (1981-1989) di Ronald Reagan. Cfr. Harvey, 2007; Springer et al., 201

2.5.5 Welfare State e sua crisi

Sui vari modelli di Welfare State (con particolare riferimento alla società post-industriale) si vedano alcuni libri di Gøsta Esping-Andersen: Esping-Andersen, 1990 (in particolare il cap. 9: *Welfare-State Regimes in Post-Industrial*

Structure), 2000, 2010, 2011. Cfr. anche Flora, 1991 e in particolare pp. 511-513 (*Dallo Stato industriale del benessere a quello postindustriale?*). Sul modello alternativo del "Welfare dei beni comuni" cfr. Fumagalli, 2008. Per un approccio comparato ai casi italiano ed europeo cfr. Ferrera, 1984, 1993, 2001; Maino e Ferrera, 2017.

2.5.6 Rottura dell'equilibrio popolazione/ambiente

Cfr. Meadows *et al.*, 1972, 1993 e 2006.

2.5.7 Diseguaglianze sociali, crisi della democrazia, processi di democratizzazione e 'movimenti antisistemici'

Sulle diseguaglianze sociali cfr. Bauman, 2013; Gallino, 2000. Sulla crisi della democrazia cfr. Arienzo e Lazzarich, 2012; Crouch, 2003; Rodotà, 2004. Sui processi di democratizzazione cfr. Bonanate, 2000; Gentili e Zamponi, 2005; Grassi, 2008; Huntington, 1995. Sui 'movimenti antisistemici' cfr. Arrighi *et al.*, 1992.

2.5.8 Differenze di genere, femminismi e movimenti delle donne

Cfr. Molyneu, 1997; Oprea, 2008; Piccone Stella e Saraceno, 1996.

2.5.9 Migrazioni internazionali, 'multiculturalità' e 'multietnicità'

Su migrazioni internazionali e 'inversione della corrente migratoria' cfr. Cohen, 1995; Eva, 1998; Gusso, 1998 b: pp. 394-399; Simon, 1995. Su 'multietnicità' e 'multiculturalismo' cfr. Beck, 2005; Martiniello, 2000; Taylor, 1993. Su identità etnica, politiche identitarie ed 'etnonazionalismi' cfr. Aime, 2004; Anderson, 1996; Connor, 1995; Fabietti, 1995; Remotti, 1996.

2.5.10 Secolarizzazione, 'risorgere della religione' e fondamentalismi

Cfr. Aa. Vv., 1993; Almond *et al.*, 2006; Beck, 2009; Gritti, 2004; Pace e Guolo, 2002; Taylor, 2009.

2.5.11 'Nuovo disordine mondiale' e 'nuove guerre'

Cfr. Kaldor, 1999; Labanca, 2009; Shiva, 2005; Statera e Gritti, 1994; Todorov, 2003; Zolo, 2011.

2.5.12 New media

Cfr. Ferri, 2004; Ferri *et al.*, *2009*.

3. Senza la storia delle società 'post-industriali' non può esistere una 'nuova storia generale'

Senza la storia delle società 'post-industriali' non può esistere una 'nuova storia generale' (cfr. Saltarelli, 2017) degna di questo nome. Infatti, senza il riconoscimento delle discontinuità fra società industriali e 'post-industriali' e senza una seria storicizzazione della società 'post-industriale' il percorso 'presente – passato – presente/futuro', proposto da Clio '92, diverrebbe una pia intenzione nel momento in cui una precisa analisi e storicizzazione della società 'post-industriale' fosse surrogata da un generico 'partire da un presente' indefinito e da un- generico 'ritorno a un presente/futuro' altrettanto indefinito.

Fingere che il presente si situi ancora in una classica 'società industriale' è ancor più pericoloso a scuola, dato che alla normale frattura generazionale fra insegnanti/ genitori e studenti si sovrappone quella fra società industriale, che resta un termine di riferimento fondamentale per i docenti e i genitori, e società 'post-industriale', che corrisponde agli orizzonti biografici o a quelli temporali prevalenti degli allievi.

Tenendo conto anche del fatto che certe fragilità e contraddizioni della società 'post-industriale' derivano dalla mancata metabolizzazione e selezione critica delle eredità materiali e culturali delle società industriali, aumenta il rischio che le ultime generazioni vedano la società 'post-industriale' in cui vivono come un dato 'naturale', assoluto e immodificabile, anziché come un prodotto storico, relativo e modificabile.

Se non tematizzano/problematizzano né storicizzano in modo preciso la società 'post-industriale', i docenti abdicano al loro ruolo di favorire l'orientamento personale, civile, scolastico e professionale degli allievi e più o meno implicitamente inviano un messaggio pedagogico di svalutazione non solo della società 'post-industriale', ma anche delle persone e delle subculture di appartenenza degli studenti: è come dire che ciò che rientra nei loro orizzonti temporali e culturali non è degno di essere tematizzato/problematizzato e storicizzato, ossia che la storia (e la possibilità di conoscerla e studiarla) si arresta prima della soglia delle loro date di nascita.

Si tratta, quindi, di raccogliere la sfida di consolidare, nel percorso presente – passato – presente/futuro, il 'partire dal presente' e il 'ritorno al presente/futuro' approfondendo lo spessore storico delle società 'post-industriali' e della transizione dalla società industriale a quella 'post-industriale', contro una serie di **fenomeni negativi certi** e di **rischi altamente probabili**. I **fenomeni negativi certi** si possono almeno in parte riassumere

a. nella forbice fra l'appiattimento degli orizzonti temporali sul presente ('presentismo selvaggio') proprio dei giovani, ma spesso anche degli adulti attuali, e la svalutazione/rimozione del presente da parte di molti adulti (e storici), che spesso assume le vesti di un 'passatismo retrospettivo' o di un 'classicismo' di maniera;

b. nella scarsa trasmissione intergenerazionale della memoria storica, sia per la reciproca svalutazione fra adulti e giovani degli altrui percorsi, orizzonti e contesti temporali, biografici e storici, sia per la scarsa storicizzazione, da parte di adulti e giovani, dei propri percorsi e contesti temporali, biografici e storici.

I **rischi altamente probabili** sono quelli, simmetrici e opposti, di lasciarsi influenzare eccessivamente dalle ideologie apologetiche del 'post-industriale' e del 'post-moderno', oppure, per reazione perfezionistica a tali ideologie, di rimuovere le differenze/ discontinuità fra la società industriale e quella in cui viviamo.

Nell'insegnamento tradizionale della storia in Italia la società 'post-industriale' non viene affatto insegnata, oppure viene affrontata in modo del tutto marginale o frammentario; solo alcuni dei manuali più recenti le dedicano gli ultimi paragrafi o capitoli (spesso in modo cronachistico-evenemenziale, non sistemico), corrispondenti alla parte che in genere viene 'saltata' del tutto dalla maggior parte degli insegnanti.

4. Il 'presente come storia' e il percorso 'presente - passato - presente/ futuro'

4.1 'Orizzonti della contemporaneità' e 'presente come storia'

Con l'espressione "orizzonti della contemporaneità" possiamo indicare i confini del tempo che sentiamo nostro ('con-temporaneo'), confini che mutano in base a variabili personali, di età, generazione, genere ecc. (cfr. Delmonaco, 1993; Gusso, 1998 a: p. 49, 2007: p. 111). In questo caso fra tempo soggettivo e tempo storico, fra biografia e storiografia c'è un forte scarto: mentre tutte le periodizzazioni storiografiche assumono come *terminus a quo* un evento/mutamento storico, se non epocale, almeno convenzionalmente giudicato rilevante dalla maggior parte della comunità di ricercatori, la periodizzazione psicologica del singolo studente assume come *terminus a quo*, se non un *ante me natum/natam*, almeno un evento/mutamento soggettivamente considerato come rilevante su un piano non meno biografico che storico (cfr. Gusso, 2007). Il 'presente come storia' (cfr. Guanci e Rabitti, 1997) o 'presente storico' è la consapevolezza, mediata dai saperi storici esperti, del carattere stratigrafico del presente, come prodotto storico di eredità di durate diverse, risalenti a diverse epoche storiche (cfr. Gusso, 2007: p. 111).

4.2 Il percorso 'presente – passato – presente/futuro'

Il percorso 'presente – passato – presente/futuro' dal 'presente immediato', attraverso il 'passato presente' e il 'passato storico', porta al 'presente storico' e a un minimo di orientamento (possibilmente previsionale e progettuale) verso il futuro (*ivi*: pp. 111-112).
Il 'presente immediato' è la percezione immediata (ossia non mediata dai saperi storici esperti) e intuitiva del

nostro essere qui e ora, che nell'insegnamento della storia costituisce il punto di partenza psicologico del senso comune, di solito connesso a una percezione immediata dell'esistenza di qualche genere di relazione fra presente, passato e futuro.

Il 'presente storico' per l'insegnamento della storia costituisce un ambizioso traguardo finale, che richiede i due passaggi intermedi successivi del 'passato presente' e del 'passato storico'.

Con l'espressione 'passato presente' ci si riferisce a quelle porzioni di passato più visibilmente 'immanenti' nel presente come eredità storiche o come fonti, o anche a una percezione dei rapporti fra passato e presente che tiene conto più delle analogie che delle differenze.

'Passato storico' è il passato visto come altro-dal-presente, o anche una percezione dei rapporti fra passato e presente che tiene conto più delle differenze che delle analogie.

5. Società 'post-industriali' e curricolo verticale di storia

5.1 Società 'post-industriali' e approccio per quadri di civiltà

C'è chi preferisce parlare di 'quadro di civiltà/società post-industriale' e chi preferisce parlare di 'quadro di civiltà del presente nel mondo occidentale' o di 'società post-industriale'. In ogni caso, quando si parte dal presente, almeno in Italia, si parte da un presente 'post-industriale'. Sulla didattica per 'quadri di civiltà' cfr. Gusso, 2004: pp. 161-166, 2015: p. 43; Mattozzi, 2007, 2009: pp. 79-92.

5.2 Transizione dalle società industriali a quelle 'post-industriali' e 'processi di grande trasformazione'

La transizione dalle società industriali a quelle 'post-industriali' è uno dei 'processi di grande trasformazione', risultante da una serie di 'processi di trasformazione' (Mattozzi, 2009: pp. 93-101), quali la mondializzazione, la globalizzazione, la terziarizzazione, il passaggio dal fordismo al post-fordismo/toyotismo ecc.

5.3 Transizione dalle società industriali a quelle 'post-industriali' e approccio per temi/problemi

La transizione dalle società industriali a quelle 'post-industriali' può essere affrontata solo attraverso precise tematizzazioni/problematizzazioni (cfr. Bernardi, 2003; Gusso, 2004: pp. 169-170, 2015: pp. 43-44).

Riferimenti bibliografici

Aa. Vv., *Fondamentalismi, Parolechiave. Nuova serie di Problemi del socialismo*, 1993, n. 3.

M. Aime, *Eccessi di culture*, Einaudi, Torino, 2004.

G. A. Almond, R. S. Appleby e E. Sivan, *Religioni forti. L'avanzata dei fondamentalismi sulla scena mondiale*, Il Mulino, Bologna, 2006 (ed. or.: 2003).

B. Anderson, *Comunità immaginate. Origini e diffusione dei nazionalismi*, Manifestolibri, Roma, 1996 (I ed.; ed. più recente: *Comunità immaginate. Origini e fortuna dei nazionalismi*, Laterza, Roma-Bari, 2018; ed. or.: 1983).

A. Appadurai, *Modernità in polvere. Dimensioni culturali della globalizzazione*, Meltemi, Roma, 2001 (I ed.; II ed. it. a cura di P. Vereni, Raffaello Cortina, Milano, 2012; ed. or.: 1996).

A. Arienzo e D. Lazzarich (a cura di), *Vuoti e scarti di democrazia. Teorie e politiche democratiche nell'era della mondializzazione*, Napoli, E.S.I., 2012.

G. Arrighi, T. K. Hopkins e I. Wallerstein, *Antisystemic movements*, Manifestolibri, Roma, 1992 (ed. or.: 1989).

Z. Bauman, *Dentro la globalizzazione. Le conseguenze sulle persone*, Laterza, Roma-Bari, 1999 (I ed.; XIII ed.: ivi, 2012; ed. or.: 1998).

Z. Bauman, *Danni collaterali. Diseguaglianze sociali nell'età globale*, Laterza, Roma-Bari, 2013 e 2014 (ed. or.: 2011).

U. Beck, *Che cos'è la globalizzazione. Rischi e prospettive della società planetaria*, Carocci, Roma, 1999 e 2009 (ed. or.: 1997).

U. Beck, *I rischi della libertà. L'individuo nell'epoca della globalizzazione*, ed. it. a cura di S. Mezzadra, Il Mulino, Bologna, 2000 e 2012.

U. Beck, *Lo sguardo cosmopolita*, Carocci, Roma, 2005 (ed. or.: 2004).

U. Beck, *Il Dio personale. La nascita della religiosità secolare*, Laterza, Roma-Bari, 2009 (ed. or.: 2008).

D. Bell, *The coming of post-industrial society: a venture in social forecasting*, Basic Books, New York, 1973.

P. Bernardi (a cura di), *Insegnare storia con le situazioni-problema*, I Quaderni di Clio '92, 2003, n. 4.

S. Bologna e A. Fumagalli (a cura di), *Il lavoro autonomo di seconda generazione. Scenari del postfordismo in Italia*, Feltrinelli, Milano, 1997.

L. Bonanate, *Transizioni democratiche 1989-1999. I processi di diffusione della democrazia all'alba del XXI secolo*, Franco Angeli, Milano, 2000.

M. Castells, *L'età dell'informazione. Economia, società, cultura*, EGEA – Università Bocconi, Milano, 2002-2004, voll. 3 (ed. or.: 1996-1998, voll. 3).

R. Cohen (a cura di), *The Cambridge Survey of World Migration*, Cambridge University Press, Cambridge, 1995.

W. Connor, *Etnonazionalismo. Quando e perché emergono le nazioni*, Dedalo, Bari, 1995 (ed. or.: 1994).

C. Crouch, *Postdemocrazia*, Laterza, Roma-Bari, 2003 (I ed.; III ed.: ivi, 2012; ed. or.: 2004).

E. Damiano (a cura di), *Homo Migrans. Discipline e concetti per un curricolo di educazione interculturale a prova di scuola*, Franco Angeli, Milano, 1998 (I ed.; II ed.: ivi, 2002).

A. Delmonaco, *"'…Fino ai nostri giorni'. Storia contemporanea e presente"*, in Aa. Vv., *L'annale '92*, Istituto romano per la storia d'Italia dal fascismo alla resistenza, Roma, 1993, pp. 100-107.

D. De Masi, *"Società postindustriale"*, in Aa. Vv., Enciclopedia Italiana di scienze, lettere ed arti. 1979-1992. Quinta Appendice, vol. 5: SO-Z, Istituto della Enciclopedia Italiana, Roma, 1995, pp. 8-13, in www.treccani.it/enciclopedia/societa-postindustriale_%28Enciclopedia-Italiana%29.

P. F. Drucker, *Landmarks of Tomorrow*, Harper & Brothers, New York, 1957 e 1959.

P. F. Drucker, *The Age of Discontinuity. Guidelines to Our Changing Society*, Harper & Row, New York, 1969 (ed. it.: L'età del discontinuo, Etas Kompass, Milano, 1970).

G. Esping-Andersen, *The three worlds of welfare capitalism*, Polity Press, Cambridge, 1990.

G. Esping-Andersen, *I fondamenti sociali delle economie postindustriali*, Il Mulino, Bologna, 2000 (ed. or.: 1999).

G. Esping-Andersen, *Oltre lo Stato assistenziale. Per un nuovo patto tra generazioni*, Garzanti, Milano, 2010 (ed. or.: 2008).

G. Esping-Andersen, *La rivoluzione incompiuta. Donne, famiglie, welfare*, Il Mulino, Bologna, 2011 (ed. or.: 2009).

F. Eva, *"Geografia delle migrazioni"*, in Damiano, 1998, pp. 413-471.

U. Fabietti, *L'identità etnica. Storia e critica di un concetto equivoco*, La Nuova Italia Scientifica, Roma, 1995 (I ed.; III ed.: Carocci, Roma, 2013).

M. Ferrera, *Il Welfare State in Italia. Sviluppo e crisi in prospettiva comparata*, Il Mulino, Bologna, 1984 e 1987.

M. Ferrera, *Modelli di solidarietà. Politica e riforme sociali nelle democrazie*, Il Mulino, Bologna, 1993 e 2004.

M. Ferrera (a cura di), *Nuova Europa e nuovo welfare*, Cacucci, Bari, 2001.

P. Ferri, *Fine dei mass media. Le nuove tecnologie della comunicazione e le trasformazioni dell'industria culturale*, Guerini e Associati, Milano, 2004.

P. Ferri, S. Mizzella e F. Scenini, *I nuovi media e il Web 2.0. Comunicazione, formazione ed economia nella società digitale*, Guerini Scientifica, Milano, 2009.

P. Flora, *"Benessere, Stato del"*, in Aa. Vv., Enciclopedia delle Scienze Sociali, Istituto della Enciclopedia Italiana, Roma, 1991, vol. I, pp. 500-513, in www.treccani.it/enciclopedia/stato-del-benessere_%28Enciclopedia-delle-scienze-sociali%29.

A. Fumagalli, *"Trasformazione del lavoro e trasformazioni del Welfare. Precarietà e welfare del Comune (Commonfare) in Europa"*, in P. Leon e R. Realfonzo (a cura di), *L'Economia della precarietà*, Manifestolibri, Roma, 2008, pp. 159-174, in www.uninomade.org/trasformazione-del-lavoro-e-trasformazioni-del-welfare-precarieta-e-welfare-del-comune-commonfare-in-europa.

L. Gallino, *Globalizzazione e disuguaglianze*, Laterza, Roma-Bari, 2000 (I ed.; IV ed.: ivi, 2009).

L. Gallino, *Finanzcapitalismo. La civiltà del denaro in crisi*, Einaudi, Torino, 2011 e 2013.

A. M. Gentili e M. Zamponi (a cura di), *Stato, democrazia e legittimità. Le transizioni politiche in Africa, America Latina, Balcani, Medio Oriente*, Carocci, Roma, 2005.

C. Gersuny e W. R. Rosengren, *The Service Society*, Schenkman, Cambridge (Mass.), 1973.

A. Giovagnoli, *Storia e globalizzazione*, Laterza, Roma-Bari, 2003 (I ed.; V ed.: ivi, 2010).

G. Gozzini, *"La parola globalizzazione"*, Passato e presente, 2003, n. 58, pp. 5-15.

D. Grassi, *Le nuove democrazie. I processi di democratizzazione dopo la caduta del Muro di Berlino*, Il Mulino, Bologna, 2008.

R. Gritti, *La politica del sacro. Laicità, religione, fondamentalismi nel mondo globalizzato*, Guerini Studio, Milano, 2004.

V. Guanci e M. T. Rabitti, *Il mondo tra storia e attualità. Materiali per una riflessione sul presente come storia*, Polaris, Faenza/RA, 1997.

M. Gusso, *"Orizzonti della contemporaneità, storia del Novecento e curricoli"*, in B. Rossi (a cura di), *Storia contemporanea e scuola: una rinnovata sfida educativa. Atti del Convegno nazionale. Milano 5 marzo 1997*, Università degli Studi di Milano, Milano, 1998, pp. 49-57 (Gusso, 1998 a).

M. Gusso, *"Storia delle migrazioni"*, in Damiano, 1998, pp. 355-411 (Gusso, 1998 b).

M. Gusso, *"Ipotesi per un curricolo continuo di area"*, in S. Citterio e M. Salvarezza (a cura di), *L'area geostorico-sociale. Dalla ricerca ai curricoli*, Franco Angeli, Milano, 2004, pp. 154-176.

M. Gusso, *"Italia repubblicana e curricoli di storia"*, in A. Gioia (a cura di), *Storia dell'Italia Repubblicana. Atti del corso di Formazione per Dirigenti Scolastici e Docenti, Ministero della Pubblica Istruzione / Ufficio Scolastico Regionale per la Calabria Direzione Generale*, Lamezia Terme (CZ), 2007, pp. 107-135.

M. Gusso, *"Criteri per una progettazione curricolare di storia"*, Rivista dell'istruzione, 2015, n. 3, pp. 42-45, in https://www.storieinrete.org/storie_wp/?p=15781.

D. Harvey, *Breve storia del neoliberismo*, Il Saggiatore, Milano, 2007 (ed. or.: 2007).

S. P. Huntington, *La terza ondata. I processi di democratizzazione alla fine del XX secolo*, Il Mulino, Bologna, 1995 e 2002 (ed. or.: 1991).

F. Jameson, *Il postmoderno, o la logica culturale del tardo capitalismo*, Garzanti, Milano, 1989 (ried.: *Postmodernismo, ovvero La logica culturale del tardo capitalismo*, Fazi, Roma, 2007; ed. or.: 1984).

M. Kaldor, *Le nuove guerre. La violenza organizzata nell'età globale*, Carocci, Roma, 1999 e 2001 (IX rist.: ivi, 2015; ed. or.: 1999).

K. Kumar, *Le nuove teorie del mondo contemporaneo. Dalla società post-industriale alla società post-moderna*, Einaudi, Torino, 2000 (ed. or.: 1995).

N. Labanca (a cura di), *Guerre vecchie, guerre nuove. Comprendere i conflitti armati contemporanei*, Bruno Mondadori, Milano, 2009.

J.-F. Lyotard, *La condizione postmoderna. Rapporto sul sapere*, Feltrinelli, Milano, 1981 (I ed.; ed. più recente: ivi, 2014; ed. or.: 1979).

F. Maino e M. Ferrera (a cura di), *Terzo Rapporto sul secondo welfare in Italia 2017*, novembre 2017, in www.secondowelfare.it/rapporti/terzo-rapporto-2w/terzo-rapporto-sul-secondo-welfare-in-italia-2017-3r2w.htmlF. Martinelli e J. Gadrey, *L'economia dei servizi*, Il Mulino, Bologna, 2000.

M. Martiniello, *Le società multietniche*, Il Mulino, Bologna, 2000 (ed. or.: 1997).

A. Mattelart, *Storia della società dell'informazione*, Einaudi, Torino, 2002 (ed. or.: 2001).

I. Mattozzi, *Un sapere storico universale è possibile nella scuola primaria? L'insegnamento della storia con i "quadri di civiltà"*, I Quaderni di Clio '92, 2007, n. 7.

I. Mattozzi, *"La didattica dei quadri di civiltà"* e *"La storia insegnata con i processi di trasformazione"*, in M. T. Rabitti (a cura di), *Per il curricolo di storia. Idee e pratiche*, Franco Angeli, Milano, 2009, pp. 79-92 e 93-101.

D. H. Meadows, D. L. Meadows e J. Randers, *Oltre i limiti dello sviluppo*, a cura di F. Macaluso, Il Saggiatore, Milano, 1993 (ed. or.: 1992).

D. H. Meadows, D. L. Meadows e J. Randers, *I nuovi limiti dello sviluppo. La salute del pianeta nel terzo millennio*, Oscar Mondadori, Milano, 2006 (ed. or.: 2004).

D. H. Meadows, D. Meadows, J. Randers e W. W. Behrens III, *I limiti dello sviluppo: rapporto del System Dynamics Group, Massachusetts Institute of Technology (MIT) per il progetto del Club di Roma sui dilemmi dell'umanità*, ed. it. a cura di F. Macaluso, Edizioni Scientifiche e Tecniche Mondadori, Milano, 1972 (I ed.; VIII ed.: ivi, 1983; ed. or.: 1972, in www.donellameadows.org/wp-content/userfiles/Limits-to-Growth-digital-scan-version.pdf).

M. Molyneu, *"Movimenti delle donne"*, in W. Outhwaite, T. Bottomore, E. Gellner, R. Nisbet e A. Touraine (a cura di), *Dizionario delle scienze sociali*, ed. it. a c. di P. Jedlowski, Il Saggiatore, Milano, 1997 (ed. or.: 1993), pp. 449-453.

Y. Monden, *Produzione just-in-time. Come si progetta e si realizza*, ed. it. a c. di S. de Vio, ISEDI, Torino, 1986 (ed. or.: 1983).

D.-A. Oprea, *"Du féminisme (de la troisième vague) et du postmoderne"*, *Recherches féministes*, 2008, n. 2, pp. 5-28, in www.erudit.org/revue/rf/2008/v21/n2/029439ar.pdf.

J. Osterhammel e N. P. Petersson, *Storia della globalizzazione. Dimensioni, processi, epoche*, Il Mulino, Bologna, 2005 (ed. or.: 2003).

E. Pace e R. Guolo, *I fondamentalismi*, Laterza, Roma-Bari, 2002 (nuova ed. riv. e aggiornata; I ed.: ivi, 1998).

S. Piccone Stella e C. Saraceno (a cura di), *Genere. La costruzione sociale del femminile e del maschile*, Il Mulino, Bologna, 1996.

F. Remotti, *Contro l'identità*, Laterza, Roma-Bari, 1996 (I ed.; VI ed.: ivi, 2012).

R. Robertson, *Globalizzazione. Teoria sociale e cultura globale*, Asterios, Trieste, 1999 (ed. or.: 1992).

S. Rodotà, *Tecnopolitica. La democrazia e le nuove tecnologie della comunicazione*, Laterza, Roma-Bari, 2004 (nuova ed. accresciuta; I ed.: ivi, 1997).

C. E. J. Saltarelli (a cura di), *Il sapere storico e la formazione di alunni competenti*, I Quaderni di Clio '92, 2017, n. 16.

V. Shiva, *Le nuove guerre della globalizzazione. Sementi, acqua e forme di vita*, Torino, UTET Libreria, 2005 (ed. or.: 2005).

G. Simon, *Géodynamique des migrations internationales dans le monde*, Presses Universitaires de France, Parigi, 1995.

S. Springer, K. Birch e J. MacLeavy (a cura di), *The Handbook of Neoliberalism*, Routledge, Londra, 2016.

G. Statera e R. Gritti, *Il nuovo disordine mondiale. Introduzione all'analisi sociale delle relazioni internazionali*, Milano, Franco Angeli, 1994.

J. E. Stiglitz, *La globalizzazione e i suoi oppositori*, Einaudi, Torino, 2002 (I ed.; V ed.: ivi, 2010; ed. or.: 2002).

Ch. Taylor, *Multiculturalismo. La politica del riconoscimento*, Anabasi, Milano, 1993 (ed. or.: 1992).

Ch. Taylor, *L'età secolare*, ed. it. a c. di P. Costa, Feltrinelli, Milano, 2009 (ed. or.: 2007).

T. Todorov, *Il nuovo disordine mondiale. Le riflessioni di un cittadino europeo*, Garzanti, Milano, 2003 (ed. or.: 2003).

A. Touraine, *La società postindustriale*, Il Mulino, Bologna, 1970 (I ed.; III ed.: ivi, 1974; ed. or.: *La société post-industrielle*, Denoël, Parigi, 1969).

A. Touraine, "Società postindustriale", in Aa. Vv., *Enciclopedia delle Scienze Sociali*, Istituto della Enciclopedia Italiana, Roma, 1998, vol. VIII, pp. 156-166, in www.treccani.it/enciclopedia/societa-postindustriale_%28Enciclopedia-delle-scienze-sociali%29.

D. Zolo, *Globalizzazione. Una mappa dei problemi*, Roma-Bari, Laterza, 2004 (I ed.; II ed.: ivi, 2009).

D. Zolo, *Il nuovo disordine mondiale. Un dialogo sulla guerra, il diritto e le relazioni internazionali*, a c. di C. Terranova, Diabasis, Reggio Emilia, 2011.

Laboratorio
Modelli di insegnamento della storia della società post-industriale

coordinato da *Maurizio Gusso*

1. Presentazione del laboratorio, autopresentazioni professionali dei partecipanti e contratto formativo. (Mercoledì 23 agosto 2017, ore 15.00-18.30)

Il **coordinatore**, dopo una breve autopresentazione professionale, comunica obiettivi e articolazione di massima del laboratorio e invita le persone partecipanti[24] a un primo giro di interventi, dedicato a brevi autopresentazioni professionali, alla esplicitazione delle motivazioni della scelta del laboratorio, alle eventuali richieste di modifica del programma e di chiarimenti preliminari e all'esplicitazione delle esperienze di studio e/o delle pratiche didattiche rispetto alla storia della società post-industriale o degli ultimi cinquant'anni.

Mario Rinaldi è particolarmente interessato ad approfondire il secondo '900, soprattutto attraverso film, canzoni, fumetti e giornali.

---

24   Arcangela Caragnano, docente di lettere presso il Liceo delle Scienze Umane Carlo Sigonio di Modena; Gaia Duca (lettere; IC/ Istituto Comprensivo Camerano di Camerano/AN; SSPG/Scuola secondaria di primo grado Silvio Pellico); Federico Giona (italiano; Villa Grimani International School di Noventa Padovana/PD; SSPG); Anna Laura Leoni (lettere; IC Caio Giulio Cesare di Osimo/AN; SSPG); Giovanni (Gianni) Marchi (lettere; IC Giulio Bevilacqua di Cazzago San Martino/BS; SSPG); Michela Ricci (lettere; IC Giovanni Marchetti di Senigallia/AN; SSPG); Mario Rinaldi (lettere; IC Paolo Soprani di Castelfidardo/AN; SSPG); Federica Tosti (IIS/Istituto di Istruzione Superiore Fermi-Sacconi-Ceci di Ascoli Piceno; IPSIA/ Istituto Professionale di Stato per l'Industria e l'Artigianato Giuseppe Sacconi).

Anna Laura Leoni in terza media di solito arriva fino agli anni '60. La storia recente è quella che attrae di più gli studenti, parecchi dei quali pongono domande a partire dai telegiornali o su qualche partito e politico. Conosce poco la storia degli ultimi cinquanta anni, pur avendola vissuta. Le interessa soprattutto il discorso del web.

Gianni Marchi ha sempre insegnato la storia del secondo '900 nelle terze medie. Di formazione storica, insegna da dieci anni; prima ha svolto altre attività. È appassionato di storia e di didattica della storia. In particolare, la storia degli ultimi cinquant'anni è fondamentale per la formazione della cittadinanza globale di oggi; perciò ha scelto questo laboratorio. Cerca di capire se per "società post-industriale" s'intende effettivamente quella mondiale, oppure solo quella più 'localizzata'.

Gaia Duca, laureata in lettere classiche, ha insegnato a Castelfidardo, da dove è passata a Camerano. Si ritiene poco formata come insegnante sulla storia della società post-industriale. Nel 2017-2018 vorrebbe dare un taglio geostorico all'insegnamento della storia in terza media. Si chiede se è possibile insegnare un quadro di civiltà post-industriale: i manuali di storia contengono solo flash (per esempio sulla crisi economica mondiale del 2008), ma non offrono una contestualizzazione storica sufficiente.

Michela Ricci, laureata in lettere classiche, è interessata alla storia della società post-industriale, ma incontra grosse difficoltà ad arrivare agli anni '50-'60. Esistono parti del 'programma' che si possano effettivamente ridurre/sintetizzare?

Federica Tosti insegna da tre anni nella secondaria superiore; ha avuto due quinte per due anni consecutivi. Ha scelto questo laboratorio perché le interessa la storia del secondo '900. Affronta l'attualità attraverso i quotidiani, partendo dalle domande degli allievi. Come cittadina è particolarmente interessata al boom italiano (rientra nella società postindustriale?), alle migrazioni (in particolare nei film), agli 'Anni di piombo' e allo stragismo.

Arcangela Caragnano aveva frequentato il laboratorio condotto da Maurizio Gusso nella Scuola Estiva di Arcevia del 2017[25]; le aspettative sono state tutte esaudite. Di solito approfondisce gli anni '70 e le migrazioni, ma non riesce a spingersi oltre la Guerra fredda.

Anche **Federico Giona** aveva frequentato il laboratorio condotto da Maurizio Gusso nel 2017, trovandosi bene. Insegna solo italiano, ma affronta anche qualche problema storico e filosofico. L'anno scorso ha insegnato per la prima volta, nel triennio di una SSPG. Usa ogni giorno la LIM (lavagna interattiva multimediale) e il quotidiano in classe, grazie a un abbonamento online al "Corriere della Sera" e a "La Repubblica", discutendone con gli studenti. Affronta la contemporaneità attraverso carotaggi dal presente per scoprire le origini dei fenomeni contemporanei (cfr. Michel Foucault). Offre agli allievi un ventaglio di tematiche storiche contemporanee per un lavoro individuale o di gruppo, che si conclude con presentazioni finali in PowerPoint alla classe.

Anna Laura Leoni segnala come problema l'arrivo in prima media di allievi con carenze micidiali nel lessico e con un'infarinatura storica troppo limitata, ricevuta nella scuola primaria.

Federico Giona racconta una sua "esperienza tragica" dell'anno scolastico precedente. Alcuni studenti avevano posto domande sul terrorismo. Per cercare con la classe le origini del fenomeno e alcune informazioni fondamentali e necessarie sulla storia dell'Islam (es.: sunniti e sciiti), era partito dai quotidiani e da *Il terrorismo spiegato ai ragazzi*.

---

25   Cfr. M. Gusso, "Laboratorio L'uso di film e canzoni nell'insegnamento/apprendimento della storia. Alcuni nodi cruciali nella storia del lavoro nell'Italia repubblicana", in D. Dalola e M. T. Rabitti (a cura di), *La storia oltre i manuali. Come usare testi storiografici e testi di finzione storica*, Mnamon, Milano, 2017, pp. 55-69.

Jihad? Al Qaida? Califfato? Aiutiamo i nostri giovani a capire di Cecilia Tosi (Imprimatur, Reggio Emilia, 2016), che due studenti hanno portato agli esami di terza media. Il problema è sorto quando ha proposto agli allievi di cercare fonti in Internet: anche i più bravi citano il primo sito incontrato (in genere è https://www.studenti.it). Non riesce a trovare molti libri di buon livello divulgativo su altri temi.

Gaia Duca è sensibile anzitutto alla storia delle donne/di genere.

Gianni Marchi si è occupato soprattutto del problema di come sono cambiati conflitti e guerre in base a un collegamento sempre maggiore con l'industria delle armi.

Anna Laura Leoni è particolarmente interessata alla problematica dei *New Media*.

Il **coordinatore** riprende alcuni problemi emersi dagli interventi.

Non trattare gli ultimi cinquant'anni significa dimezzare il significato dello studio della storia: l'analfabetismo sul 'presente come storia' e sulla società post-industriale impedisce di fondare su basi solide il percorso presente – passato – presente/ futuro.

Fra le strategie per guadagnare tempo nelle epoche precedenti, accanto al percorso presente – passato – presente, propone una colonizzazione 'intensiva/sistemica' (secondo il modello di colonizzazione inglese per capisaldi), anziché 'estensiva/sistematica' (secondo il modello di colonizzazione spagnolo), del curricolo di geostoria per unità di apprendimento 'strategiche', un approccio comparato e interculturale, per tipologie e casi, per 'quadri di civiltà' (caccia/pesca/raccolta, agropastorali, industriali, post-industriali), persistenze di lunga durata e processi di grande trasformazione, per temi/problemi, per 'filoni ricorrenti' di contenuti, finalità e strategie didattiche fra loro coerenti[26] e per competenze.

Ritiene necessario adottare un approccio 'pluriscalare', partendo dalla scala planetaria (perché più inclusiva e 'generale'). Le società post-industriali vanno viste in termini non teleologico-evoluzionistici ed etnocentrici, ma storicamente processuali, comparativi e interculturali[27], analogamente ai processi di industrializzazione. Chiarisce che il boom italiano rappresenta più una tappa ulteriore all'interno del processo di industrializzazione che non l'avvento della società post-industriale in Italia. Basta confrontare i tre censimenti italiani del 1951, 1961 e 1971. L'economia italiana risulta nel censimento del 1951 primario-secondario-terzaria; in quello del 1961 secondario-terziario-primaria; in quello del 1971 terziario-secondario-primaria. Da un lato, quindi, fra il 1951 e il 1961 c'è un doppio sorpasso dei settori secondario e terziario rispetto al settore primario che non è solo un'ulteriore tap-

---

26   Cfr. M. Gusso, "Per un curricolo innovativo di formazione geostorico-sociale" e "Filoni ricorrenti e unità didattiche strategiche", in E. Bergomi e M. Gusso (a cura di), *Per un curri-colo continuo di forma-zione geostorico-sociale nella scuola di base*, IRRSAE Lombardia, Milano, 1994, vol. I, pp. 129-155 e 157-164 e in particolare pp. 144-145 e 157-161; Id., "Educazioni e area geostorico-sociale: una solidarietà reciproca", in Aa. Vv., *Scienze geostorico-sociali per un curricolo verticale. Dalla Ricerca-Azione alla Sperimentazione Assistita*, ivi, 1998, pp. 29-38 e in particolare pp. 29-31; Id., "Ipotesi per un curricolo continuo di area", in S. Citterio e M. Salvarezza (a cura di), *L'area geostorico-sociale. Dalla ricerca ai curricoli*, Franco Angeli, Milano, pp. 154-176 e in particolare pp. 170-172; Id., "Criteri per una progettazione curricolare di storia", Rivista dell'istruzione, 2015, n. 3, pp. 42-45 (soprattutto pp. 44-45), in www.storieinrete.org/storie_wp/?p=15781.

27   Cfr. M. Gusso, "Dimensione planetaria della storia ed educazione interculturale", in S. Presa (a cura di), *Che storia insegno quest'anno. I nuovi orizzonti della storia e il suo insegnamento*, Regione Valle d'Aosta / Assessorato all'Istruzione e Cultura, Aosta, 2004, pp. 93-113, in https://www.storieinrete.org/storie_wp/?p=1655 (versione riveduta e corretta del 4 maggio 2015); E. Perillo (a cura di), *Storie plurali. Insegnare la storia in prospettiva interculturale*, Franco Angeli, Milano, 2010.

pa nel processo d'industrializzazione, ma anche un primo passo nella direzione della terziarizzazione post-industriale. Dall'altro, il sorpasso del terziario sul secondario è testato solo dal censimento del 1971 e non ancora da quello del 1961. Il boom, quindi, qualunque ne sia la periodizzazione adottata (la più diffusa è quella 1958-1963[28]), si collocherebbe alla fine della società industriale più che all'inizio della società post-industriale, pur costruendone alcune delle premesse.

La ricerca di informazioni e la consultazione di fonti e siti in Internet richiedono una specifica mediazione didattica. Per esempio, la spiegazione del terrorismo 'islamista' può avvenire in tre modi. Il primo è quello dell'offerta rapida e sintetica di una pillola (di pronto soccorso) di sapere storico. Il secondo è quello di un'apposita unità di apprendimento che tenga conto di vari fattori, fra cui la reazione di varie forme del cosiddetto 'fondamentalismo islamico' (dal wahhabismo al salafismo jihādista) alla penetrazione politica, militare, economica e culturale delle grandi potenze imperialistiche e il disorientamento delle giovani generazioni musulmane immigrate in Occidente e/o colonizzate culturalmente e connesse con il web. Il terzo è quello di un'attenzione, nella progettazione curricolare 'verticale' di storia, a un approccio comparato per 'grandi aree geostoriche' (per esempio, araba o islamica) e per problemi (come quello dei rapporti fra magia/religione/pensiero laico e politica). La lettura di quotidiani in classe è molto utile, anche se spesso gli articoli sulla politica interna e internazionale risultano fra i più difficili da capire per il frequente ricorso a espressioni gergali, l'approccio poco didascalico e graduale e un'enciclopedia delle preconoscenze implicite troppo ampia. Spesso si trovano articoli più chiari in riviste come "Internazionale" o

---

28   Cfr. G. Crainz, *Storia del miracolo italiano. Culture, identità, trasformazioni fra anni cinquanta e sessanta*, Donzelli, Roma, 1996 (I ed.; ed. ampliata: ivi, 2009), p. VIII.

"Limes", grazie anche al ricorso alle carte geostoriche e tematiche. È fondamentale un buon uso di atlanti storici e tematici[29], statistiche storiche, manuali di storia[30] e geografia, voci di enciclopedie e dizionari storici e geografici, cartacei e online, e di Beni culturali (archivi, musei, biblioteche ecc.) presenti nel territorio.

Per quanto riguarda i prodotti 'artistici' (inclusi film, canzoni e letteratura), propone un approccio storico-interdisciplinare alle opere d'arte come 'specchi', testi e fonti che permetta di tesaurizzare i 'valori aggiunti' delle dimensioni linguistico-comunicativa, estetica (filmica, musicale, letteraria ecc.) e storica, e un percorso fonte – serie – contestualizzazione socio-spazio-temporale.[31]

29   Cfr. gli atlanti geopolitici di F. Tétart, *Il mondo nel 2018 in 200 mappe*, LEG, Gorizia, 2017 (ed. or.: 2017), e A. Cattaruzza, *Le guerre contemporanee in 100 mappe*, ivi, 2016.

30   Mario Rinaldi ha portato alcuni manuali di storia, che purtroppo non c'è stato il tempo di analizzare. Sugli usi didattici dei manuali di storia cfr. A. Brusa, *Guida al manuale di storia. Per insegnanti della scuola media*, Editori Riuniti, Roma, 1993 (II ed.; I ed.: ivi, 1985); Id., "Il manuale, uno strumento per la didattica laboratoriale", in P. Bernardi e F. Monducci (a cura di), *Insegnare storia. Guida alla didattica del laboratorio storico*, UTET Università, Torino, 2012 (II ed.; I ed. a cura di P. Bernardi, ivi, 2006), pp. 89-111.

31   Cfr. M. Gusso," L'Italia narrata. Un percorso integrato di storia e letteratura del Novecento", in C. Brigadeci (a cura di), *Il laboratorio di italiano. Esperienze, riflessioni, proposte*, Unicopli, Milano, 2002, pp. 19-43, in https://www.storieinrete.org/storie_wp/?p=1665; Id., "I film nel laboratorio didattico di storia. Un approccio interdisciplinare", in B. Rossi (a cura di), *Geografia e storia nel cinema contemporaneo. Percorsi curricolari di area storico-geografico-sociale nella scuola*, CUEM, Milano, 2006, pp. 27-63, in https://www.storieinrete.org/storie_wp/?p=7474 (versione riveduta e corretta del 25 maggio 2012); "Il laboratorio con le fonti letterarie" e "Il laboratorio con le canzoni", in P. Bernardi e F. Monducci (a cura di), op. cit., pp. 157-172 e 173-204; Id., "Le opere d'arte come fonti. Alcuni esempi: testi letterari, film e canzoni", in P. Lotti e E. Monari (a cura di), *Incroci di linguaggi. Rappresentazioni artistiche del passato nella didattica della storia*, Mnamon, Milano, 2016, pp. 15-34; Id., "Come film e canzoni 'scrivono' la storia", in D. Dalola e M. T. Rabitti (a cura di), op. cit., pp. 35-53; M. Medi, "Il laboratorio con le fonti filmiche", in P. Bernardi e F. Monducci (a cura di), op. cit., pp.

Chiede ai presenti se preferiscono seguire rigorosamente la scansione temporale delle attività previste nel programma del laboratorio, o procedere più gradualmente attraverso approssimazioni successive che tengano conto dell'eterogeneità del gruppo rispetto alle pratiche didattiche sulla storia della società post-industriale. I partecipanti propendono per questa seconda ipotesi.

2. Due esempi di possibili usi di strumenti reperibili nel web: Wikipedia e il sito https://antiwarsongs.org (Giovedì 24 agosto 2018, ore 9-10)

Il **coordinatore** propone due esempi di possibili usi di strumenti reperibili nel web.

Il primo, utile per affrontare con un approccio di 'storia concettuale' l'"egemonia 'neoliberista'" come fenomeno intrecciato con la società post-industriale, è quello di un'analisi comparata di tre voci di *Wikipedia* in italiano, francese e inglese: *Neoliberismo* (https://it.wikipedia.org/wiki/Neoliberismo), *Néolibéralisme* (https://fr.wikipedia.org/wiki/Néolibéralisme) e *Neoliberalism* (https://en.wikipedia.org/wiki/Neoliberalism). L'uso di due termini diversi per distinguere il liberoscambismo economico ("liberismo") dal "liberalismo" politico risale a Benedetto Croce ed esiste solo in italiano. Il termine francese *Néolibéralisme* (come l'equivalente inglese *Neoliberalism*) indica inizialmente (negli anni '30) la ricerca di una terza via fra pianificazione economica socialista e liberoscambismo (e liberalismo classico), vicina all'"ordoliberismo"[32] della "Scuola di Friburgo" (cfr. il Colloquio Walter Lippmann a Parigi

227-240.

32   Cfr. le voci di *Wikipedia*, *Ordoliberalismo* (https://it.wikipedia.org/wiki/Ordoliberalismo), *Ordoliberalism* (https://en.wikipedia.org/wiki/Ordoliberalism) e *Ordoliberalismus* (https://de.wikipedia.org/wiki/Ordoliberalismus).

del 1938). Un'accezione negativa del termine *Neoliberalism* (in spagnolo *Neoliberalismo*[33]) si afferma, però, durante la dittatura del generale Augusto Pinochet in Cile (seguita al *golpe* dell'11 settembre 1973), in polemica contro la politica economica dei "Chicago Boys", giovani economisti cileni, seguaci delle teorie della "Scuola di Chicago"[34] (e in particolare di Milton Friedman) e collaboratori della Giunta militare cilena (come Sergio de Castro, ministro dell'Economia nel 1975-1976 e delle Finanze nel 1976-1982, e José Piñera, ministro del Lavoro e della Previdenza sociale nel 1978-1980 e delle Miniere nel 1980-1981, autore della privatizzazione della Previdenza sociale), e contro le politiche economiche del primo ministro britannico (1979-1990) Margaret Thatcher e del presidente degli USA (1981-1989) Ronald Reagan.

Il secondo è quello del sito https://www.antiwarsongs. org, che raggruppa varie canzoni (con i testi scritti in lingua originaria e spesso tradotti in varie lingue e i link a loro audio o videoregistrazioni, con profili degli autori e commenti, a volte interessanti, a volte piuttosto ideologici) in *Percorsi* quali *11 settembre: terrorismo a New York, La guerra del lavoro: emigrazione, immigrazione, sfruttamento, schiavitù, Miss Maggie Thatcher* e *Violenza sulle donne: come e peggio della guerra*.

---

33   Cfr. la voce omonima di Wikipedia (https://es.wikipedia.org/ wiki/Neoliberalismo).

34   Cfr. le voci di Wikipedia, *Scuola di Chicago* (economia) (https://it/wikipedia.org/wiki/Scuola_di_Chicago_(economia) e Chicago school of econo-mics (https://en.wikipedia.org/wiki/ Chicago_school_of_economics).

3. Richieste di approfondimento rispetto alle relazioni in plenaria e messe a punto da parte del coordinatore (Giovedì 24 agosto 2018, ore 10-11)

Il **coordinatore** chiede se ci sono richieste di approfondimento rispetto alle relazioni in plenaria.

Federico Giona ritiene che Brusa non abbia distinto abbastanza fra la *World history*, più ideologica, e la *Global history*, che al suo interno contiene anche la *Connected history* e la *Transnational history*; inoltre occorrerebbe valorizzare la *Conceptual history*.

Gianni Marchi condivide le osservazioni critiche espresse da Vincenzo Luca Sorella nel dibattito in plenaria del 23 agosto 2018 mattina rispetto all'uso del termine "globalizzazione" a proposito di epoche storiche pre-contemporanee; per esempio, ritiene troppo analogica e provocatoria l'espressione "globalizzazione antica".

Mario Rinaldi è particolarmente interessato ad approfondire il discorso culturale dei bisogni non veri, ma indotti (cfr. Zygmunt Bauman), in particolare a proposito della società italiana dei consumi e delle immagini dopo il Boom.

Gianni Marchi, a tale proposito, cita le prese di posizione e le riflessioni del Gruppo '63 e di Pier Paolo Pasolini.

Sulle contraddizioni del boom il **coordinatore** segnala il romanzo di Luciano Bianciardi, *La vita agra* (Rizzoli, Milano, 1962) e il film omonimo (1964) di Carlo Lizzani[35]

Federico Giona ritiene necessario prendere in considerazione anche punti di vista diversi rispetto a testi letterari troppo ideologici.

---

35   Cfr. F. Carlini, D. Dinoia e M. Gusso, *"C'è il boom o non c'è?"*. *Immagini dell'Italia del 'miracolo economico' attraverso film dell'epoca (1958-1965)*, IRRSAE Lombardia, Milano, 1998 (con una videocassetta omonima).

Anna Laura Leoni è interessata a pratiche didattiche effettivamente sostenibili con alunni di 13-14 anni, privi di informazioni concrete e della nostra maturità critica.

Il **coordinatore** affronta alcuni dei problemi emersi dal precedente giro di interventi. Condivide in larga parte le osservazioni critiche di Federico Giona e Gianni Marchi, ma concorda con Laura Di Fiore che parla di *"un confine mobile"* fra *"'World/global history'"*[36]. Nella sua pratica di insegnante e di formatore, ha usato in modo consapevolmente convenzionale una distinzione fra "sistemi-mondo" e "sistema mondiale", che riprende parzialmente la distinzione (di Fernand Braudel[37] e Immanuel Wallerstein[38]) fra "economie-mondo" ed "economia mondiale", passando, però, dal loro approccio prevalentemente economico a uno pluridimensionale (ambientale, demografico, economico, tecnologico, sociale, politico e culturale). Preferisce usare i termini "mondiale" e "mondializzazione" (oppure "planetario" e "planetarizzazione"), al posto degli anglicismi "globale" e "globalizzazione", che si sono sovrapposti all'"histoire-

---

36   L. Di Fiore e M. Meriggi, *World History. Le nuove rotte della storia*, Laterza, Roma-Bari, 2011, pp. 23-27.

37   Cfr. F. Braudel, *La dinamica del capitalismo*, Il Mulino, Bologna, 1981 (ed. or.: 1977), pp. 90-94; Id., *Civiltà materiale, economia e capitalismo (secoli XV-XVIII)*, vol. III (I tempi del mondo), Einaudi, Torino, 1982 (ed. or.: 1979), pp. 3-5.

38   Cfr. I. Wallerstein, *Il sistema mondiale dell'economia moderna*, vol. I (*L'agricoltura capitalistica e le origini dell'economia-mondo europea nel XVI secolo*), Il Mulino, Bologna, 1978 (ed. or.: 1974), pp. 15-16; Id., *Il capitalismo storico*, Einaudi, Torino, 1985 (ed. or.: 1983), pp. 91-107; Id., *Sistema-mondo*, in W. Outhwaite et al. (a cura di), *Dizionario delle scienze sociali*, ed. it. a cura di P. Jedlowski, Il Saggiatore, Milano, 1997 (ed. or.: 1993), pp. 673-674.

globale" di Fernand Braudel, che era sinonimo di storia "pluridimensionale"[39] o "à part entière"[40] (Lucien Febvre). Condivide l'importanza della *Conceptual history* e di un convenzionamento esplicito dei termini e dei concetti usati, sebbene ritenga fondamentale passare dal terreno (più semplice) del lessico a quello (più complesso) della morfosintassi della storia.

Riafferma l'utilità di un approccio "realistico smaliziato" o "convenzionalista relativo" alle fonti 'artistiche' come 'rappresentazioni di aspetti di realtà'[41] e la necessità di intrecciare fonti 'artistiche' e fonti 'non artistiche' (primarie e secondarie) e di contestualizzarle storicamente mediante 'conoscenze extra-fonti'[42] e "quadri di riferimento storico generali".[43]

Federico Giona è interessato ad approfondire il tema della cittadinanza. Ritiene che un approccio *glocal* permetta un'interpretazione del mondo più efficace per le nuove generazioni (che faticano a ricollegare le esperienze locali a quelle globali), oltre la falsa contrapposizione fra 'locale' e 'globale'. La difficoltà sta nel come evitare di cadere in una retorica nazionalista (sia pure bonaria).

Anna Laura Leoni sottolinea come la mobilità per molti studenti sia molto più virtuale che reale.

---

39   Cfr. M. Gusso, "Dalla 'storia generale' tradizionale a 'nuove storie generali', fra storiografia e didattica", in C. E. J. Saltarelli (a cura di), *Il sapere storico e la formazione di alunni competenti*, I Quaderni di Clio '92, 2017, n. 16, pp. 49-69 e in particolare., pp. 50-51.

40   Cfr. L. Febvre, *Pour une histoire à part entière*, SEVPEN, Parigi, 1962 (e 1985).

41   Cfr. M. Gusso, "Le opere d'arte..." cit., p. 16.

42   Cfr. J. Topolski, *Metodologia della ricerca storica*, Il Mulino, Bologna, 1975 (ed. or.: 1973), pp. 463-494.

43   Cfr. M. Gusso, "Dalla 'storia generale'..." cit., p. 51.

Gianni Marchi ritiene utile un confronto fra la *Dichiarazione universale dei diritti dell'uomo* dell'ONU e la *Dichiarazione islamica universale dei diritti dell'uomo* (1981).

Arcangela Caragnano comunica che nel 2017-2018 è previsto un percorso laboratoriale sui diritti umani, all'interno di un progetto dell'ANPI di Modena su Costituzione e diritti umani.

Federico Giona considera molto interessanti i temi proposti. Il problema è che molti insegnanti sostengono che devono seguire il manuale di storia perché i genitori lo ritengono necessario per preparare gli studenti ai quiz dei test d'ingresso per l'università.

Il **coordinatore** affronta alcuni problemi emersi dal precedente giro d'interventi. Concorda con Federico Giona sull'importanza di una storia 'glocale'[44]. A proposito di storia dei diritti umani, di cittadinanza 'ad albero' e di diritti dei minori, segnala alcuni importanti contributi di Marcello Flores[45], Antonio Papisca[46] e Daniela Invernizzi[47].

Ritiene il ricorso universitario ai quiz (oltretutto spesso malfatti) totalmente inadeguato a rilevare competenze,

44   Cfr. R. Andreassi, "La didattica laboratoriale per la storia glocale", Glocale. Rivista molisana di storia e scienze sociali, 2010, n. 1, pp. 335-342, in www.storiaglocale.it/Documenti/Glocale%201%20 %20sito%20Andreassi%20def.pdf;R. Pazzagli, "Analisi e critica dell'identità. Note metodologiche per una glocal history", ivi, pp. 57-86, in www.storiaglocale.it/Documenti/Glocale%201%20%20sito%20 Pazzagli%20def%202.pdf.

45   M. Flores (dir. sc.), *Diritti Umani. Cultura dei diritti e dignità della persona nell'epoca della globalizzazione*, UTET, Torino, 2007, voll. 7; Id., Storia dei diritti umani, Il Mulino, Bologna, 2008.

46   A. Papisca, "Cittadinanza e cittadinanze, ad omnes includendos: la via dei diritti umani", in M. Mascia (a cura di), *Dialogo interculturale, diritti umani e cittadinanza plurale*, Marsilio, Venezia, 2007, pp. 25-50.

47   D. Invernizzi, *Cittadini under 18*, Editrice Missionaria Italiana, Bologna, 2004.

abilità e conoscenze significative, poco scientifico (nonostante le apparenze scientiste) e più disonesto di un sorteggio casuale (peraltro da evitare). Altre sono le strade da percorrere: un 'curricolo verticale' di formazione storica scolastico-universitaria (che richiederebbe commissioni di continuità fra secondaria superiore e università, analoghe a quelle esistenti fra i vari gradi di scuola); un dialogo genitori-insegnanti (nel rispetto delle reciproche competenze); un corretto percorso verifica – valutazione diagnostico-formativa – valutazione sommativa plurimensile sui 'fondamentali' (competenze, abilità e conoscenze storiche significative). Si veda la 'teoria della biada' di Alessandro Mattioli[48]: perché il cavallo-studente mangi la biada occorrono due condizioni: che la biada sia buona e che sia ad altezza di muso di cavallo.

48   Cfr. A. Mattioli, *Guida pratica alla valutazione. Orientamenti e strumenti per una valutazione utile*, Faenza, Faenza (RA), 1990.

4. Un 'minilaboratorio' su due canzoni usate come *icebreaker* (o fonti) rispetto a indicatori della società post-industriale: *Cara democrazia* (2006) di Ivano Fossati e *Antipatriarca* (2004) di Ana Tijoux
(Giovedì 24 agosto 2017, ore 11-13 e 14.30-17.30)

Il **coordinatore** propone anzitutto l'ascolto e la lettura della canzone di Ivano Fossati (Ivano Alberto Fossati, Genova 1951-), *Cara democrazia (ritorna a casa che non è tardi)*, dal CD di I. Fossati, *L'Arcangelo* (Sony BMG Columbia, 82876779342, 2006, n. 3, 3'37")[49], come *icebreaker*[50] (se non anche come fonte) rispetto a uno dei fenomeni intrecciati con la società post-industriale, quello della 'crisi della democrazia'.

Dal dibattito sulla canzone emergono alcuni problemi. Il primo è quello delle due possibili interpretazioni dell'espressione "libertà egualitarie": una positiva (in contrapposizione con "libertà autoritarie"); una negativa (critica dell'egualitarismo astratto o del far parti eguali fra diseguali), sostenuta da **Gianni Marchi**.

Il secondo è quello dei limiti nazionali della canzone rispetto al carattere internazionale del problema della crisi della democrazia.

Il **coordinatore** chiarisce che la scelta della scala nazionale (italiana) di *Cara democrazia* è stata fatta per renderne più agevole l'ascolto/lettura e la comprensione del contesto storico da parte degli studenti e degli insegnanti italiani.

---

49   Cfr. M. Gusso, "Cantare l'impegno", in V. Campo (a cura di), *La biblioteca delle passioni giovanili, Fondazione Arnoldo e Alberto Mondadori*, Milano, 2008, pp.124-149 e in partico-lare pp. 127 e 147-149, in https://www.storieinrete.org/storie_wp/?p=15673; Id., *Pace, giustizia e libertà in alcune canzoni euro-americane. Ascolto, lettura e commento di canzoni d'autore come fonti storiche. Dieci canzoni (ma non è una top ten)*, 24 febbraio 2018, in https://www.storieinrete.org/storie_wp/wp-content/uploads/2018/03/gusso_canzoni_pace_giust_lib_gallarate_24_2_2018_testi1.pdf, pp. 17-19.

50   Cfr. M. Gusso, "Come film e canzoni..." cit., p. 39.

Propone, quindi, la visione-lettura-ascolto del video ufficiale (2015, in www.youtube.com/watch?v=fSqOdoldsUc, 4'25") della canzone *Antipatriarca* della cantautrice francocilena Ana Tijoux (Ana María Merino Tijoux, Lille/Francia 1977-), dal CD di A. Tijoux, *Vengo* (Nacional Records, 7 41360 83757 7, 2014, B4, 3'04")[51], come *icebreaker* (se non anche come fonte) rispetto a uno degli indicatori della società post-industriale o delle grandi trasformazioni degli ultimi 50 anni, quello della 'terza' o della 'quarta ondata' del femminismo 'post-moderno'[52] o post-industriale, non esclusivamente occidentale e attento ai nuovi media e alle nuove tecnologie.

Federico Giona osserva che *Antipatriarca* può funzionare benissimo (e meglio di *Cara democrazia*) anche con gli studenti della SSPG per tanti motivi (l'appartenenza al genere *hip hop*; la melodia accattivante; il video efficace; il taglio planetario ecc.).

Il **coordinatore** segnala come *Cara democrazia* e *Antipatriarca* siano, nel contempo, due canzoni comparabili per contrasto (un cantautore e una cantautrice di diverse generazioni e nazionalità; due canzoni ispirate a generi musicali differenti) e complementari, in quanto affrontano problematiche diverse (la crisi della democrazia; la condizione della donna, i rapporti fra i 'sessi' e la terza o quarta ondata del femminismo) all'interno della società post-industriale.

Chiede, inoltre, di suggerire eventuali altre canzoni da usare come *icebreaker* e/o come fonti rispetto a una problematica particolarmente significativa della società post-

---

51   Cfr. M. Gusso, "Pace, giustizia…" cit., pp. 19-20.

52   Cfr.D.-A. Oprea, *Du féminisme (de la troisième vague) et du postmoderne*, "Recherches féministes", 2008, n. 212, pp. 5-28, in www.erudit.org/revue/rf/2008/v21/n2/029439ar.pdf; E. Munro, "Feminism: A fourth wave?", 2013, in https://www.psa.ac.uk/insight-plus/feminism-fourth-wave.

industriale o del secondo Novecento e/o come canzoni diffuse fra gli studenti.

Anna Laura Leoni segnala la canzone dei rapper J-Ax (Alessandro Aleotti (Milano, 1972-) e Fedez (Federico Leonardo Lucia, Milano 1989-), *Vorrei ma non posto* (2016), singolo pubblicato come primo estratto dall'album in studio *Comunisti col Rolex* (2017).

Federico Giona, pensando a una terza media, segnala le canzoni del rapper ghanese, immigrato in Italia, Bello Figo Gu (Paul Yeboah, Accra/Ghana 1992-).

Gianni Marchi propone di approfondire le differenze fra i concetti di "confine" e di "frontiera"[53] fino alla società post-industriale. Segnala il CD-ROM *Guerre di ieri, guerre di oggi*, costruito in occasione del Concorso nazionale *Poli-Cultura* (nell'ambito di *PoliScuola*, iniziativa promossa dal Politecnico di Milano e realizzata dal Laboratorio HOC/ Hypermedia Open Center del Dipartimento di Elettronica, Informazione e Bioingegneria), sull'evoluzione della guerra dalla preistoria a oggi[54]. È disponibile ad approfondire le problematiche del Web 3.0 e dei *social networks*.

Gaia Duca è particolarmente interessata ad approfondire i cambiamenti nella condizione femminile nel passaggio dalla società industriale alla società post-industriale.

Il **coordinatore** propone di alternare analisi critiche dei prodotti dell'industria culturale e di 'opere d'arte' (a partire da canzoni, film e testi letterari) particolarmente at-

---

53   Cfr. Piero Zanini, *Significati del confine. I limiti naturali, storici, mentali*, Bruno Mondadori, Milano, 1997 e 2000; cfr. la presentazione di Giovanni Marchi, *Cosa è un confine?*, in https://prezi.com/bzrf7msfnisg/cosa-e-un-confine (27 agosto 2017).

54   Cfr. la presentazione di Gianni Marchi, *Guerre di ieri, guerre di oggi*, in occasione del Caffè letterario di primavera 2015 (Bar il Porto di Iseo/BS, Iseo, 29 aprile 2015), in https://www.youtube.com/watch?v=Td_SORWpXw0 (3 maggio 2015; 2h25'17") e la presentazione di Giovanni Marchi, *Guerre di ieri, guerre di oggi* (Iseo, 29 aprile 2015) in https://prezi.com/cpxe7hem3-mj/guerre-di-ieri-guerre-di-oggi/?utm_campaign=share&utm_medium=copy (27 agosto 2017).

tente alla complessità dei fenomeni caratterizzanti la società post-industriale o con essa intrecciati.

5. Individuazione di possibili sviluppi operativi e bilancio complessivo del laboratorio
(Giovedì 24 agosto 2018, ore 17.30-18.30)

Il **coordinatore** invita i presenti a contribuire a un primo bilancio complessivo 'a caldo' del laboratorio e all'individuazione di suoi possibili sviluppi operativi e chiede loro se sarebbero interessati e disponibili a un approfondimento, qualora il prossimo Direttivo di Clio '92 decidesse di consentire un prolungamento del laboratorio nella Scuola Estiva di Arcevia 2018.

Le persone intervenienti formulano un giudizio positivo sul laboratorio e confermano di essere interessate e disponibili ad approfondirne in termini operativi le problematiche nell'ipotesi di un prolungamento del laboratorio nella Scuola Estiva di Arcevia 2018.

Il **coordinatore** ringrazia i presenti per la partecipazione attiva al laboratorio e conferma la propria disponibilità ad approfondirne le problematiche sia a distanza, sia nell'eventuale prolungamento del laboratorio nella Scuola Estiva di Arcevia 2018.

La nuova storia generale: dai libri alla didattica. Un esempio di trasposizione

a cura di *Ciro Elio Junior Saltarelli*

1. Una nuova storia generale per un rinnovato interesse storico?

Nell'azione didattica quotidiana il docente di storia, di ogni ordine e grado, è chiamato ad assolvere un compito importante: come stimolare l'interesse verso la disciplina, fondando e sostenendo la propria didattica sulle principali acquisizioni scientifiche della storiografia? Come permettere contestualmente un aggiornamento dei contenuti che tenga conto delle recenti acquisizioni storiografiche? Le ricerche storiche ed archeologiche offrono continuamente contenuti e stimoli interpretativi per rimodulare l'azione didattica in prospettiva di una maggiore aderenza del sapere storico proposto a scuola con quello delle università e delle accademie.

Tuttavia non è affatto semplice per il singolo docente elaborare e integrare nuovi contenuti all'interno di un impianto generale delle trasformazioni storiche. Non di rado nell'azione didattica si sacrificano sperimentazioni, approfondimenti e rimodulazioni in nome dell'insegnamento, più o meno canonico, della storia generale fatta per lo più di potenti e di battaglie. Allo stesso tempo però la storia generale, con il suo sviluppo lineare e progressivo, soffre nella sintesi manualistica di alcune criticità che la rendono noiosa agli studenti.

Occorre dunque un'opera di revisione e selezione di nuovi nuclei del sapere storico e la strutturazione di questi all'interno di un impianto metodologico che sappia suscitare nuovo interesse verso la storia generale e la cultura storica. Ciò può essere reso possibile dall'analisi e dalla trasposizione didattica di alcune importantissime opere storiografiche che posso fornirci spunti e suggerimenti per interpretare determinate trasformazioni storiche, con temi e problemi ad esse connesse, attraverso una prospettiva storiografica più stimolante che sappia illuminare la programmazione didattica. È necessario definire preliminarmente alcuni elementi che possano orientare l'analisi di tali opere storiografiche verso una trasferibilità didattica:

- Periodizzazione (in funzione della maggiore opportunità in chiave di storia generale scolastica).
- Articolazione tematica e trasferimento/integrazione in una o più conoscenze destinate agli studenti dei diversi gradi scolastici.
- Ri-strutturazione della storia generale scolastica.
- Validità e autosufficienza delle argomentazioni che danno senso e rilevanza al fenomeno.
- Caratteristiche della retorica del testo funzionali alla comunicazione didattica.

Questi elementi possono guidare l'insegnante nella selezione preliminare e nell'analisi successiva di contenuti funzionali alla ristrutturazione della storia generale scolastica in direzione di una maggiore significatività degli apprendimenti e della validità delle conoscenze storiche.

2. Come può un'opera di storia generale guidare la progettazione didattica?

Un esempio di come un'opera di storia generale, anche di molti anni fa, possa modulare e sorreggere la progettazione didattica è il capolavoro *La società feudale*[55] di March

---

55   M. Bloch, *La società feudale*, Einaudi, Torino 1949, la prima edizione in lingua francese risale al 1939-1940 ed era formata da due volumi.

Bloch. La scelta è motivata dalla significatività didattica della tematizzazione che sottende a tutta l'opera e offre agli studenti gli elementi per comprendere la trasformazione di una società e la costruzione di altre coordinate socio-economiche della vita e dei rapporti tra uomini. Fin dall'analisi dell'indice di quest'opera, che contribuì alla creazione di una rinnovata sensibilità verso la storia medievale, possiamo rintracciare due caratteristiche fondamentali per la progettazione di contenuti e approcci alternativi a quelli utilizzati tradizionalmente nella didattica della storia:

- tematizzazione compatta ed organica: rappresenta un fenomeno sociale, culturale ed economico-giuridico che abbraccia tutte le sfere dell'esistenza umana (materiale e non).
- Scala spaziale: prende in considerazione lo spazio prevalentemente europeo e mediterraneo non rinunciando però ad aperture verso altri orizzonti.
- Periodizzazione: permette una visione di lunga durata.

La sintesi generale operata da Bloch restituisce un processo di trasformazione nel suo insieme (partendo dalle premesse e arrivando al suo superamento) e al tempo stesso offre al lettore un quadro di civiltà completo sulla società feudale. Tali caratteristiche sono altamente funzionali alla trasferibilità didattica di alcuni contenuti generali dell'opera - tralasciando ovviamente le specificità proprie del sapere esperto - e si prestano a sorreggere una programmazione storiograficamente adeguata e storicamente stimolante (poiché comprensibile per gli studenti).
Nell'opera di programmazione occorre necessariamente confrontarsi con le indicazioni ministeriali che in questo caso restituiscono un quadro frammentato e disomogeneo della trasformazione presa in esame. Infatti, l'opportunità di assumere la società feudale come una delle te-

matizzazioni centrali per comprendere le trasformazioni storiche in età medievale e nel passaggio all'età moderna è connessa alla caratteristica di lungo periodo da essa proposta, che tuttavia contrasta con la frammentarietà suggerita dalle indicazioni ministeriali e dalla strutturazione del curricolo verticale delle conoscenze. La strutturazione, l'evoluzione e la trasformazione della società feudale dall'alto medioevo all'età moderna è distribuita su due annualità (ultimo anno del biennio e primo del triennio) che ostacolano una tematizzazione unitaria e la strutturazione di conoscenze significative relative a temi e problemi centrali per la comprensione delle trasformazioni storiche successive e del presente:

Il primo biennio sarà dedicato allo studio delle civiltà antiche e di quella altomedievale. Nella costruzione dei percorsi didattici non potranno essere tralasciati i seguenti nuclei tematici: le principali civiltà dell'Antico vicino Oriente; la civiltà giudaica; la civiltà greca; la civiltà romana; l'avvento del Cristianesimo; l'Europa romano-barbarica; società ed economia nell'Europa altomedioevale; la Chiesa nell'Europa altomedievale; la nascita e la diffusione dell'Islam; Impero e regni nell'alto medioevo; il particolarismo signorile e feudale. Lo studio dei vari argomenti sarà accompagnato da una riflessione sulla natura delle fonti utilizzate nello studio della storia antica e medievale e sul contributo di discipline come l'archeologia, l'epigrafia e la paleografia. Il terzo e il quarto anno saranno dedicati allo studio del processo di formazione dell'Europa e del suo aprirsi ad una dimensione globale tra medioevo ed età moderna, nell'arco cronologico che va dall'XI secolo fino alle soglie del Novecento. Nella costruzione dei percorsi didattici non potranno essere tralasciati i seguenti nuclei tematici: i diversi aspetti della rinascita dell'XI secolo; i poteri universali (Papato e Impero), comuni e monarchie; la Chiesa e i movimenti religiosi; società ed economia nell'Europa basso medievale; la crisi dei poteri universali e l'avvento delle monarchie territoriali e delle Signorie; le scoperte geografiche e le loro conseguenze; la definitiva crisi dell'unità religiosa dell'Europa; la costruzione degli stati moderni e l'assolutismo [...][56]

---

56   *Indicazioni nazionali per i licei riguardanti gli obiettivi specifici di apprendimento*, Decreto del Presidente della Repubblica 15 marzo 2010,

Lo stesso sistema di conoscenze storiche viene proposto dalle direttive ministeriali anche per gli istituti tecnici e commerciali, con alcune lievi variazioni:

La diffusione della specie umana sul pianeta, le diverse tipologie di civiltà e le periodizzazioni fondamentali della storia mondiale. Le civiltà antiche e alto-medievali, con riferimenti a coeve civiltà diverse da quelle occidentali. Approfondimenti esemplificativi relativi alle civiltà dell'Antico vicino Oriente; la civiltà giudaica; la civiltà greca; la civiltà romana; l'avvento del Cristianesimo; l'Europa romano barbarica; società ed economia nell'Europa alto-medievale; la nascita e la diffusione dell'Islam; Imperi e regni nell'alto medioevo; il particolarismo signorile e feudale. Elementi di storia economica e sociale, delle tecniche e del lavoro, con riferimento al periodo studiato nel primo biennio e che hanno coinvolto il territorio di appartenenza. Lessico di base della storiografia [...][57]

Contestualmente gran parte della manualistica asseconda e sorregge quest'articolazione tematica e temporale della società feudale producendo un appiattimento dell'apprendimento su conoscenze estemporanee poiché non strutturate all'interno di una comprensione autentica della trasformazione storica analizzata. Indicazioni ministeriali e manuali scolastici possono creare un corto circuito data la frammentarietà dei processi storici esaminati e la predilezione per fatti politico-militari, trascurando l'evoluzione e la trasformazione di importantissimi aspetti sociali, economici e culturali dell'epoca. La progettualità didattica può arginare questo problema attraverso una tematizzazione organica e ben calibrata che non sospenda i processi di trasformazioni o fornisca interpretazioni parziali di una civiltà, come troppo spesso avviene quando si sostituisce l'indice dei manuali scolastici alla pro-

---

n.89, pp.18-19.

57   *Linee guida per il biennio istituti tecnici e commerciali*, Direttiva MIUR 15.07.2010, n.57, pp. 43-44.

gettazione didattico-disciplinare del docente. Tuttavia, la sintesi generale operata da Bloch restituisce al lettore un quadro di civiltà completo sulla società feudale rappresentando un valido sistema sul quale poter attivare percorsi didattici che guidino lo studente alla comprensione delle caratteristiche costitutive delle società e delle culture del passato.

Seguendo l'insegnamento di Bloch, si tenterà di acquisire capacità di compattare la tematizzazione rendendola significativa per proporre un'organizzazione delle conoscenze sulla società feudale che sappia soddisfare l'esigenza di conoscenza degli alunni.

La proposta di programmazione che seguirà tiene conto della strutturazione delle conoscenze proposta dallo storico francese all'interno della sua ricerca e delle necessarie operazioni di semplificazioni e sintesi richieste dall'azione pedagogico-didattica:

La società feudale: i caratteri originari dell'identità europea

- Ultime invasioni (Musulmani, Ungari, Normanni)
- L'origine del sistema feudale (caratteri fondamentali del sistema socio-economico, culturale-religioso e politico-istituzionale)
- L'evoluzione della società feudale: le due epoche feudali (Periodizzazione: Medioevo centrale e Basso Medioevo)
- Caratteri sociali ed economici della prima età feudale (la vita di relazioni e gli scambi)
- Rivoluzione economica e rinascita intellettuale della seconda età feudale
- L'evoluzione della società medievale (i vincoli di sangue, l'omaggio vassallatico e il feudo, ereditarietà del feudo a beneficio del vassallo, la pluralità degli omaggi, i vincoli di dipendenza nelle classi inferiori, i caratteri fondamentali della signoria,

trasformazione della nobiltà di fatto in nobiltà di diritto, cavalleria e nobiltà)
- La società ecclesiastica e le classi professionali nel mondo feudale (villani e borghesi)
- La ricostruzione degli stati: le evoluzioni nazionali. Le propaggini del feudalesimo europeo (continuità con l'epoca moderna)

L'articolazione della progettazione proposta è suddivisa in 8 sezioni per permettere uno svolgimento flessibile e personalizzabile alle esigenze formative manifestate dagli studenti. Tale articolazione potrebbe altresì ricoprire una annualità scolastica e configurarsi alternativamente o come introduzione propedeutica all'età medievale (biennio) oppure di approfondimento e consolidamento dei processi di trasformazioni precedentemente analizzati (triennio).

3. La società feudale: aggiornamenti storiografici e spunti didattici

La scelta di trattare la trasposizione didattica della società feudale e del processo di trasformazione che costituisce uno degli elementi preponderanti dell'età medievale è dettata dalla volontà di attuare una didattica che contrasti mitizzazioni e stigmatizzazioni di epoche storiche. In tal senso il Medioevo s'è prestato, e si presta ancor oggi, a stereotipi e distorsioni, in nome spesso di teorie progressiste e fini commerciali. Tuttavia, la comunità storica continua a reagire alle storture proposte dalla pubblicistica offrendo, anche al mondo della scuola, importanti spunti di riflessione nell'aggiornamento e nella rimodulazione della propria azione educativa e didattica. Relativamente all'idea di Medioevo e all'opportunità di una precisa periodizzazione molto possono insegnare i volumi di G. Ser-

105

gi[58] e G.M. Cantarella[59] sollecitando il lettore, e in questo caso anche l'insegnante, a non assumere gli stereotipi più diffusi sull'età medievale ma a presentarla come un lungo periodo di tempo nel quale hanno preso forma differenti organizzazioni sociali, economiche e culturali. In particolare Sergi ci mette in guardia dall'utilizzo decontestualizzato del termine *feudalesimo*, evidenziandone distorsioni e usi impropri[60]. Tuttavia viene anche offerta dallo storico una spiegazione organica e significativa dell'evoluzione sociale ed economica della categoria di *feudalesimo* che può configurarsi come materiale significativo per una valida trasposizione didattica capace di integrare opportunamente materiali e strumenti didattici:

"Nell'età carolingia si stabilizzò il rapporto vassallatico-beneficiario: un rapporto tra appartenenti allo stesso ceto aristocratico, un rapporto tra pari in cui entrambi si assumevano un impegno (l'uno di protezione, l'altro di difesa) e che faceva del vassallo una figura ben diversa dal *cliens* romano. Eppu-

58   G. Sergi, *"L'idea di Medioevo. Fra storia e senso comune"*, Donzelli, Roma 2005. Il saggio è apparso per la prima volta nel 1998 come introduzione al manuale Storia medievale concepito per lo studio universitario della storia medievale. Seguì la stampa del saggio in singolo volume e la ristampa del 2005. A p. 22 troviamo una sintetica spiegazione dell'astratto feudalesimo come "termine ambiguo che non appartiene al lessico medievale e risulta coniato solo in età moderna. Nel Settecento, i borghesi rivoluzionari definivano in modo spregiativo il termine feudalesimo come un «residuo medievale». Dal loro punto di vista poco importava che il feudalesimo che essi constatavano non fosse quello «classico» (vassallatico-beneficiario) più tipicamente medievale (privo di una gerarchia piramidale, senza deleghe di potere connesse con l'investitura), ma fosse invece nato da sviluppi ulteriori, estranei alla dissoluzione dell'impero carolingio e legati piuttosto alla nuova Europa degli Stati nazionali"

59   G.M. Cantarella, *Medioevo un filo di parole*, Garzanti, Roma 2002.

60   G. Sergi, *Ma il feudalesimo va riabilitato*, in «La Lettura» del Corriere della Sera n.295 del 23/07/2017

re proprio «clientele» si definiscono i rapporti tra vassalli intorno a un potente: queste clientele si ritrovano insieme solo in circostanze belliche, perché normalmente ogni vassallo risiedeva nella sua casa (spesso un castello) e amministrava i propri beni: oltre alle terre beneficiarie doveva sempre badare alle sue numerose terre in piena proprietà, quelle che gli avevano garantito la ricchezza e lo *status* sociale che lo aveva condotto a diventare vassallo. Una rete di fedeltà e un mosaico di clientele caratterizzavano la società carolingia [...]"[61]

Dopo questa magistrale sintesi dei rapporti vassallatico-beneficiari, l'autore offre un altro saggio di comunicazione storica descrivendo l'evoluzione di questi rapporti in età postcarolingia durante la quale

"il rapporto vassallatico era un correttivo che serviva a tenere collegati i poteri, non a disperderli (infatti è sbagliata la vecchia idea secondo cui il feudalesimo sarebbe stato responsabile della crisi dell'impero carolingio); il feudatario non aveva giurisdizione sulle terre beneficiarie e il feudo era soltanto un compenso economico della sua fedeltà militare; nascevano interferenze tra la carica di conte e lo *status* di vassallo solo nel caso, che di tanto in tanto di presentava, che a un vassallo – in cambio della sua fedeltà – fosse stato dato, come *contenuto* del beneficio, l'ufficio stesso di conte (non era una terra, ma era fonte di introiti, grazie all'esercizio della giustizia e alla riscossione delle imposte). In età postcarolingia la geografia politica mutò, e dai secoli X-XI

61   G. Sergi, *Soglie del medioevo. Le grandi questioni, i grandi maestri*, Donzelli, Roma 2017, p.22.

si trasformò in un mosaico di *dominatus* (signorie) che si ripartivano il potere nelle campagne»[62]

Infine durante il Basso medioevo «alcuni principi cominciarono a dare come benefici ai loro fedeli non solo le terre ma anche la giurisdizione sulle medesime terre». Tale mutamento tardivo è all'origine della fortuna dell'idea (distorta) di feudalesimo. Di fatto la ricerca storiografica recente, con qualche aggiustamento e precisazione, ritiene ancora valida la tematizzazione di Bloch sull'evoluzione della società feudale all'interno dei mille anni che compongono il Medioevo.

Le lezioni degli storici possono configurarsi come validi stimoli per operare una trasposizione didattica che sappia strutturare nella mente degli studenti conoscenze significative e molteplici competenze disciplinari, contribuendo in tal modo a selezionare e rimodulare, passo passo, nuovi contenuti per una storia generale capace di ritornare ad esercitare il proprio fascino sulle nuove generazione e di rappresentare uno strumento efficace per la ricerca e la definizione dell'identità individuale e collettiva.

---

62   G. Sergi, *Soglie del medioevo. Le grandi questioni, i grandi maestri*, Op. cit., p.22-23.

SECONDA PARTE

Alcune dimensioni, alcune tematiche e alcuni strumenti necessari

Il mare delle storie

di *Antonio Brusa*

1. Il concept, per non dire "lista di obiettivi"

Fig. 1 - Con questa lettera, ornata al modo dei manoscritti medievali più ricchi, si apre "La mer des histoires", un libro a stampa della fine del XV secolo. All'indrizzo https://gallica.bnf.fr/ark:/12148/bpt6k1110572

Prendo il titolo di questo manuale immaginato da un libro della fine del Medioevo, *La mer des histoires*, perché mi sembra esprimere bene alcune idee, che elenco di getto.

a. Il racconto storico deve avere un rapporto intimo con la geografia, con lo spazio. Il suo filo conduttore è una domanda che attraversa il tempo: "come gli uomini organizzano gli spazi"?

Quindi, la narrazione, il modo con il quale gli uomini li percorrono, li utilizzano per sopravvivere, li modificano, li dominano.

b. A differenza della terra, il mare non ha confini. Presenta sempre orizzonti mutevoli. Invita a uscire dalla storia/geografia sclerotizzata nella dimensione delle nazioni e degli stati. I territori della storia, invece, sono mutevoli,

113

e il mare rappresenta bene la sua capricciosità. Ora il focus è sul Mediterraneo, ora sull'Europa, ora abbraccia il mondo intero, ora si concentra su di un golfo, entra in una città, in una corte, in un'alcova.

c. Il passato si propone come una pluralità magmatica di storie, che però, come le onde del mare, trovano (devono trovare) una loro unità di fondo, si compongono in una narrazione unitaria. Il copia/incolla dei fatti è deludente. Per appassionarsi occorre un narratore abituato a solcare questi mari. Uno storico, quindi, che si assume la responsabilità di raccontare il suo modo di viaggiare nel tempo/spazio.

d. Il mare richiama ancora un'idea di esplorazione, di scoperta, di avventura, anche di piacere. Il mare non è la terra, ambiente familiare per l'uomo. È, per lui, un ambiente esotico. Avranno, quelli che ascolteranno questa storia, o la leggeranno, il coraggio dell'avventura?

e. Per attraversare il mare, l'uomo si deve attrezzare. Deve ingegnarsi, inventare. Deve nuotare. È una bella metafora per dire che la storia non si riceve dal prof. né si trova pescando in Internet. Senza abilità personali (le competenze), la storia ti affoga di notizie. Le competenze non devono essere il nuovo nome di esercizi in fondo al capitolo, e nemmeno l'elenco vuoto di desideri irraggiungibili, o peggio ancora il cavallo di troia per "dedisciplinarizzare" la formazione dei cittadini, ma (come per la geografia) devono essere le conoscenze incluse e sollecitate nel racconto. Questo, dunque, piacevole come deve essere ogni narrazione, sarà portatore di problemi e di interrogativi. Per restare nella metafora, il suo scorrere sarà continuamente interrotto da tempeste furiose. Impone capacità di guida, di giudizio e volontà di superare gli ostacoli. Perciò è un racconto formativo.

f. Fatte salve le eccezioni sportive e i record, solitamente non è un uomo solo che attraversa il mare, soprattutto se deve percorrere lunghe distanze. È un equipaggio. L'umanità è stata obbligata a costruire "il lavoro di gruppo", per dominare il mare. La collaborazione, dunque, come portato essenziale dell'attività di ricerca. g. Nonostante le credenze consolidate, la storia non è una scienza chiusa, ma invita a immaginare che cosa ci sarà dopo. Pensare al passato come un luogo dai molti futuri possibili. Un modo di considerare la storia quanto mai necessario, oggi.

2. Breve divagazione sul titolo, dalla quale si ricavano buone ispirazioni pedagogiche

Tuttavia, la prima attestazione, che sono riuscito a trovare di questo titolo, non è francese ma italiana. Risale a Giovanni Colonna (1298-1343), un frate predicatore che fece parte dello straordinario circolo di intellettuali che frequentò la corte avignonese, dove divenne amico di Petrarca. Il suo *Mare Historiarum* è una cronaca universale, che, come è tipico del genere cronachistico, parte con la creazione e termina "ai giorni nostri". Per Giovanni Colonna, questi si erano chiusi al 1250, l'anno della morte di Federico II, e – come sappiamo – della fine di un credibile progetto imperiale europeo.

L'immagine che metto in esergo, invece, è la lettera L, che campeggia in apertura dell'incunabolo francese de *La Mer des histoires*, stampato a Parigi da Pierre le Rouge nel 1488. Un incunabolo: uno dei primi libri a stampa, che però poteva essere riccamente miniato. L'esemplare di lusso (all'indirizzo http://classes.bnf.fr/livre/arret/histoire-du-livre/imprimerie/03.htm), conservato nella BNF, «tende ad innalzare un libro a stampa, volgare per la sua essenza ma multiplo per natura, al rango di un manoscritto miniato unico, degno di un sovrano».

Quest'opera non ha molto a che vedere con quella di Colonna. Infatti è la traduzione e l'adattamento al pubblico dei sudditi di Carlo VIII di un libro a stampa tedesco, pubblicato a Lubecca pochissimo tempo prima, nel 1475 (e dunque a soli vent'anni dalla pubblicazione della Bibbia di Gutenberg). Il suo editore fu Lucas Brandis. Il titolo: *Rudimentum Novitiorum sive chronicarum historiarum novitiorum (all'indirizzo http://cartographic-images.net/Cartographic_Images/253_Rudimentum_Novitiorum.html).*

Fig. 2 -"In nomine domini incipit mare historiarum", di Giovanni Colonna, romano, dell'ordine dei predicatori. All'indirizzo https//gallica.bnf.fr/ ark:/12148/btvlb6000905v/f51.image

Il racconto della storia universale, ma per "principianti".
Una sorta di manuale. Nelle intenzioni di Lucas Brandis,
doveva permettere a tutti coloro che «non potevano possedere molti libri», di avere le informazioni necessarie sul
mondo. E questi "tutti", per il nostro editore, erano sia i
chierici poveri, sia i laici di non eccelsa condizione sociale come gli studenti, sia i membri della buona borghesia,
come i mercanti. Ad essi l'editore destinò un libro che non
si limitava a veicolare l'enciclopedia essenziale del mondo, ma ne diffondeva anche una visione ideale, dal momento che faceva riferimento alle idee universalistiche di
Raimondo Lullo.

Fig.3 - "Rudimentum novitiorum". Il
Mediterraneo orientale (incisione a stampa a
pag. 174)

La letteratura, ovviamente, non poteva mancare ad un
appuntamento così attraente. Ecco Salman Rushdie, con
la sua prosa fantastica: *Harun e il mar delle storie* (Einaudi,
1990). E "mare di storia" è sintagma ancora sfruttatissimo
dalle agenzie turistiche (in particolare quelle che hanno
come obiettivo il Mediterraneo) e da svariati enti culturali, pubblici e privati. Il mio riferimento finale è, però, *Un*

mare di Storia. Materiali e strumenti per una geostoria dell'A-driatico, a cura di M.C. Sampaolesi, P. Coppari, A. Chiusa-roli e P. Scorcella (Edizioni affinità elettive, Ancona 2017): perché è un esempio di collaborazione meritoria fra ri-cercatori e insegnanti, che scelgono come focus del loro lavoro la geostoria di un mare, l'Adriatico. Una ricerca didattica, promossa da una rete di sei istituti comprensi-vi marchigiani, che ha portato alla pubblicazione di uno strumento utilizzabile da tutti gli insegnanti della costa adriatica. Questa rapida, e certamente incompleta, rasse-gna mostra alcune qualità che ritengo desiderabili in un testo didattico. Ahimè, qualità contraddittorie; e forse mi intrigano per questo. Infatti, sono legate alla tradizione (le cronache, per esempio), ma, al tempo stesso, sono pie-namente inserite nella modernità dei loro tempi (conside-rate ad esempio la rapidità dei passaggi da Gutenberg a Pierre le Rouge).

Hanno uno sguardo per vari aspetti internazionale, dal-la corte di Avignone alle ispirazioni lullesche del *Rudi-mentum*, fino al "mondo ritrovato in un mare solo" del lavoro didattico marchigiano. Della *Mer des histoires*, mi piacciono la natura ancipite – metà industriale (la stampa coi caratteri mobili) e metà artigianale (per le miniature si ricorse ai migliori del tempo) – e la sua elasticità pubblica: era diretta sia al re, sia al popolo. Un prodotto di lusso per la cultura diffusa. Apprezzo il suo carattere composito, che riesce a far convivere racconto, mito, mappe, glossa-rio, antologia. Trovo che quella L, a stampa ma adornata come nelle miniature più preziose, sia un simbolo straor-dinariamente efficace di quello che dovrebbe essere l'in-segnamento moderno: capace di far ricorso ad ogni risor-sa tradizionale e, al tempo stesso, lanciato verso scoperte ineludibili, in un mondo così nuovo come il nostro.

Nessuno di questi prodotti è un manuale, come oggi lo intendiamo. Ma tutti hanno qualcosa che, a mio modo di vedere, dovrebbe caratterizzare la struttura – pedagogica e editoriale – di un manuale del XXI secolo.

3. Una storiografia nuova

Ancora oggi per moltissimi, il "mare storico" per eccellenza è il Mediterraneo, e il suo mentore indiscusso è Fernand Braudel. Le immagini, i collegamenti, le relazioni, i racconti del mare sono racchiusi in uno spazio immaginario, delimitato dallo storico francese e dallo scrittore italo-croato, appena scomparso, Predag Matvejevic. Oltre il mare storico-poetico, fino a qualche tempo fa vi era quello erudito, di cabrei e navi, tecniche di navigazione, portolani, e di appassionati raccoglitori di *antiquitates* marinare. Ma oggi, il panorama storiografico è totalmente diverso. Maria Fusaro, che insegna storia moderna a Exeter, ce ne offre una rassegna esaustiva (*Maritime History as Global History? The Methodological Challenges and a Future Research Agenda*) all'indirizzo https://www.academia. edu/4000843/Maritime_History_as_Global_History. Ci spiega che – negli ultimi due decenni – si è formata un'autentica storiografia del mare. È "la storia marittima", che fa degli oceani il centro del suo interesse. Questi spazi vastissimi sono luoghi di una triplice intersecazione. Dal punto di vista dell'oggetto del racconto storico – la vicenda umana – i mari sono fucina di scambi, di migrazioni e di ogni tipo di interconnessione fra spazi terresti. Costituiscono il punto di osservazione privilegiato per osservare dinamiche demografiche, progressi agricoli e tecnologici, transiti di malattie, costruzione di imperi. Dal punto di vista delle discipline, gli oceani richiedono una collaborazione tenace e profonda tra discipline umanistiche e un grande ventaglio di discipline scientifiche. Infine, dal punto di vista epistemologico, sono lo spazio dove si intrecciano i due paradigmi storici, che negli ultimi decenni hanno vivacizzato – anche polemicamente - il pensiero storiografico. Lo *Spatial Turn* (la rivoluzione spaziale), secondo il quale i processi umani si comprendono solo se situati nel loro contesto, la terra (e dunque, lo spazio), e il *Cultural Turn* (la rivoluzione culturale), secondo il quale i processi culturali hanno un peso che rivaleggia e supera quello dell'economia e della società: le strutture che, un tempo, erano considerate la base della vicenda storica.

Gli oceani sono, perciò, luogo di elezione della *Global History*, intesa come racconto della complessità spazio-temporale dell'evoluzione umana.

4. Un nuovo racconto del mondo

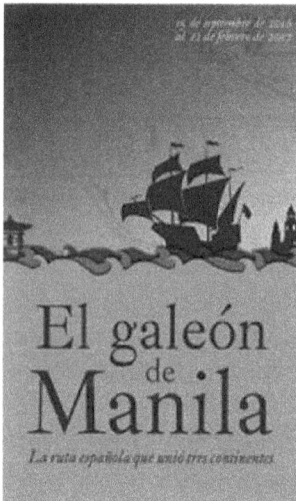

Fig. 4 - Il Galeone di Manila mettava in collegamento tre continenti

Vista dagli oceani, la storia dell'umanità ha un momento di svolta che non manca di sorprendere il lettore occidentale. È il 1571, data della fondazione di Manila da parte degli spagnoli. L'importanza di questo evento venne segnalata da Dennis O. Flynn e Arturo Giráldez in un articolo del 1995, che nella storiografia mondiale è spesso indicato come "seminale" (*Born with a "Silver Spoon": The Origin of World Trade in 1571*). Vale la pena riprendere alcuni tratti del loro ragionamento, per farsi una viva idea di quanto sia diversa la storia che possiamo raccontare in classe, se la guardiamo dal mare.

Manila non raggiunse mai il rango di una megalopoli, come in età moderna furono Parigi o Londra o le grandi concentrazioni urbane cinesi. Era una città della taglia di Marsiglia o Danzica. Come queste, era un centro commerciale molto attivo, ma non enorme.

Per giunta, misurata col metro dell'Occidente, è certamente un sito periferico.

Come mai, dunque, viene considerata talmente centrale da costituire lo snodo del cambiamento dei tempi, e dell'avvento della modernità?

Lascio la parola ai due storici: «L'autentico commercio globale prende inizio con la fondazione della città di Manila nel 1571, che costituì il primo diretto e permanente legame fra America e Asia.

Da quella data in poi, i continenti più popolati commerciarono tra di loro direttamente o indirettamente con volumi di scambio sostanziali». (p. 214)

Questa mondializzazione ha come propellente l'argento, che proviene dalle miniere messicane e, soprattutto, da quelle del Potosì, ma anche (in misura minore, ma comunque consistente) da quelle del Giappone. Questo metallo ha una direzione privilegiata.

Al contrario di quello che possono pensare gli europei (continuano Flynn e Giráldez) gli occidentali svolgono, in questa vicenda, unicamente il ruolo di intermediatori. Il soggetto principale è la Cina, e la ragione della sua fame d'argento è tutta interna. Si tratta, infatti, di un gigantesco processo di riconversione monetaria: dalla moneta di carta, inaugurata nell'XI secolo, a quella di argento, che durante la dinastia Ming diventa il mezzo principale di scambio delle decine di milioni di sudditi del Celeste impero (la Spagna ne aveva appena sette).

Eppure, simbolo di questa globalizzazione è una moneta spagnola. È il *Real de a ocho*, "il pezzo da otto", la moneta istituita verso la fine del XV secolo dalla monarchia iberica, che fu per più di tre secoli l'autentico "dollaro" del

121

mondo: usata da tutti, non solo nelle transazioni internazionali, ma anche come moneta legale (lo fu per esempio negli Usa fino alla metà del 1800).

Una moneta nata per il mare: nel verso rappresentava le colonne d'Ercole col motto "Plus Ultra". Luigi Cajani ce ne ha ricordato l'importanza come risorsa didattica nel suo intervento al convegno internazionale della World History Association (Boston 2017 e ora pubblicato in, Numismatica e didattica della storia: il real de a ocho e la globalizzazione moderna, in "Didactica Historica", 4, 2018, pp. 127- 132).; una rapida sintesi della questione in Maria Ruiz Trapero, che si può trovare all'indirizzo https://www.ucm.es/data/cont/docs/446-2013-08-22-14%20real.pdf). A questo punto, per un docente è imprescindibile la lettura di Carlo M. Cipolla: *Conquistadores, pirati, mercatanti*, Il mulino 2011.

Fig. 5 - Il "Real de a ocho", la moneta spagnola che dominò il mondo. In questo esemplare del 1771, coniato da Carlo III, si vedono le colonne d'Ercole che nascono dall'oceano e aprono a un mondo sottomesso alla corona di Spagna. (Cortesia di Luigi Cajani)

La Cina funge da gigantesca "pompa aspirante" dell'economia. Non produce argento, ma ne ha un bisogno estremo. È paragonabile, sostengono Flynn e Giráldez, al mondo occidentale del Novecento, che non produce petrolio, ma ne assorbe gran parte della produzione mondiale. Nella sua fase crescente, al pieno del suo sviluppo, dunque, è la Cina che costituisce il volano dell'economia mondiale e della globalizzazione, mentre le navi europee (spagnole, olandesi e portoghesi) svolgono un ruolo, potremmo dire "subalterno", dipendente dalla direzione politica elaborata dalla dinastia Ming. È, dunque, nel corso della tarda età moderna che gli europei passano dal ruolo della mediazione a quello del dominio.

Con lo sguardo concentrato sul Mediterraneo (e, dopo la scoperta dell'America, sull'Atlantico), ci avvertono i due storici, non riusciamo a cogliere questo fenomeno gigantesco. Siamo portati a ritenere che le cause della mondializzazione siano tutte interne all'Europa. Per noi il 1571 è Lepanto, simbolo della lacerazione del Mediterraneo e della lotta mortale fra nazioni cristiane e impero turco. Per il mondo, al contrario, quella data è Manila, e l'avvento di un nuovo sistema di vita, nel quale occidente e oriente verranno coinvolti.

5. Oceani essenziali della storia mondiale

Tre oceani. Tre quadri storici essenziali con i quali possiamo scandire l'intera storia dell'umanità. Questa si apre, certamente, con l'Oceano Indiano. È il teatro di due processi fondamentali della storia generale. Il primo è quello di ominazione. I monsoni, infatti, sono collegati alla diversificazione ambientale dell'Africa orientale, con il conseguente impulso alle variazioni evolutive, che hanno favorito la proliferazione degli ominidi. Ma, ancora, l'Oceano Indiano è il teatro del processo di colonizzazione del pianeta da parte di Sapiens, iniziato con la prima ondata migratoria di 80 mila anni fa. Quei gruppi di sapiens, infatti, preferivano occupare gli ambienti costieri, ricchi e vari di cibo. Perciò, nello spazio di circa 40 mila anni, colonizzarono le coste del continente asiatico, partendo dalla penisola arabica, per terminare con l'occupazione dell'Australia. Fu solo allora, che si presero ad avventurarsi in Europa e nel resto dell'Asia.

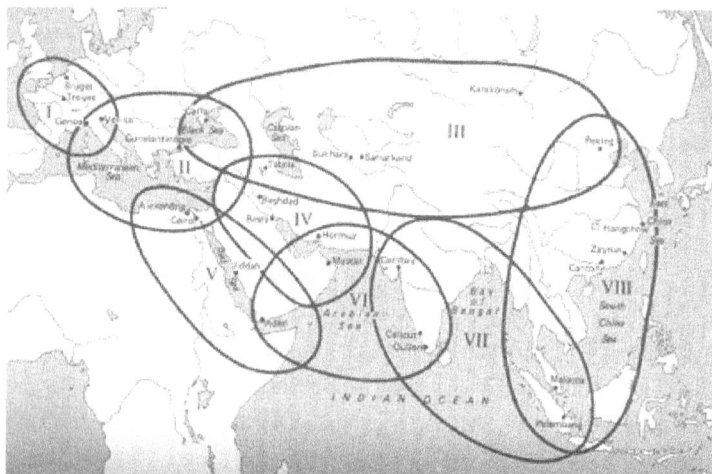

Fig. 6 - Il sistema euroasiatico scondo J. Abu-Lughold.

Il secondo processo fondamentale è quello che potremmo chiamare della "strutturazione dell'Eurasiafrica": la formazione delle grandi aree di civilizzazione – le più importanti delle quali sono certamente il Mediterraneo, l'Iran, l'India e la Cina – e la loro interconnessione. A partire dalle prime civiltà attestate (quelle mesopotamiche), l'Oceano Indiano svolge il ruolo di grande autostrada, che favorisce gli scambi di uomini, di cose e di idee. Quando ad esso si aggiunge il sistema connettivo siberiano (la via della seta), il reticolo degli scambi diventa realmente incisivo anche dal punto di vista delle economie globali. È il momento fotografato da Janet Abu-Lughod nel suo celebre libro sulla formazione dell'egemonia mondiale europea (Barry Gill ne fa una presentazione critica). Uno strumento utilissimo dal punto di vista didattico, per quanto in inglese, Macat's short video, all'indirizzo https://www.youtube.com/watch?v=jRiYu3Yf3Ms.

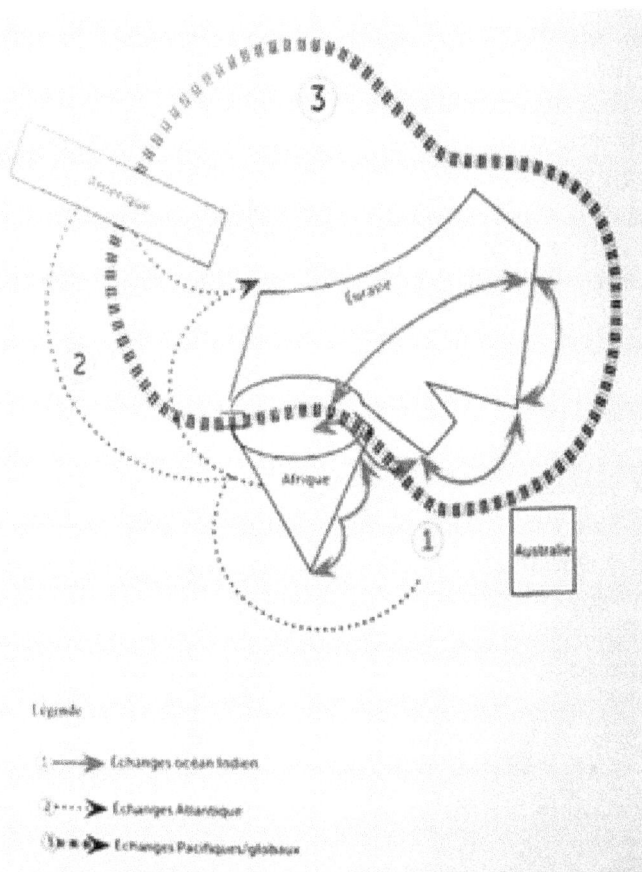

Fig. 7 - I tre oceani scandiscono i quadri essenziali della storia mondiale. Da Antonio Brusa, Chorème, in Mediterranée. Une Histoire à partager, Bayard 2013, p. 488

Il sistema indiano cede il passo a quello atlantico, nel momento in cui le potenze dell'Estremo Occidente (il Portogallo, l'Olanda e l'Inghilterra) fanno defluire una parte di quei commerci verso le loro terre e le integrano con quelle circolanti nel "sistema triangolare": il modello di scambi attraverso il quale si regolano i rapporti fra Europa, Africa e America (peraltro, l'unico momento di questa storia ben presente nelle nostre scuole). Alla centralità dell'Atlantico segue ben presto quella del Pacifico. La data della suo definitivo affermarsi è situata nei due decenni finali del secolo scorso, durante i quali il volume di scambi del Pacifico, supera la somma degli scambi effettuati attraverso gli altri due oceani. In questa cartina (Fig. 7), pubblicata in un lavoro collettivo, curato da Mostafa Hassani Idrissi (*Méditerranée. Une histoire à partager*, Bayard 2013) ho cercato di riassumere questa storia.

6. Il Mediterraneo nel mondo

Nel 2008, in occasione del lancio della rivista «Mundus» (un tentativo di rivista di lusso per la didattica diffusa, non propriamente fortunato), organizzammo a Palermo il convegno *Mediterraneo: il Mare in mezzo al Mondo* (vedine la discussione di Fabio Fiore e Luigi Tiné sul numero 2 di «Mundus», pp. 222-226). Fin dal titolo, il convegno voleva prendere le distanze dalla definizione tautologica di questo bacino: lo specchio d'acqua, "chiuso fra le terre". "Nel mondo", vuol dire "in collegamento con gli altri mari". Un mare in mezzo agli oceani, quindi, potremmo pensare, per restare nel tema di questo intervento. Ho poi sviluppato questo punto di vista in occasione del lavoro che ha portato alla pubblicazione a cura di Mostafa Hassani Idrissi, citata sopra, alla quale Canopé, il portale che il governo francese dedica alla didattica, riserva una pagina speciale all'indirizzo http://www.reseau-canope.fr/cndpfileadmin/mediterranee-une-histoire/accueil/.

Questo libro (destinato agli insegnanti di storia dei paesi riviereschi del Mediterraneo, ma attualmente esistente solo nelle versioni francese e araba) permette di individuare alcuni grandi momenti della storia mediterranea, utili per una programmazione di base: per esempio la formazione dell'impero romano, la costruzione dei sistemi di scambio musulmano-cristiani che caratterizzano il medioevo, le fratture dell'età moderna e soprattutto contemporanea, con la vicenda decisiva della prima guerra mondiale, il trauma di una decolonizzazione non sempre pacifica, i cui effetti di lunga durata si trascinano e si mescolano con le nuove dinamiche della nostra età globale. Acquistano importanza, in questa visione globale, i sistemi di scambio che già dalla fine del Medioevo inseriscono appieno la regione euro-mediterranea in un contesto intercontinentale, e, con la fine dell'Ottocento (il taglio del canale di Suez e poi il suo raddoppio nel Novecento), ne fanno uno snodo strategico, e caldissimo come vediamo dalle cronache, del contesto globale.

7. Il manuale che non scriverò. La nota finale

Chi ha avuto la pazienza di arrivare a questo punto, avrà già capito perché questo manuale non s'ha da fare. Non ha mercato. Semplicemente. Sarà sfogliato dai docenti con interesse, magari fotocopiato nelle pagine che si giudicano stuzzicanti, ma poi il richiamo del programma (quello mentale, inciso nella testa di tutti noi, e non solo dei docenti) la vincerà, nonostante i programmi ufficiali lascino alquanta libertà di scelta, almeno fino alla data del 2017. Vincono – e credo che saranno destinati a vincere fino a quando nella società non si diffonderà l'idea che la storia non è la custode della tradizione identitaria italiana, europea o di una qualche subalternità, ma uno strumento per capire il mondo – i manuali che tengono fede a questo obiettivo. Manuali che avranno (e spesso ce l'hanno già), la scheda sui *reales de a ocho* e sul commercio dell'argento, o la cartina di Janet Abu-Lughold, o le ultime cinquanta pagine sul mondo globale. Ma appunto: approfondimenti per chi ne vuole sapere di più. Il quadro generale, cioè la narrazione di fondo, oggi accettata come formativa, parte dal Vicino oriente, conduce alla Grecia, a Roma, al Medioevo e poi alla formazione delle nazioni e degli stati, con quel che tutti sapete.

Ecco perché questo, della storia vista dal mare, resterà un punto di vista buono per i lettori di «Historia Ludens» (felicemente, aggiungo).

Tre tematiche decisive per la nuova storia generale: l'alimentazione, gli ambienti, la World History

di *Vincenzo Guanci*

Premessa

Nell'elaborazione del curricolo d'Istituto per l'insegnamento della storia i dipartimenti e i consigli di classe hanno a disposizione, oltre naturalmente alla storiografia, due bussole: le indicazioni/linee-guida ministeriali e i manuali proposti dalle case editrici presenti sul mercato scolastico. Entrambe si rifanno in buona sostanza ad una concezione di storia generale scolastica nella quale l'Europa occupa il posto centrale e il resto del mondo la cornice. Le indicazioni ministeriali per i Licei dedicano il primo biennio allo "studio delle civiltà antiche e di quella altomedievale", il secondo biennio "al processo di formazione dell'Europa e del suo aprirsi ad una dimensione globale tra medioevo ed età moderna, nell'arco cronologico che va dall'XI secolo fino alle soglie del Novecento", mentre all'ultimo anno viene riservato "lo studio dell'epoca contemporanea, dall'analisi delle premesse della I guerra mondiale fino ai giorni nostri.".
Le linee-guida per gli Istituti Tecnici e Professionali per quanto riguarda le conoscenze contengono le seguenti indicazioni: "La diffusione della specie umana sul pianeta, le diverse tipologie di civiltà e le periodizzazioni fondamentali della storia mondiale. Le civiltà antiche e alto-medievali, con riferimenti a coeve civiltà diverse da quelle occidentali. Approfondimenti esemplificativi relativi alle civiltà dell'Antico vicino Oriente; la civiltà giudaica; la civiltà greca; la civiltà romana; l'avvento del Cristianesimo;

l'Europa romano barbarica; società ed economia nell'Europa alto-medievale; la nascita e la diffusione dell'Islam; Imperi e regni nell'alto medioevo; il particolarismo signorile e feudale" *(primo biennio)*. "Principali persistenze e processi di trasformazione tra il secolo XI e il secolo XIX *(secondo biennio)*, tra la fine del secolo XIX e il secolo XXI *(quinto anno)*, in Italia, in Europa e nel mondo."
L'articolazione di questa storia generale indicata dal Ministero dell'Istruzione viene cercata (e trovata) dalla grande maggioranza degli insegnanti nei manuali. Tant'è vero che gli stessi piani di lavoro annuali presentati dai docenti risentono chiaramente della manualistica adottata.
Possiamo quindi ragionevolmente pensare che la concezione della storia generale scolastica venga formata nella maggioranza dei docenti sulla base di quella presente nei manuali, la quale, si ricordi, ha origine nel XIX secolo come storia politica e istituzionale degli stati nazionali. E, con gli aggiornamenti necessari, ancora ai nostri tempi, *"nonostante la tendenza verso la generalizzazione, la storia nazionale resta in primo piano. E' chiaro che ciascun paese si considera quale punto di partenza dell'esposizione, e che i contenuti europei o globali siano discussi spesso solo se hanno un effetto immediato sulla storia nazionale di un paese. Alla storia nazionale è attribuito lo spazio maggiore in gran parte dei manuali."*[63]. In effetti, generalmente i manuali raccontano il passato da un punto di vista eurocentrico e in un contesto che vede ancora dominante l'approccio etnico-nazionale. I conflitti vengono narrati con un nemico sempre colpevole, una guerra sempre giusta e inevitabile, una religione nazionale - la propria - come l'unica vera, che legittima potere e guerra.
Questa storia insegnata mira in ultima analisi a costruire e rafforzare l'identità, sulla base di concetti e sentimenti di identificazione politica, civica e culturale. Del resto una

---

63   F. Pingel, *L'Europa del XX secolo nei manuali di storia*, Sapere 2000 Ediz. Multimediali, 2001, p. 46

delle funzioni principali della ricerca storica è proprio quella di rendere oggetto di riflessioni, e quindi confutabile, quella parte sostanziosa della propria identità che è proprio la memoria individuale e collettiva. La memoria, infatti, non è sufficiente a costruire la propria identità; se non viene sorvegliata e ridotta diventa inservibile, come quella di Ireneo Funes, il personaggio fantastico di un racconto di J. L. Borges che aveva memoria di tutto, ma proprio di tutto, niente e nessuno escluso. *"Egli ricordava, infatti, non solo ogni foglia di ogni albero di ogni montagna, ma anche ognuna delle volte che l'aveva percepita o immaginata. Decise di ridurre ciascuno dei suoi giorni passati a un settantamila ricordi, da contrassegnare con cifre. Lo dissuasero due considerazioni: quella dell'interminabilità del compito; quella della sua inutilità."*[64]

Ora, nel curricolo di istituto per la storia da insegnare, va senz'altro tenuto in gran conto il valore della memoria personale e familiare; ma la cosa più difficile viene quando bisogna selezionare le conoscenze di contesto che danno significato "storico" a quelle memorie, e rendono significative le riflessioni e gli approfondimenti sui vari temi affrontati, siano essi di tipo geopolitico, economico, sociale, culturale.

A tal fine la presente relazione intende richiamare l'attenzione dei docenti su tre tematiche storiografiche, generalmente trascurate dai manuali, che rendono in tutta evidenza la natura meticcia di ogni identità nazionale: l'alimentazione, l'ambiente, la *world history*.

---

64   J. L. Borges, *Finzioni*, Einaudi 1958, Epoca 1988 p. 96

La storia dell'alimentazione

"Attraverso le vicende del cibo, dei sistemi di produzione e dei modelli di consumo, [la storia dell'alimentazione] pretende di abbracciare assai di più: forse l'intera storia della nostra civiltà, le cui molte facce (economiche, sociali, politiche, culturali) hanno sempre avuto un rapporto diretto e privilegiato con i problemi dell'alimentazione."[65]. In particolare, possiamo utilizzare la storia del cibo per sottolineare come alcune caratteristiche identitarie di un'etnia risultino da incontri con civiltà diverse che hanno incrociato cibi, ingredienti, cucine differenti fino a produrre nuovi cibi.

Prendiamo, per esempio, un semplice piatto tipico italiano: gli "spaghetti al pomodoro" nella ricetta de *La Cucina Italiana:*

"Ingredienti:
pomodori perini maturi ma sodi 750 gr
spaghetti 320 gr
aglio
basilico
olio extravergine d'oliva
sale
Tagliate i pomodori a metà per il lungo e strizzateli per eliminare i semi e l'acqua e ottenere così un sugo più asciutto e dolce.
Scaldate in una casseruola un velo di olio con uno spicchio di aglio sbucciato.
Unite i pomodori non appena l'aglio comincia a sfrigolare. Aggiungete quindi una generosa presa di sale.
Completate con un ciuffetto di basilico e mescolate; cuocete senza coperchio per 10' circa.
Coprite con il coperchio e cuocete per altri 15', quindi mescolate ancora la salsa e lasciatela intiepidire per 15'. Passate la salsa con il passaverdure per eliminare le bucce.

---

65   M. Montanari, *La fame e l'abbondanza. Storia dell'alimentazione in Europa*, Laterza 1993, ed. 1999 p. 3

Ponete sul fuoco una casseruola di acqua salata; al bollore uni-te gli spaghetti.
Scaldate 500 g di salsa in una grande padella con un filo di olio.
Quando comincia a sobbollire, spegnete il fuoco e versatevi gli spaghetti scolati al dente.
Condite con un filo di olio crudo e saltate tutto insieme veloce-mente. Completate con alcune foglie di basilico e servite imme-diatamente.".
https://www.lacucinaitaliana.it/ricetta/primi/spaghetti-al-pomodoro/#step-1 (consultato 09/01/2018)

Esaminiamo l'origine degli ingredienti.
L'origine degli *spaghetti* è discussa. Per anni si è pensato e detto che fossero i cinesi a inventarli e poi Marco Polo a portarli in Italia. In realtà sembra più verosimile che in Cina si mangiassero "spaghetti" non di frumento ma di soia o miglio. Abbiamo invece documentazione certa da un testo del XII secolo del geografo arabo Al-Idrisi che in un paese della Sicilia si fabbricasse una pasta di frumento in forma di fili rotondi.

L'*aglio* è diffuso da secoli un po' dappertutto; si trovano testimonianze del suo uso da parte dei sumeri e degli egizi; dalla Bibbia sappiamo che gli ebrei se ne nutrivano.

Il *pomodoro* è originario dell'America centrale e meridionale; fu introdotto in Spagna dai *conquistadores* nel XVI secolo e dagli spagnoli nell'Italia meridionale.

Il *basilico* è una pianta originaria dell'India da dove si è diffusa in tutto il Mediterraneo.

Sale e *olio d'oliva* sono alimenti autoctoni della penisola italica.

Possiamo concludere che uno dei piatti tipici della cucina italiana utilizza molti ingredienti non originari della penisola; vale a dire che se i popoli italici non avessero incontrato nei secoli altre civiltà, altri popoli, noi italiani non mangeremmo gli spaghetti col pomodoro, un piatto che ci caratterizza, che fa parte dell'identità nazionale, assieme alla pizza e ai maccheroni.

Un altro esempio è la *cassata*, dolce tipico siciliano.

Nasce quando, nell'epoca della dominazione araba, qualcuno decise di mescolare la ricotta di pecora con il miele e molti prodotti importati dagli arabi - pistacchi, mandorle, agrumi - tutto in una ciotola, in arabo *quas'at*. Negli anni seguenti le suore del convento della Martorana inventarono con le mandorle la *pasta reale* e le loro realizzazioni abbellirono e arricchirono il nostro dolce sempre più. Il nome "cassata" compare in un testo del XIV secolo e si riferisce ad una torta di pasta frolla; nel XVIII secolo i genovesi portarono il *pan di Spagna* e nell'Ottocento un pasticciere palermitano coprì di glassa la torta. Quindi noi oggi mangiamo un dolce inventato nel medioevo da arabi di Sicilia e perfezionato in epoca normanna e nei secoli successivi con apporti di varia natura e origine. Prodotto meticcio quanto mai, squisito e apprezzato non solo dai siciliani, esportato con successo nel resto d'Italia e del mondo.

La storia dell'ambiente

"«...la storia ambientale riconosce nella natura un soggetto storico, condizionato e modificato dagli uomini, ma la cui evoluzione conserva una relativa autonomia rispetto all'azione umana.»[66]
Piero Bevilacqua ci presenta con i suoi studi un nuovo soggetto storico da indagare nel tempo e nello spazio come contributo alla costruzione di un sapere storico di tipo nuovo.
Il racconto delle vicende umane non può prescindere dall'indagine sull'ambiente nel quale operano uomini e donne; ambiente che viene spesso e volentieri modificato dalla natura, leopardianamente indifferente alle sorti dell'umanità come di tutti i viventi.

---

66   P. Bevilacqua, *Intervista* a "Il Bollettino di Clio", NS, n. 6/2016 http://www.clio92.it/public/documenti/pubblicazioni/bollettino/ BollettinoNS6novembreFNL32016.pdf (consultato 04/02/2018)

https://www.informazioneambiente.it/terremoto/(consultato 18/01/2018)

Il curricolo della storia da insegnare dovrebbe tener conto del rapporto tra l'umanità e le risorse del pianeta, mettendo in luce gli equilibri tra l'azione delle società umane e le modificazioni che queste apportano all'ambiente. E, innanzitutto, ricordare sempre il rapporto tra clima e società, stanziali o nomadi, a partire dalla fascia climatica nella quale esse vivono e operano.

I CLIMI

http://slideplayer.it/slide/607149/2/images/1/I+CLIMI.jpg (consultato il 18/01/2018)

Ciò significa analizzare i rapporti tra le civiltà e l'ambiente sia quando si costruiscono o si studiano quadri di civiltà sia quando si analizzano processi di trasformazione da uno stato di cose ad un altro; si pensi alle trasformazioni dell'agricoltura nel tempo, all'invenzione dell'agroindustria, all'urbanizzazione e all'uso del suolo, allo sfruttamento delle risorse e alla diffusione delle energie rinnovabili. Si pensi soprattutto alla cura dell'ambiente che le diverse civiltà hanno avuto nel loro sviluppo e nel loro declino.

Nel 2000 Paul Crutzen, premio Nobel per la chimica, pubblicò *"Benvenuti nell'antropocene"*, un libro che ha diffuso l'idea che l'umanità sia ormai entrata in una nuova era, l'antropocene, nella quale *homo sapiens* ha modificato profondamente l'ambiente terrestre, cioè le caratteristiche fisiche, chimiche e biologiche nelle quale si svolge la vita. Crutzen sostiene che dalla rivoluzione industriale del XVIII secolo ad oggi l'aumento di anidride carbonica, metano e altri gas serra nell'atmosfera, la massiccia urbanizzazione, la diffusione di fertilizzanti e antiparassitari in agricoltura, assieme all'aumento di 10 volte della popolazione del pianeta, tutto ciò abbia modificato sostanzialmente il clima e l'ambiente complessivo della Terra.

Dobbiamo introdurre nel nostro curricolo il concetto di "impronta ecologica", che esprime *"la quantità di superficie biologica utilizzata da una certa società o, dall'insieme delle società umane, per riprodurre se stessa"*[67] e far notare agli studenti che *"se nel 1985 la domanda antropica, ovvero la superficie utilizzata per i consumi umani, era pari alla capacità rigenerativa della Terra, oggi la supera del 30%!"*[68]

67   S. Neri Serneri, *La natura incorporata e il malgoverno della modernità nel secondo Novecento*, in "Il Bollettino di Clio", NS, n.6/2016
http://www.clio92.it/public/documenti/pubblicazioni/bollettino/
BollettinoNS6novembreFNL32016.pdf (consultato 04/02/2018)

68   Ibidem

Dovremmo anche introdurre nella nostra didattica generale alcune azioni volte a far conoscere la campagna com'è e com'era, la città com'è e com'era, e altrettanto dovremmo fare per i consumi, i trasporti, l'energia che utilizziamo nella nostra vita quotidiana e che fa parte della nostra attuale cultura materiale.

La World History

La storia dell'umanità può essere raccontata da diversi punti di vista, come le rappresentazioni cartografiche del mondo. Quella a cui noi siamo abituati è la proiezione di Mercatore, un geografo olandese del XVI secolo, che proietta la superficie del globo su una superficie piana assumendo il punto di vista dell'Europa, con il meridiano di Greenwich al centro.

https://www.ilgiramondo.it/7879-carte_murali-006-planisfero-fisico-197x120-136x84.php (consultato 18/01/2018)

Ma nelle scuole dell'Asia, specialmente in quelle cinesi, molto probabilmente si trovano rappresentazioni del mondo come questa:

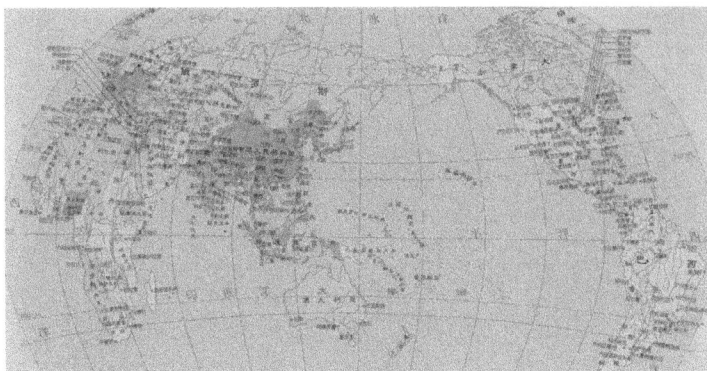

http://www.limesonline.com/wp-content/uploads/2017/02/planisfero-cinese_217.jpg (consultato 18/01/2018)

Come si può vedere, il punto di vista è asiacentrico, gli oceani principali sono il Pacifico e l'Indiano mentre l'Atlantico, che siamo abituati a incontrare sempre al centro della scena, qui è diviso in due dall'effetto della proiezione della superficie sferica del globo sul piano. Se, poi siamo in una scuola australiana potremmo trovare un planisfero di questo tipo, dove il nostro punto di vista, eurocentrico e nordico, viene capovolto:

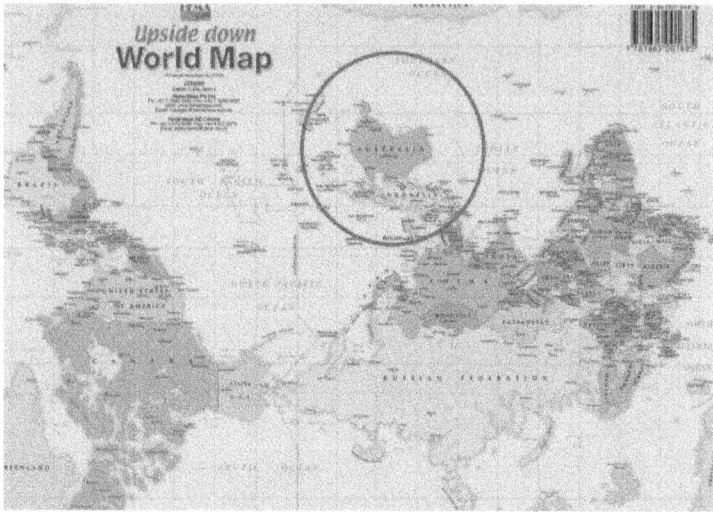

https://oblosulglobosite.wordpress.com/2016/12/07/il-planisfero-appeso-nelle-altre-classi-del-mondo (consultato il 19/01/2018)

Interessante ci sembra il fatto che l'Organizzazione delle Nazioni Unite abbia scelto di rappresentare il mondo nel suo logo con una proiezione azimutale equidistante come questa:

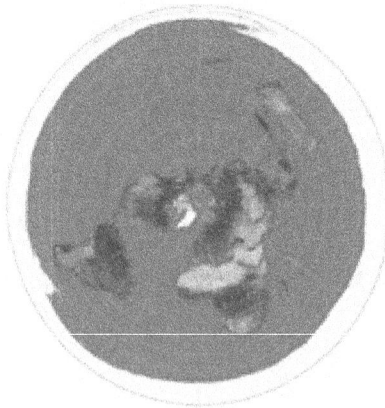

http://slideplayer.it/slide/4112955/ (consultato 18/01/2018)

Logo dell'Organizzazione delle Nazioni Unite

Una storia raccontata non dal punto di vista del proprio paese, non centrata sulla propria nazione è possibile? Possiamo uscire dal vincolo nazionalistico segnalato da Pingel? Una possibilità la offre la world history.

"*Secondo la definizione più accettata, la world history studia l'origine, lo sviluppo e i mutamenti delle comunità umane alla luce di una prospettiva comparata ed entro le loro mutue connessioni. Tra le parole-chiave ricordiamo «comunità», «comparazioni», «connessioni» e «sistema».*

Le comunità umane che col tempo hanno dato forma al mondo sono state fondamentali, ma non rappresentano il mondo intero. La world history studia queste comunità in maniera duplice: 1) attraverso una prospettiva comparata, al fine di individuare tendenze generali, somiglianze e differenze; e 2) nelle loro interazioni mediante contatti, connessioni e influenze."[69]

Non è solo una questione di punti di vista nazionali. Non si tratta solo di storia non eurocentrica. Si tratta di escludere qualsiasi punto di vista etnocentrico. "*Senza una dimensione globale, la storia rimane ristretta a «casi» individuali*

---

[69]   E. Vanhaute, *Introduzione alla World History*, Il Mulino, 2015, p. 24

(gruppo, regione, paese) o a singole «traiettorie di sviluppo» (Europa, Occidente)"[70] Costruire un curricolo tenendo in considerazione le metodologie e i risultati delle ricerche della world history significa arrivare a proporre l'insegnamento di una storia "meticcia" dove le diverse culture si incontrano e scontrano, una storia che guarda più al quadro "generale" che non all'evento "particolare". Il quadro è policentrico, non c'è un centro dal quale si irradiano le storie particolari. La world history propone una storia delle connessioni e delle reti commerciali tra paesi e continenti nelle diverse epoche e nei diversi spazi, senza tener conto dei confini statuali. La narrazione è transregionale, la visione è globale. Piuttosto dello "zoom" si usa il "grandangolo", al "primo piano" si preferisce la "panoramica". Questo mette in forte discussione l'accento che oggi la storia insegnata pone, nonostante tutto, sugli eventi, sui grandi conflitti (bellici) tra Stati, incentrata com'è, in ultima analisi, sulla geopolitica.

Bisognerebbe forse porre maggiore attenzione ai lunghi processi di trasformazione che coinvolgono popoli e paesi aldilà dei confini statuali, abituandosi a leggere gli avvenimenti, anche quelli che ci riguardano da vicino, con uno sguardo *lungo e largo.*

"La [stessa] storia europea non è – come del resto quella di tutte le altre aree del globo – di per sé endogena, ma si presenta, piuttosto, essa stessa come l'esito di una plurimillenaria rete di contatti a media e a lunga gittata con società e culture diverse da quelle occidentali."[71] Il compito più importante dell'insegnamento storico è formare negli studenti un'abitudine mentale a considerare bene il *contesto* nel quale le cose accadono e le persone agiscono, per ben comprendere gli uni e le altre. Tredici

---

70   Ibidem

71   M. Meriggi, *Intervista* a "Il Bollettino di Clio", NS, n. 7/2017

anni di scuola dovrebbe sviluppare un'abitudine mentale a leggere gli avvenimenti e le azioni delle persone del nostro presente, del nostro paese, del mondo in cui viviamo, *guardando in lungo e in largo*, nel passato e nel contesto, sempre.

"Se riusciremo a comprendere che la storia di ogni luogo, in ultima analisi, si collega a quella del mondo intero, allora non ci sarà più nessun evento del passato - olocausto o impresa eroica – che non sia un retaggio collettivo dell'umanità".[72]

---

72   T. Brook, *Il cappello di Vermeer*, Einaudi, 2015, p. 237

Una storia dimezzata: il curricolo scolastico senza la storia delle donne

di *Elisabetta Serafini*

Negli anni Settanta dello scorso secolo, animata dai movimenti femministi e innestata su un fertile terreno storiografico, ha visto la luce quella che in un breve lasso di tempo si sarebbe trasformata in una solida tradizione di studi sul passato delle donne[73]: una storia che sino a quel momento non era mai stata raccontata[74]. Sebbene questo filone di ricerca abbia raggiunto – in mezzo secolo – piena maturità scientifica, trasformandosi, rinnovandosi e contaminando altri settori, e sia tutt'altro che esaurito, possiamo sostenere che la storia delle donne sia ancora per lo più assente dal panorama scolastico. La storia delle donne è poco considerata nei curricoli e nella formazione del corpo docente, inoltre la sua presenza nei libri di testo rivela spesso aspetti problematici[75].

---

73   Parallela alla ricerca storica corre la produzione teorica, che propone un'indagine sulle nuove categorie e i nuovi strumenti della ricerca, per la quale si vedano *infra*, nn. 14-15, p. 4.

74   Si rimanda ad alcuni studi di Natalie Zemon Davis, nei quali la storica segnala ricerche che hanno preceduto la nascita degli studi di storia delle donne e di genere e che, presentando degli aspetti innovativi, possono essere ritenute opere di transizione, in particolare: *"Women's History" in Transition: The European Case* in «Feminist Studies», 3/4 (1976), pp. 83-103; *History's Two Bodies*, in «American Historical Review», 1 (1988), pp. 1-30; *Women and the World of the Annales*, in «History Workshop», 33 (1992), pp. 121-137.

75   Si citano, elencandoli e senza specificare ulteriormente, i provvedimenti emanati a partire dalla quarta *World Conference on Women*, promossa dalle Nazioni Unite e tenutasi a Pechino nel 1995, e dal *Quarto programma d'azione per la parità di opportunità tra le donne e gli uomini* della Comunità europea (1996-2000): Diret-tiva del Presidente

I provvedimenti legislativi che hanno tentato di mettere in comunicazione i settori scientifico e scolastico, sollecitati dall'urgenza di promuovere le pari opportunità, sono stati straordinari, talvolta promulgati in ricezione di direttive sovranazionali nate per contrastare la violenza di genere[76]. Il primo timido tentativo di intervento strutturale è giunto con il comma 16 dell'articolo 1 della L. 107/2015 – col quale veniva assicurato il rispetto dei principi di pari opportunità attraverso il Piano Triennale dell'Offerta Formativa – e con i successivi *Chiarimenti e riferimenti normativi a supporto* dell'art. 1 c. 16[77], pensati per

---

del Consiglio dei Ministri del 27 marzo 1997; *Documento di indirizzo sulla diversità di genere* del 15 giugno 2011; Decreto Legge 93 del 14 ago-sto 2013 (convertito dalla legge 119/2013), contenente *Disposizioni urgenti in materia di sicurezza e per il contrasto della violenza di genere nonché in tema di protezione civile e di commissariamento delle province*; infine Decreto Legge 104 del 12 settembre 2013 (convertito, con modificazioni, dalla legge 128/2013) recante misure urgenti in materia di istruzione, università e ricerca.

76   La violenza contro le donne e di genere si ritiene fenomeno culturale endemico, frutto di relazioni di potere, e si intende secondo un'accezione ampia che non considera soltanto le sue manifestazioni estreme ma anche quelle di natura eco-nomica o culturale.

77   L. 107/2015, art. 1 c. 16: «Il piano triennale dell'offerta formativa assicura l'attuazione dei principi di pari opportunità, promuovendo nelle scuole di ogni ordine e grado l'educazione alla parità tra i sessi, la prevenzione della violenza di genere e di tutte le discriminazioni, al fine di informare e di sensibilizzare gli studenti, i docenti e i genitori sulle tematiche indicate dall'art. 5, c. 2, del decreto-legge14 agosto 2013, n. 93, convertito, con modificazioni, dalla legge 15 ottobre 2013, n. 119». Nei successivi *Chiarimenti e riferimenti normativi a supporto* dell'art. 1 c. 16, L. 107/2015 (settembre 2015), si specifica: «Deve essere, inoltre, sottolineato che il personale scolastico, a cui è affidato il compito di educare i nostri ragazzi anche su queste delicate tematiche, deve essere debitamente formato e aggiornato, così come previsto anche dalla legge 128/2013 che all'art.16 let. D che pone all'attenzione delle scuole la necessità di favorire: l'aumento delle competenze relative all'educazione all'affettività, al rispetto delle diversità e delle pari oppor-tunità di genere e al superamento degli stereotipi di genere, [...]». Nell'ottobre del 2017 sono state presentate dal Miur, guidato dalla ministra Fedeli, le *Linee Guida Nazionali* (art. 1 comma 16

spegnere le preoccupazioni addensatesi intorno all'introduzione delle questioni di genere nella scuola. La realizzazione di significativi cambiamenti non ha ricevuto che un marginale incoraggiamento da questo e dai precedenti interventi, i quali non hanno inciso su una revisione dei curricoli.

Guardando al significativo esempio delle *Indicazioni nazionali per il curricolo della scuola dell'infanzia e del primo ciclo di istruzione* del 2012 – ancora oggi in vigore – dette questioni vengono solo marginalmente trattate con generici riferimenti alla necessità di non eludere le differenze di genere[78]. Segnatamente ciò avviene nel preambolo relativo alla *Cultura, scuola, persona*, laddove si affronta il tema del confronto interculturale, mentre, all'interno del documento, la questione torna ad emergere in associazione ai temi della cittadinanza e del rapporto con le famiglie[79].

In riferimento alla formazione, iniziale e in itinere, del personale docente, poco è lo spazio occupato dagli studi-

---

L. 107/2015) in attuazione del *Piano nazionale per l'educazione al rispetto*, insieme alle *Linee di orientamento per la prevenzione e il contrasto del cyberbullismo nelle scuole* (L. 71/2017).

78 Cfr. *Indicazioni nazionali per il curricolo della scuola dell'infanzia e del primo ciclo d'istruzione*, Annali della Pubblica Istruzione, numero speciale, Le Monnier, Firenze 2012, pp. 7, 21, 22-23, 32. Si veda anche il recente documento del Miur, pubblicato nel marzo del 2018, *Indicazioni nazionali e nuovi scenari*, a cura del Comitato Scientifico Nazionale per le Indicazioni Nazionali per il curricolo della scuola dell'infanzia e del primo ciclo di istruzione, nel quale si fa riferimento ai 17 obiettivi dell'Agenda 2030, tra cui "Raggiungere l'uguaglianza di genere ed eman-cipare tutte le donne e le ragazze" (art. 5).

79 In particolare nel curricolo di Storia, all'interno della sezione dedicata a *L'educazione al patrimonio culturale e alla cittadinanza attiva* si sottolinea e stabilisce che «L'insegnamento e l'apprendimento della storia contribuiscono all'educazione al patrimonio culturale e alla cittadinanza attiva [...]. In particolare, gli insegnanti metteranno in evidenza i rapporti tra istituzioni e società, le differenze di genere e di generazioni, le forme statuali, le istituzioni democratiche».

di genere negli atenei e nei corsi di aggiornamento[80]. Nel *Piano nazionale per la formazione docenti 2016-2019*[81] l'attenzione alla prospettiva di genere entra soltanto laddove si affronta la questione delle competenze di cittadinanza che, se da un lato dovrebbe essere percorso fondamentale nel piano dell'offerta formativa, dall'altro è noto quanto sia negletto rispetto ad altre discipline.

Nel campo dell'editoria scolastica, ci sono stati anni in cui è sembrato che qualche importante passo potesse compiersi. Il progetto P.O.Li.Te., per le pari opportunità nei libri di testo, è entrato nel merito della necessità di rivedere i contenuti disciplinari, con il fine di produrre nuovi strumenti. Il progetto, nato in Italia con il sostegno della Direzione Occupazione e Affari Sociali della Comunità Europea, ha visto tre edizioni tra il 1998 e il 2001 ed ha prodotto importanti risultati: una ricerca europea sulle pari opportunità nei libri di testo, un Codice di autoregolamentazione e due Vademecum, pensati per rivisitare i vari ambiti disciplinari introducendo la prospettiva di genere[82]. Dopo quell'importante triennio di riflessio-

---

80   Tristemente nota è la situazione italiana in merito alla presenza degli studi di genere negli atenei, argomento che torna episodicamente alla ribalta con la chiusura del corso di turno, come è accaduto a quello di Laura Corradi presso l'Università della Calabria nel 2013. Nei mesi seguenti la chiusura del corso, la Società Italiana delle Storiche ha realizzato un censimento dei corsi di storia delle donne e studi di genere negli atenei italiani. Il censimento è disponibile all'Url http://www.societadellestoriche.it/index.php?option=com_content& view=article&id=415:censimento-dei-corsi&catid=122&Itemid=131, ultimo accesso il 16/05/2017. Proprio in questi mesi la Sis sta lavorando ad un nuovo censimento, cfr.http://www.societadellestoriche.it/ index.php?option=com_content&view=article&id=730:universita-e-ricerca&catid=122&Itemid=131, ultimo accesso 16/05/2017.

81   Pubblicato il 3 ottobre 2016 e anticipato dall'art. 1 c. 124 della L. 107/2015. Cfr. *Piano nazionale per la formazione docenti* 2016-2019, p. 45.

82   Il Codice vedeva «gli editori italiani associati all'AIE

ne, numerosi studi sono stati condotti sulla presenza di stereotipi di genere nell'editoria scolastica, i quali hanno dimostrato che la ricaduta del Codice di autoregolamentazione, sottoscritto dall'Associazione Italiana Editori, sia stata alquanto limitata[83].

In termini normativi e teorici è andata definendosi nel tempo la necessità di rivedere contenuti disciplinari, che sinora sono stati proposti come neutri, considerando anche la lente di genere ma gli effettivi interventi proposti sinora non hanno avuto carattere strutturale. Come già avvenuto per altre situazioni, anche emergenziali, che la scuola italiana ha dovuto affrontare – ad esempio l'accoglienza di bambini e bambine di diversa nazionalità – la risposta è venuta spontaneamente dal basso, configurandosi in progetti sperimentali. Nel panorama che si profila, se da un lato sorgono spontaneamente interventi fortemente contestualizzati, dall'altro essi si caratterizzano per loro natura come contingenti: peculiarità che si pone in antitesi con le necessità di un'azione efficace.

Il maturare delle teorie pedagogiche che includono la categoria del genere nel percorso di promozione delle pari opportunità, ha delineato un approccio che valuta infatti la relazione educativa nelle sue completezza e complessi-

---

impegnati a darsi un codice di autoregolamentazione volto a garantire che nella progettazione e realizzazione dei libri di testo e dei materiali didattici destinati alla scuola vi sia attenzione allo sviluppo dell'identità di genere, come fattore decisivo nell'ambito dell'educazione complessiva dei soggetti in formazione» (punto A.5). Per un resoconto accurato del progetto P.O.Li.Te. si veda I. Biemmi, *Educazione sessista. Stereotipi di genere nei libri delle elementari*, Rosenberg & Sellier, Torino, 2010, pp. 57-69.

83   Cfr. I. Biemmi, *Educazione sessista*, op. cit. e C. Corsini – I.D.M. Scierri, *Differenze di genere nell'editoria scolastica: indagine empirica sui sussidiari dei linguaggi per la scuola primaria*, Nuova Cultura, Roma, 2016.

tà. Dunque, tenere in considerazione le differenze di genere passa necessariamente attraverso progetti di lunga durata e di ampio raggio, che prevedano la definizione di nuovi contenuti disciplinari ma anche un corollario di azioni, tra le quali sono di estrema importanza le pratiche linguistiche, l'uso di metodologie attive e la supervisione pedagogica[84].

Se appare come estremamente tortuosa la strada che partendo dall'elaborazione di nuovi quesiti e dall'acquisizione di nuovi contenuti storiografici conduce alla loro divulgazione scolastica, ciò non significa che essa non sia stata intrapresa, e non solo dal punto di vista pedagogico. La Società Italiana delle Storiche, nata nel 1989 per promuovere la ricerca storica, didattica e documentaria nell'ambito della storia delle donne e di genere, contempla tra i suoi obiettivi "la divulgazione della storia delle donne e degli studi di genere all'interno della scuola, al fine di modificare le modalità di trasmissione e formazione del sapere e le gerarchie di genere a questi sottese"[85] e

---

84   A tale proposito si parla di 'curriculum nascosto'. Si veda C. Gamberi, *Ripensare la relazione educativa in un'ottica di genere. Riflessione teorica e strumenti operativi*, in *La differenza insegna. La didattica delle discipline in una prospettiva di genere*, a cura di M.S. Sapegno, Carocci, Roma, 2014, pp. 13-22.

85   Lo statuto della Società Italiana delle Storiche è disponibile all'Url http://www.societadellestoriche.it/index.php?option=com_cont ent&view=article&id=435&Itemid=111, ultimo accesso 16/05/2018. Tra le attività della Società Italiana delle Storiche pare utile segnalare, in questo contesto, oltre alla rivista semestrale *Genesis*, fondata nel 2002 ed edita da Viella, la collana Sis-Viella nella quale vengono pubblicati volumi di carattere divulgativo su temi di storia delle donne e di genere, caratterizzati dallo sguardo sulla lunga durata e dalla conte-stualizzazione ampia e non eurocentrica. Per quanto riguarda pubblicazioni destinate specificamente alla scuola, la Società sta lavorando a due progetti: una collana di albi illustrati per la scuola primaria e secondaria di primo grado in collaborazione con la casa editrice Settenove; uno strumento di auto-formazione e formazione, contenente percorsi tematici di saggi e fonti per la scuola secondaria di secondo grado.

fin dalla sua nascita ha investito nel ragionamento intorno ai sentieri percorribili. Considerare l'importanza delle divulgazione in ambito scolastico ha significato alimentare una riflessione che tenesse conto non soltanto del rapporto tra storia delle donne e curricoli in termini disciplinari, ma anche e soprattutto analizzare i possibili criteri di relazione tra storia delle donne e storia generale, che si tratti di formazione docenti, di elaborazione di nuovi percorsi curricolari o di progettazione di nuovi strumenti.

Portare la storia delle donne e di genere a scuola non significa affatto indulgere nella trattazione di vite di donne illustri, convergere su una subalternità nelle relazioni di genere a sfavore del femminile, comprimere la prospettiva sul discorso emancipazionista o valorizzare le culture femminili. Fin dai primi passi mossi dalle studiose, nel panorama italiano e nel quadro internazionale, parallela alla ricerca storica sulle donne è corsa la teorizzazione sulle forme della sua relazione con la storia generale: partendo dalle necessità di far uscire le donne dalla sfera dell'immutabile e allontanarsi dalla diffusa equivalenza femminile/natura in opposizione al maschile/cultura[86], si individuarono presto come preminenti l'indagine delle relazioni tra i sessi e il ripensamento dei temi generali affrontati dagli storici[87].

---

86   G. Pomata, *La storia delle donne: una questione di confine*, in *Il mondo contemporaneo*, a cura di N. Tranfaglia, vol. X, Firenze, La Nuova Italia, 1983, *Gli strumenti della ricerca*, tomo II, pp. 1435-1469.

87   N. Zemon Davis, *La storia delle donne in transizione: il caso europeo*, in «DWF», 3 (1977), pp. 7-33; si vedano anche G. Rubin, *The traffic in Women: Notes on the 'Political Economy' of Sex* (1975), *Toward an Anthropology of Women*, Rayna Reiter, ed., New York, Monthly Review Press (1975), pp. 33-65, nel quale si parla di sex-gender system («the set of arrangements by which a society transforms biological sexuality into products of human activity, and in which these transformed sexual needs are satisfied») e J. Scott, *Il genere, un'utile categoria di analisi storiografica* (1986), in «Rivista di storia contemporanea», n. 4, 1987, pp. 570-586. Mi pare importante ricordare come la comunità

In particolare molte riflessioni si sono concentrate intorno alla periodizzazione tradizionale, mostrando come essa possa dirsi spesso inadeguata a definire le persistenze e i cambiamenti riguardanti il mondo femminile: le acquisizioni degli studi di genere in relazione ad alcuni periodi hanno indotto a riflettere sull'opportunità di continuare a fare riferimento a categorie storiografiche consuete o, meglio, farlo secondo l'uso pregresso. Nel 1977, in antitesi con le teorie di Jacob Burckhardt[88], Joan Kelly – storica statunitense esperta del Cinquecento italiano – si chiedeva se anche le donne abbiano avuto un Rinascimento[89]. Se la sua risposta di allora fu negativa, circa quindici anni dopo Ottavia Niccoli[90], attraverso sette storie di donne, tornava a riflettere sulla questione, giungendo ad una più articolata conclusione che sottolineava come cogliere la complessità di un periodo storico passi necessariamente per la considerazione del ruolo di tutte le componenti sociali. L'utilizzo di una molteplicità di lenti aggiunge punti di vista e sottrae terreno alla linearità: complica sì ma si avvicina alla realtà.

Lo stesso è avvenuto guardando alle formulazioni universalistiche dei diritti di matrice settecentesca, sulle quali

---

scientifica intenda per sesso il corpo sessuato, determinato dall'insieme dei caratteri fisici e biologici specifici che, all'interno di una stessa specie, contraddistinguono maschi e femmine, in quanto diversamente preposti alla funzione riproduttiva; per genere l'insieme delle differenze tra uomini e donne, che le società costruiscono a partire dalle differenze tra corpo maschile e femminile.

88   Si fa riferimento a J. Burckhardt, *La civiltà del Rinascimento in Italia* (1860), Sansoni, Milano, 1996, pp. 364-369.

89   J. Kelly, *Did Women Have a Renaissance?*, in *Becoming Visible: Women in European History*, edited by R. Bridenthal e C. Koonz, Houghton Mifflin, Boston, 1977, pp. 137-164.

90   Si veda *Rinascimento al femminile*, a cura di O. Niccoli (1991), Laterza, Roma-Bari, Introduzione, pp. V-XXVII: V-VIII.

è stata costruita la moderna categoria di cittadinanza: esse si sono fondate su una presunta debolezza e incapacità della natura femminile, definita da quel pensiero illuminista che declinava la ragione solamente al maschile[91]. I provvedimenti della Francia rivoluzionaria edificavano una cittadinanza asimmetrica, ponendosi come azioni formali di esclusione di categorie (come le donne e i neri). Contro di essi le donne spesso si sollevarono: è proprio a partire dalle rivoluzioni borghesi – industriale e francese – che è possibile parlare di femminismo[92].

Tornando al contesto italiano, negli anni Novanta del secolo scorso si sono addensate le riflessioni intorno al Risorgimento e la storia politica delle donne. Molto complesso è stato il dibattito, sostenuto da importanti studi, nell'ambito del quale Rosanna De Longis si è chiesta, parafrasando le parole di Kelly, se anche le donne abbiano avuto il loro Risorgimento[93]. Essendo impossibile in questa sede dilungarsi sui termini della questione, pare tuttavia importante fare riferimento a quegli studi che, considerato il protagonismo delle donne, hanno messo in luce la capacità di azione delle donne italiane piuttosto che l'accantonamento dell'istanza emancipazionista[94].

91   Cfr. M. Meriggi, *Il genere nel manuale. Racconto di un'esperienza*, in «La camera blu», 3 (2008), pp. 71-77: 74.

92   A. Rossi Doria, *Il primo femminismo 1791-1834*, Unicopli, Milano, 1993, passim.

93   R. De Longis, *Le donne hanno avuto un Risorgimento?*, in «Memoria», 31 (1991), pp. 80-91.

94   Si vedano le analisi di L. Guidi e G. Fruci riportate da a. De Clementi in *Rassegna degli studi italiani su Donne e Risorgimento, in La storia di genere in Italia in età moderna. Un confronto tra storiche nordamericane e italiane*, a cura di E. Brambilla e A. Jacobson Schutte, Viella, Roma, 2014, pp. 181-193: 190.

Il discorso intorno alla relatività della periodizzazione non vuole condurre alla polverizzazione dei quadri di riferimento, indubbiamente utili alla didattica e imprescindibili capisaldi nella formazione delle nuove generazioni. Gli importanti contributi apportati dagli studi di genere sono tuttavia utili strumenti per educare alla complessità: semplificare per la divulgazione scolastica non può corrispondere ad una banalizzazione dei contenuti. Le riflessioni sui percorsi della ricerca, sulla costruzione e sulla decostruzione del sapere offrono la possibilità di potenziare le competenze di analisi, funzionali alle discipline e all'educazione alla cittadinanza.

Tuttavia, malgrado la formulazione di nuove arricchenti questioni e la stratificazione di un ricco e consolidato panorama storiografico, nei libri di testo e nei programmi la storia delle donne viene ancora spesso trattata come storia d'appendice, come capitolo integrativo. Il reale balzo in avanti consiste nella proposta di una storia mista, che provenga dall'adozione dello sguardo di genere nella ricerca, da nuove letture dei quadri teorici di riferimento e dalla formulazione di nuove domande. Finché queste non diverranno elemento fondante nella formazione – di insegnanti e studenti – i risultati non potranno che essere parziali.

Varie sono state le occasioni in cui la Società Italiana delle Storiche si è fermata a ragionare, nei suoi (quasi) trent'anni di vita, su questi temi, con attenzione ora alla trasmissione e alla divulgazione intese in senso lato, ora ai libri di testo, ora alla formazione del corpo docente[95] ponendo questioni di complessa soluzione.

---

95   Il primo seminario sul tema della trasmissione è stato quello tenutosi ad Orvieto nel 1991, i cui atti sono stati pubblicati da Rosenberg & Sellier, Torino, 1993, con il titolo *Generazioni. Trasmissione della storia e tradizioni delle donne.*

Negli anni in cui più viva è stata la riflessione sul rapporto tra genere e saperi nei libri di testo, ci si è a lungo interrogate su quale fosse la strada da intraprendere per produrre nuovi strumenti. Convergendo sulla necessità di superare le dicotomie tra elementi quali l'emancipazione e la marginalità, il protagonismo e l'esclusione per giungere a intenderle come categorie compenetranti, si è tentato di far convivere storie particolari e storia generale in percorsi che corressero lontani dalla presunta neutralità del manuale[96]. Essenziale per questo percorso è il recupero della soggettività che corrisponda da un lato al palesamento del soggetto che scrive e ricerca, dall'altro alla visione plurale sull'oggetto della ricerca, come illustrato da Sara Cabibbo nel suo contributo al Vademecum del P.O.Li.Te.:

> Non esiste un sapere "neutro", una scienza storica "oggettiva", ma esiste un sapere costruito da uomini e donne che in esso hanno espresso le proprie visioni del mondo [...] non esiste l'uomo e la donna ma esistono uomini e donne vissuti in determinati contesti storici, economici, sociali, religiosi [...] non esiste la famiglia ma esiste un significato diverso che a questa istituzione è stato assegnato a seconda delle epoche storiche [...]. E ancora, non esiste un tempo lineare, progressivo, in cui si sono delineati gli spazi di garanzia e i diritti degli uomini e delle donne ma occorre appellarsi alle diverse velocità della storia per cogliere fratture e permanenze, mu-

---

96   Si veda il Forum *I libri di testo: manuali di storia*, a cura di I. Fazio in «Genesis», I/2 (2002), pp. 183-203, all'interno del quale si fa riferimento anche a libri di testo nei quali si è tentato di includere, secondo diverse modalità – una volta proponendo una storia mista, l'altra includendo percorsi monografici – la categoria di genere. In particolare si veda l'intervento di F. Koch, *Raccontare, insegnare, ragionare* alle pp. 188-192.

tamenti e continuità, in grado di rappresentare la composizione sessuata delle diverse società[97].

In questo percorso di recupero della soggettività, in questa visione multipla, chi insegna, chi legge e studia la storia, chi la sperimenta nelle scuole, vede riconosciuto il valore del proprio sé in relazione alla disciplina: l'atto dell'identificare il vissuto individuale come realtà che può essere storicizzata costruisce un rapporto vivo con la disciplina, base di un'efficace relazione educativa. Guadagnare alla storia la specificità individuale, chiaramente da non intendersi come isolata, così come recuperare la sua funzione narrativa, non definisce un soggettivo in contrapposizione all'imparziale, ma contribuisce alla ricostruzione del presente e del passato.

Con l'intento di dare concretezza a queste riflessioni, si è realizzata a Pozzuoli nel 1998 la prima esperienza di formazione docenti della società Italiana delle Storiche, grazie a un protocollo di intesa con il Ministero della Pubblica Istruzione[98]. Il corso, oltre a lezioni e seminari, ha previsto dei momenti operativi nei quali le docenti potessero sperimentare pratiche da riportare nelle classi. Dai percorsi svolti nei laboratori, che si possono conoscere grazie alla

---

97   S. Cabibbo, *Questioni di metodo. Per una storia "a più colori"*, in *Saperi e libertà. Maschile e femminile nei libri, nella scuola e nella vita*, 2 voll., a cura di E. Porzio Serravalle, Associazione Italiana Editori, Milano, 2001, vol. I, pp. 83-96: 86. Anche secondo Elda Guerra, facendo riferimento al Novecento, la storia delle donne, per via delle sue differenti temporalità e del permanere di strutture arcaiche nel rapporto tra i sessi, è difficilmente incardinabile nella narrazione diacronica proposta nei manuali. Cfr. E. Guerra, *Insegnamento del Novecento e storia delle donne: una discussione aperta*, in «Storia e problemi contemporanei», 20/10 (1997), pp. 205-213: 209.

98   Nuovi corsi di formazione docenti sono stati attivati in seguito all'accreditamento presso il Miur ai sensi della direttiva 170/2016. I corsi sono partiti nel 2016/17 a Roma e Padova e sono rivolti a docenti delle scuole di ogni ordine e grado.

pubblicazione dei materiali[99], è possibile rilevare come le docenti, nelle loro biografie, parlino generalmente un iniziale cattivo rapporto con la storia, nel quale tra la propria vita di donne e gli avvenimenti che meritavano di essere 'storiografati' sussisteva una grande frattura. Probabilmente una frattura simile a quella che ragazze e ragazzi avvertono nel momento in cui si continua a proporre loro una storia concepita come sequenza di avvenimenti, attraverso metodologie di pura trasmissione del sapere, che tende ad allontanare dalla disciplina. In quella sede, si suggeriva di accorciare la distanza avvicinandosi ai percorsi biografici di storiche e storici: familiarizzare con la dimensione umana della professione, conoscerne luci ed ombre, oltre che provare a raccontare una storia diversa con strumenti e metodi differenti, può probabilmente condurre a un incontro fruttuoso con essa[100].

É sempre più chiaro come il rapporto tra storia delle donne e storia generale non possa tradursi nell'aggiunta di un certo numero di donne laddove esse non vengono nominate ma deve necessariamente prevedere una continua considerazione della categoria di genere nell'insegnamento, lavoro che spesso ricade completamente sulle spalle di insegnanti sensibili alle tematiche.

I contributi con i quali gli studi sulle donne nella storia potrebbero partecipare al rinnovamento del curricolo sono molteplici e corrono paralleli alla necessità di liberarsi dalla gabbia che rinchiude la narrazione storica fondamentalmente nella sfera politica. Anche quelle piccole porzioni di storia delle donne che è possibile ritrovare

---

99   *Nuove parole, nuovi metodi. Soggettività femminile, ricerca e didattica della storia. Corso interdirezionale di aggiornamento per docenti*, I. M. S. Virgilio, Pozzuoli, 2000.

100   *Ivi*, pp. 213-231.

oggi nei libri di testo si inseriscono prevalentemente in questo alveo, proponendo tuttavia un racconto parziale e intermittente. In genere si introduce il nesso donne/politica nel momento dell'affermazione dei movimenti suffragisti, ignorando il percorso di più lunga durata che vede, come si è detto, il suo principio con le rivoluzioni borghesi[101]. Così come si perde di vista il più ampio discorso intorno all'acquisizione dei diritti sociali e civili, che per le donne si è articolato in modo diverso che per gli uomini[102]. Inoltre, andando a ritroso nel tempo, fare luce sul rapporto tra donne e politica potrebbe andare oltre il semplice riferimento alle sovrane che hanno regnato in Europa in Età moderna e portare la riflessione sulla difficile gestione del potere su una società patriarcale[103], sul recupero della legge salica tra i secoli XIV e XV oppure sulle rappresentazioni del potere femminile[104]. Allo stesso tempo, come suggeriva qualche anno fa Vinzia Fiorino, occorrerebbe cercare la storia politica delle donne anche al di fuori dei tradizionali settori – la ricostruzione dei movimenti e delle organizzazioni politiche, i dibattiti politico-culturali ed ideologici, le figure di singole protagoniste – ad esempio

---

101   Cfr. L. Ellena, *Una storia fuori luogo. Genere e trasmissione nella storia*, in *La differenza insegna. La didattica delle discipline in una prospettiva di genere*, a cura di Maria Serena Sapegno, Carocci, Roma, 2014, pp. 115-123. Parlando di cit-tadinanza si potrebbe risalire ancora più indietro, alla società definita come "club di soli uomini" dal diritto romano, per la quali si veda Y. Thomas, *La divisione dei sessi nel diritto romano*, in *Storia delle donne in occidente*, a cura di G. Duby – M. Perrot, *L'Antichità*, a cura di P. Schmitt Pantel, Laterza, Roma-Bari 1990, pp. 103-176.

102   Si veda quanto propone in merito C. Brigadeci in *Storia di genere e didattica della storia* in *Il laboratorio di storia. Problemi e strategie per l'insegnamento nella prospettiva dei nuovi curricoli e dell'autonomia didattica*, a cura di Ead. et al., Unicopli, pp. 147-179: 171.

103   Cfr. M. Meriggi, *Il genere nel manuale*, op. cit.

104   Si veda, a titolo di esempio, C. Casanova, *Regine per caso*, Laterza, Roma-Bari, 2014.

nei contesti religiosi, nei luoghi di promozione e circolazione di cultura (i salotti), nell'associazionismo[105].

Più si risale nel tempo, minori sono le testimonianze autografe delle donne, più numerose sono le voci degli uomini sulle donne (discorsi, trattati, opere normative, testi letterari)[106]. Il più delle volte, dunque, ci si basa su una rilettura delle fonti già note. Nell'ambito della storia moderna si può fare ricorso ad una nuova lettura delle carte notarili (contratti dotali o testamenti) e processuali (vita matrimoniale o conflittualità coniugale, carte inquisitoriali)[107]. Tuttavia molte possibilità sono offerte dalla cultura materiale, che generalmente non è passata attraverso filtri di genere. Vicino a questo ambito, l'insegnamento della storia per quadri di civiltà che si propone nella scuola primaria, sembrerebbe quello che più si presta all'introduzione di alcune tematiche – la struttura della società, la vita familiare – trattando le quali non si può prescindere dall'uso di alcune lenti, tra cui quella del genere e dell'estrazione sociale, oppure dal considerare la variabile età. Invece la presentazione e la stratificazione delle società avviene spesso a partire dal lavoro dei maschi adulti, relegando il femminile al domestico e rappresentando sovente

---

105   V. Fiorino, *Introduzione a* «Genesis» V/2 (2006), *Una donna, un voto*, a cura di Ead., pp. 5-19.

106   Sulle scritture femminili si suggerisce di vedere almeno *"Dolce dono graditissimo". La lettera privata dal Settecento al Novecento*, a cura di M. L. Betri, D. Maldini Chiarito, Franco Angeli, Milano, 2000; *Scritture di desiderio e di ricordo. Auto-biografie, diari, memorie tra Settecento e Novecento*, a cura di M. L. Betri, D. Maldini Chiarito, Franco Angeli, Milano, 2002; L. Guidi, *Scritture femminili e storia*, Cliopress, Napoli, 2004 oltre che la collana Viella *La memoria restituita*, a cura di M. Caffiero, M.I. Venzo.

107   Si veda S. Pezzenati, *Storia delle donne, storia di genere*, in G. Ricuperati, R. Leva, *Manuale di storia moderna. L'età moderna (1660-1815)*, 2 voll., Utet, Novara, 2008, vol. II, pp. 579-594.

quest'ultimo soltanto in base ad un unico modello, di cui si descrivono meramente l'abbigliamento e la cosmesi[108].

Eppure, per fare un esempio tra tutti, già a partire dai primi anni Novanta del secolo scorso, andavano diffondendosi anche in Italia studi sulle società a partire dal Paleolitico e dal Neolitico che tentavano di ridefinire il paradigma del sistema preistorico come mondo di cacciatori, al centro della quale si pone la figura maschile.

Non faccio riferimento tanto ai fortunati saggi di Marija Gimbutas, archeologa lituana, nei quali suppone, attraverso ritrovamenti archeologici in scavi da lei stessa portati avanti (in Grecia, lungo il Danubio), l'esistenza di una società della 'vecchia Europa', considerata matriarcale e ginocentrica, pacifica, che sarebbe stata soppiantata da una cultura patriarcale portata dagli indoeuropei nell'età del bronzo[109]. Quello di società preistoriche basate sul culto della Dea Madre è un tema molto spinoso che viene posto come evidenza ma che ha fatto discutere generazioni di studiosi e studiose. Penso piuttosto al coevo *Women in Prehistory* di Margaret Ehrenberg, archeologa inglese[110]: si tratta di un lavoro di sintesi, complesso ma accessibile, nel quale – più che soffermarsi sul tema del matriarcato – si tenta di comprendere quale fosse il ruolo delle donne nelle società di raccoglitori e come probabilmente si sia

---

108   Mi sono occupata di presenza femminile nei libri di testo di storia in *Che genere di storia? Indagine sui manuali di scuola primaria e secondaria di primo grado*, un intervento presentato al VII Congresso della Società Italiana delle Storiche, *Genere e storia: nuove prospettive di ricerca*, Pisa, 2-4 febbraio 2017 (in corso di pubblicazione).

109   Si vedano M. Gimbutas, *Il linguaggio della dea: mito e culto della dea madre nell'Europa neolitica*, Longanesi, Milano, 1990 e il più tardo Ead., *La civiltà della dea: il mondo dell'antica Europa*, 2 voll., Stampa alternativa/Nuovi equilibri, Viterbo, 2013.

110   M. Ehrenberg, *La donna nella Preistoria*, Mondadori, Milano, 1992.

passati da una società egalitaria a una società patriarcale.

Avendo la libertà, in questa sede, di effettuare salti a livello temporale (e tematico) per offrire un maggior numero
di spunti, vorrei spostarmi anche più avanti e fare riferimento ai numerosi studi sulle migrazioni femminili, che
hanno messo in discussione il paradigma *mobilità maschile*
e la presunta staticità delle donne. Non vi è dubbio che le
donne si muovessero ma spesso le loro esperienze sono
rimaste nascoste nelle zone d'ombra della storia.

Dopo aver posto le classiche domande sui moventi delle migrazioni e sulle destinazioni scelte, a partire dagli
anni Ottanta del secolo scorso nuova luce è stata gettata
sul tema: sono stati elaborati ulteriori quesiti sulle trasformazioni – interne ed esterne rispetto il nucleo familiare –
connesse agli spostamenti all'intersezione delle categorie
di genere, status sociale ed etnia.

Cristina La Rocca sostiene efficacemente che «la migrazione delle donne era marchiata con l'attributo della sua
invisibilità»[111], poiché – a differenza di quella maschile –
non si introduceva in contesti produttivi o all'interno di
ambiti sociali verificabili. Inoltre le donne venivano lette
come soggetti passivi, impermeabili agli stimoli forniti dal
nuovo contesto e conservative rispetto le identità culturali del proprio gruppo di origine. La studiosa, riportando questi paradigmi all'Alto Medioevo, ha messo in evidenza come anche in quel contesto siano sostanzialmente
inapplicabili. In quel periodo non è stata solo rilevata una
mobilità femminile vivace, seppure conformata come legata per lo più al matrimonio, ma è stata ipotizzata in essa
una capacità veicolare in termini culturali che non si ca-

---

111   C. La Rocca, *La migrazione delle donne nell'alto medioevo tra te-*
sti scritti e fonti materiali: primi spunti di ricerca. In *Archeologia e storia*
delle migrazioni. Europa, Italia, Mediterraneo fra tarda età romana e alto
Medioevo, Atti del Convegno internazionale di studi, Cimitile-Santa
Maria Capua Vetere, 17-18 giugno 2010, Tavolario, Cimitile, 2011, pp.
65-83.

ratterizza solo come conservativa: l'identità etnica non si manteneva immutata dalla culla alla tomba.

Gli studi di Rita Mazzei hanno indagato la mobilità femminile in Età moderna: nel Cinquecento erano numerose le migrazioni *religionis causa*, anche se a seguito dei propri uomini; nel Seicento si ha notizia di donne quacchere che giravano l'Europa per fare propaganda anticattolica. Gli spostamenti più visibili riguardano ovviamente donne di alto rango, mentre la gran parte di questi flussi è ancora da riportare alla luce[112]. Molto cambia quando, a partire dalla tarda Età moderna, sono spesso le donne stesse a lasciarne traccia scritta[113].

Se anche l'ambito religioso offre interessanti spunti per comprendere come esso non sia stato solo spazio di controllo (si vedano gli studi di Gabriella Zarri, nei quali – tra le altre cose – si rileva come la profezia femminile abbia avuto un ruolo rilevante nella religiosità del tardo Medioevo e della prima Età moderna, e successivamente disciplinata dalla Controriforma[114]), vorrei invece qui soffermarmi sulle importanti questioni poste dalle ricerche sul lavoro femminile in Età moderna, sia perché il tema permette uno sguardo dal basso sulla società sia perché consente anche di lavorare sulla decostruzione di luoghi comuni.

Molte pubblicazioni sul lavoro delle donne nell'Età moderna si aprono con necessarie precisazioni relative al fatto che le donne hanno sempre lavorato. «Le donne hanno sempre lavorato» è il titolo di un libro pubblica-

---

112   Tra i lavori di R. Mazzei si veda almeno *Per terra e per acqua. Viaggi e viaggiatori nell'Europa moderna*, Carocci Editore, Roma, 2013.

113   Si veda, tra gli altri *Spazi, segni, parole. Percorsi di viaggiatrici italiane*, a cura di F. Frediani, R. Ricorda, L. Rossi, Franco Angeli, Milano, 2012,

114   Si veda, tra i numerosi altri studi dell'autrice, G. Zarri, *Le sante vive: cultura e religiosità femminile nella prima età moderna*, Rosenberg & Sellier, Torino, 1990.

to negli Stati Uniti nel 1981, come ricorda Anna Bellavitis nella sua recente pubblicazione sul lavoro delle donne nei contesti urbani dell'Europa moderna ma, continua la storica, ancora capita di sentir dire "Da quando le donne lavorano"[115]. Ed effettivamente, a guardare i libri di testo adottati nelle scuole, spesso viene indicato come unico punto di riferimento importante per il rapporto tra le donne e il lavoro la Grande Guerra. Certamente alcune importanti cesure storiche, come anche le grandi trasformazioni a livello economico, hanno determinato degli incontrovertibili cambiamenti, ma uno sguardo diverso sulle fonti restituisce un quadro assai più complesso e di ben più lunga durata sul rapporto tra donne e lavoro. Le donne hanno sempre lavorato, più a lungo per necessità che per scelta e – anche per questo – non sempre il lavoro ha significato emancipazione. Inoltre il rapporto tra donne e lavoro è sempre stato condizionato dal matrimonio e dalla maternità. In casa e fuori casa, filatrici, tessitrici, commercianti, merciaie, stampatrici, balie, lavoravano principalmente al di fuori delle Corporazioni, beneficiando del fatto che ne erano escluse per sottrarsi allo loro rigide regole. Difficile mappare attività per lo più sommerse, considerato anche il fatto – come nota altra importante studiosa del lavoro femminile, Angela Groppi[116] – che generalmente l'identità maschile veniva definita in base alla sua attività, mentre quella femminile in base ai legami di parentela[117]. Anna Bellavitis segnala come fonti importanti per la ricostruzione del lavoro femminile fonti che apparentemente non hanno nulla a che fare con esso, cioè prevalentemente fonti giudiziarie. Ad esempio infor-

115   A. Bellavitis, *Il lavoro delle donne nelle città dell'Europa moderna*, Viella, Roma, 2016.

116   *Il lavoro delle donne*, a cura di A. Groppi, Laterza, Roma-Bari, 1996.

117   Si veda in *ivi* l'Introduzione di Ead. Alle pp. V-XVI.

mazioni sull'organizzazione del lavoro delle lavandaie romane vengono tratte dallo studio dei processi civili del XVIII secolo, nei quali si trattavano cause riguardanti l'uso dell'acqua e l'occupazione degli spazi pubblici[118]. Questo modo di procedere, che giustappone tematiche ed effettua grandi balzi temporali solo per mettere in luce la ricchezza degli studi sulle donne, non ha come obiettivo quello di trattare la loro storia come capitolo d'appendice ma vuole aprire uno spazio di riflessione sulla considerazione delle differenze di genere come imprescindibili nella relazione educativa.

Limitare la scelta ad alcune – seppur significative – tematiche, trattarle in modo sintetico, fare mero riferimento ad importanti questioni di tipo metodologico ed enunciare soltanto le grandi domande poste dagli studi di genere, sono ragioni che mettono chi scrive di fronte alla frustrazione di aver tralasciato molto: un ricco patrimonio spesso assente dal panorama scolastico, che andrebbe considerato nei molteplici aspetti che riguardano l'educazione, non ultimo quello disciplinare.

---

118   A. Bellavitis, *Il lavoro delle donne*, op. cit., p. 10. Oltre che a partire dai testi indicati, del lavoro delle donne ci si può occupare anche seguendo percorsi interdisciplinari a partire da immagini e filmati oppure a partire dalla lingua: si veda il di-battito odierno sulla definizione delle professioni al femminile.

Le carte geostoriche come fotogrammi di processi storici a scala mondiale

di *M. Teresa Rabitti*

La narrazione manualistica attuale di eventi prevalentemente politico istituzionali, non 'scalda certo il cuore' ai nostri allievi, anzi li rende indifferenti e spesso annoiati. Sento perciò come urgente la necessità di scelte metodologiche alternative, di contenuti organizzati in modo diverso dall'ordine cronologico manualistico, di riferimenti a modelli di storia generale più aderenti alla recente produzione storiografica, che fornisce oggi esempi stimolanti. La mia proposta di rinnovamento, parziale ma di comprovata efficacia, per averla più volte sperimentata, è quella di affrontare temi di storia mondiale e di storia globale facendo uso frequente di carte geostoriche, preferibilmente a scala mondiale. L'intento è di offrire agli allievi un sapere storico significativo che permetta di comprendere i principali processi di trasformazione che hanno reso il mondo e l'umanità così come oggi noi li conosciamo; per rendere lo studio della storia utile ad orientarsi nel presente.

Uso di carte geostoriche ad ampia scala non solo come supporto o rinforzo alle conoscenze acquisite, come avviene nei manuali; bensì come strumenti storico didattici per visualizzare e costruire conoscenze di fatti e processi confrontabili; per mettere in relazione le conoscenze e fornire spiegazioni; per costruire sistemi di saperi, per costruire nella mente degli allievi uno scenario spazio temporale a cui possano fare costante riferimento.

Le carte geostoriche

Le carte geostoriche sono da considerarsi particolari tipi di testo storiografico in cui viene utilizzata una forma grafica, uno sfondo geografico, per comunicare informazioni, costruire concetti, evidenziare problemi di tipo storico, fornire ipotesi interpretative del mondo. Brusa afferma che *"Lo spazio organizzato dagli uomini è il punto di vista a partire dal quale lo storico osserva e racconta la vicenda umana"* [119].

Se ripercorriamo la storia della cartografia, comprendiamo infatti non solo ciò che gli storici e/o geografi conoscevano del mondo nelle epoche passate, ma anche come gli uomini di culture diverse pensavano il mondo, quale immagine mentale ne possedevano, da quale punto di vista guardavano il mondo e gli eventi. Ogni epoca ha prodotto mappe del mondo diverse per scopi religiosi, militari, ideologici, scientifici.

Gli esempi possibili sono numerosissimi: propongo due raffigurazioni del mondo tra le più note e antiche [120].

.

119   A. Brusa, *I Viaggi di Erodoto*, quaderno n. 13,14, B. Mondadori, Milano,1997

120   https://www.google.com/search?q=storia+della+cartografia+antica+parte+prima

Il geografo che realizza un planisfero tende a mettere al centro il proprio popolo e la terra in cui è nato e vissuto.

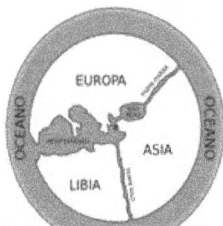

Planisfero realizzato dal geografo arabo Al Idrisi nel 1154: l'Arabia è al centro, e poiché la rappresentazione è capovolta rispetto a quelle alle quali siamo abituati, l'Europa finisce in basso a destra, quasi irriconoscibile, perché dal punto di vista di Al Idrisi si trattava di un continente di secondaria importanza.

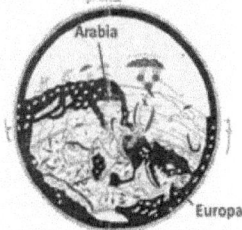

Riproduzione del planisfero di Anassimandro di Mileto (VI secolo a.C.): l'America e l'Oceania non vi sono rappresentate perché non sono ancora state scoperte; il punto rosso indica approssimativamente la città di Mileto (nella quale Anassimandro era nato e vissuto); posta come vedi al centro della carta!

Le carte geostoriche non solo dichiarano il modo di vedere il mondo, ma producono immagini mentali, suggeriscono, creano visioni del mondo. Le carte prodotte recentemente da un gruppo di storici, geografi, cartografi rappresentano processi in atto oggi a livello mondiale e forniscono al lettore l'immagine di un mondo globalizzato in cui ogni fenomeno ha un risvolto e una ripercussione mondiale[121].

---

121   J. Lévy, *Inventare il mondo. Una geografia della mondializzazione*, B. Mondadori, Milano, 2010

La carta riproduce il dinamismo che caratterizza la **mondializzazione dei flussi migratori**

Le carte oltre che costruire sapere storico, servono per riorganizzare spazialmente e temporalmente il sapere acquisito, per proporre interpretazioni politiche, per spiegare e prevedere le mosse strategiche, gli obiettivi della politica estera dei singoli stati.

La geopolitica fa largo uso di carte per cercare di spiegare i continui e rapidi cambiamenti sociali, economici e politici mondiali oggi.

Riviste di geopolitica come "*Limes*"[122], per citarne una italiana, fanno un uso reiterato di carte geostoriche per presentare ai lettori le principali questioni che agitano il

---

122   *Limes*, mensile italiano di geopolitica, direttore Lucio Caracciolo, GEDI Gruppo Editoriale, Roma

mondo: l'accaparramento delle fonti energetiche, i mono-
poli economici, l'ingerenza politica, la definizione dei
confini territoriali, gli interessi internazionali, le strategie
politiche possibili, le alleanze tra le varie potenze, i problemi che rendono instabile il quadro generale e favoriscono o minacciano continue guerre nel mondo.

I siti web internazionali che si interessano di politica ed
economia sono ricchi di carte geopolitiche molto dettagliate, aggiornate e spesso interattive.

Recente è la pubblicazione del libro del giornalista Tim
Marshall, *Le 10 mappe che spiegano il mondo*[123], un testo di
geopolitica in cui l'autore illustra le mosse di politica internazionale delle superpotenze mondiali oggi; mosse
spesso obbligate o suggerite dai confini naturali, dalla
posizione o conformazione territoriale e geografica degli
stati.

L'autore si pone delle domande 'politiche' quali: perché
la Cina continua ad aumentare? Perché l'Europa non sarà
mai veramente unita? Perché gli Stati Uniti erano destinati a diventare una superpotenza mondiale? Le risposte
per Marshall vanno ricercate nelle caratteristiche geografiche di un paese, che hanno condizionato di quel paese
la forza o la debolezza nel corso della storia. Procedendo
da questo genere di analisi storico geografiche, l'autore
prova ad immaginare il futuro delle zone più tormentate
del pianeta.

*"Per comprendere quel che accade nel mondo abbiamo sempre
studiato la politica, l'economia, i trattati internazionali. Ma
senza geografia – suggerisce Marshall- non avremo mai il quadro complessivo degli eventi; ogni volta che i leader del mondo
prendono decisioni operative, infatti, devono fare i conti con la
presenza di mari e fiumi, di catene montuose e deserti"*[124].

---

123   T. Marshall, *Le 10 mappe che spiegano il mondo*. Garzanti,
Milano 2017

124   Idem, quarta di copertina

Federico Rampini, giornalista italiano e corrispondente da New York del quotidiano La repubblica, nel suo ultimo libro: *Le linee rosse. Uomini, Confini, Imperi: Le carte geografiche che raccontano il mondo in cui viviamo*[125], ci insegna a leggere la nuova cartografia del mondo, per capire il mondo, per guardare dietro le apparenze della realtà di oggi e per renderci consapevoli delle possibili mete del mondo del domani.

"Quel che il mondo vuole dirci è spiegato nelle carte geografiche, e nella loro storia. Ma quelle studiate a scuola non bastano. Bisogna penetrare il loro significato nascosto, incrociare il paesaggio terrestre con le storie delle civiltà, dei popoli e degli imperi [...]. La supremazia degli Stati Uniti affonda le radici nella peculiarità del suo territorio. Le due Americhe sono separate da linee di frattura geografiche e razziali, religiose e sociali [...]. I confini dell'Europa unita hanno un'impronta germanica fin dal Sacro Romano Impero [...]. Il potere delle mappe decide la sorte degli imperi: da Cristoforo Colombo a Google-Maps. Il cambiamento climatico ridisegna gli atlanti a una velocità angosciante, la geografia dell'Artico e delle rotte navali cambia sotto i nostri occhi. E infine l'Italia vista da "tutti gli altri" aiuta a capire chi siamo davvero"[126]. Federico Rampini mostra con l'uso di mappe i nuovi assetti geopolitici e geoeconomici globali del mondo presente e futuro.

---

125   F. Rampini, *Le linee rosse. Uomini, Confini, Imperi: Le carte geografiche che raccontano il mondo in cui viviamo*, Mondadori, Milano 2017, pag. 3-4

126   Idem, presentazione in https://www.librimondadori.it/libri/le-linee-rosse- federico-rampini/

Le carte geostoriche come strumento didattico

Nella scuola siamo alla ricerca di metodi e strumenti che permettano agli allievi di cogliere il senso della storia generale e le relazioni che uniscono i vari fatti, per costruire quadri di riferimento essenziali entro i quali sistemare sempre nuove conoscenze collegate tra loro come in un film della storia.

Condivisibile è quindi l'affermazione di Ivo Mattozzi: *"E' importante che gli studenti si rendano conto della molteplicità degli spazi in rapporto ai quali i fatti del passato possono essere analizzati. Perciò le rappresentazioni cartografiche dovrebbero essere utilizzate nell'insegnamento e nell'apprendimento della storia in stretta integrazione con i testi o in sostituzione di essi ma, comunque intensivamente"*[127].

Ciò non avviene nella pratica didattica diffusa nella scuola oggi. L'esperienza dell'insegnamento di didattica della storia che da anni conduco all'università di Bolzano, nella facoltà di Scienze della Formazione Primaria, mi ha dimostrato ampiamente come le allieve e gli allievi del primo anno del corso universitario, nonostante lunghi anni precedenti di studio della storia, non abbiano riferimenti corretti spazio temporali, chiare mappe mentali che li aiutino a comprendere il passato e a orientarsi nel presente. Ho verificato come loro manchi uno sfondo spaziale e temporale su cui collocare, o a cui far riferimento quando citano, o sentono citare, fatti storici anche di grande rilevanza. La storia narrata seguendo un filo cronologico, così come è presentata nei manuali, non si fissa nella mente degli studenti, perché quella narrazione fa leva solo sulla memoria, è costruita solo sul 'prima' e sul 'poi'. Una narrazione che non evidenzi le relazioni tra i fatti o la presenza di processi di trasformazione, che non espliciti le fasi dei

---

127   I. Mattozzi, *Insegnare storia. Corso ipertestuale per l'aggiornamento in didattica della storia*, CD-ROM a cura del MPI e dell'Università di Bologna, 2000.

mutamenti nei grandi eventi di trasformazione, che non rilevi contemporaneità tra processi a scala regionale o locale con altri a scala più ampia o mondiali, non può risultare interessante e costruttiva.

I manuali pubblicati negli ultimi anni offrono un numero discreto di carte geostoriche, rare comunque e insufficienti quelle a scala mondiale, riferite prevalentemente a situazioni politico istituzionali. Generalmente tali carte sono poco utilizzate dagli insegnanti, perché forniscono localizzazioni di fatti e battaglie, spostamenti di fronti di guerra, estensione di stati o imperi e non hanno un'evidente efficacia didattica. Sono sempre in aggiunta come corredo al testo, non lo sostituiscono, **né lo arricchiscono**.

Per integrare le carte geostoriche dei manuali, è possibile far ricorso ad atlanti storici, di solito voluminosi, ma a volte allegati al manuale stesso in forma molto ridotta e riferiti al periodo storico trattato nel testo.

Un atlante storico interessante e originale che consiglierei agli insegnanti di usare in classe e da tenere sempre come punto di riferimento, è quello Jacques Bertin, costruito in collaborazione con altri storici, geografi e cartografi[128]. L'atlante si apre con un indice inusuale, *"Le film de l'Histoire du monde des origines à nos jours..."*: si tratta di 48 fotogrammi, piccole carte tutte a scala mondiale raggruppate in dodici temi, che illustrano la storia dell'umanità dalle origini ai giorni nostri. Ogni singolo tema poi viene ripreso nel corpo dell'atlante e illustrato con molte altre carte, a scale diverse, introdotte ciascuna da un testo esplicativo e da grafici temporali del periodo preso in esame. Il testo è scandito per aree geografiche inerenti il tema scelto e arricchito con immagini di fonti. I grandi temi sono: La nascita dell'umanità, L'ultima glaciazione, Il neolitico, L'età del rame e del bronzo, L'età del ferro, La Persia achemenide, Roma e gli Han, Le grandi invasioni,

128   J. Bertin, *Atlas Historique Universel, Panorama de l'histoire du monde*, Minerva SA, Genève (Suisse) 1997.

L'Islam e l'impero Tang, Gli imperi della steppa, Le conquiste europee, Il 19° secolo.

Atlante efficace sia per costruire mappe mentali, che per comprendere la contemporaneità su vaste aree delle situazioni storiche e dei grandi processi di trasformazione. La necessità di identificare nella storia dell'umanità pochi ma significativi processi di trasformazione, 'rivoluzioni' che hanno veramente cambiato per sempre e in profondità le modalità di vita degli uomini, ci impone di ricordare la proposta dello storico Carlo Mario Cipolla, che in un suo saggio propone di dividere la storia dell'umanità in due periodi corrispondenti a due rivoluzioni essenziali: la rivoluzione agricola e quella industriale. "La Rivoluzione Agricola dell'ottavo millennio a. C. e la Rivoluzione Industriale del diciottesimo secolo crearono invece due profonde fratture nella continuità del processo storico. Con ciascuna di queste due Rivoluzioni, si inizia una "nuova storia", una storia completamente e drammaticamente diversa da quella precedente. Tra gli uomini delle caverne e i costruttori delle piramidi non esiste continuità, come non esiste continuità alcuna tra l'antico agricoltore e il moderno operatore di una centrale atomica. [...] La prima rivoluzione trasformò cacciatori e raccoglitori in pastori e agricoltori; la seconda mutò agricoltori e pastori in operatori di "schiavi meccanici" alimentati da energia inanimata"[129].

Una periodizzazione essenziale, che deve fare da sfondo a ulteriori conoscenze e trasformazioni.

Facendo riferimento a queste macro periodizzazioni e ad altre ipotizzate da storici, tra cui i teorici della Word History, è possibile rappresentare con un numero limitato

129   C. M. Cipolla, *Uomini, Tecniche, Economie*, Feltrinelli, Milano 1966, pag.27-28

di carte geostoriche la storia del mondo[130], declinandola secondo indicatori diversi di civiltà.

Non mi cimenterò certo con questo compito, ma ritengo assai utile didatticamente che l'insegnante, come fase essenziale di lavoro in classe, si assuma il compito di selezionare alcune carte geostoriche a scala mondiale, riferite ai temi e ai periodi in via di trattazione, da sottoporre agli allievi come riferimenti e visualizzazione dei contesti in cui processi o eventi si svolgono.

Processi di trasformazione con l'uso di carte

Per esemplificare come affrontare in modo semplice i processi di trasformazione con l'uso delle carte geostoriche, mi limiterò a mostrare alcuni passaggi, la descrizione della situazione iniziale e della situazione finale, di due grandi processi, e un esempio di storia globale sugli scambi biologici nel mondo antico: tema quest'ultimo importantissimo, ma affrontato in modo episodico e superficiale nei manuali.

Ricordo che per processo di trasformazione, semplificando molto, gli storici intendono un grande cambiamento irreversibile che ha coinvolto molte persone, grandi masse, e ha interessato ampi spazi.

1. Il popolamento del mondo

Tra le grandi trasformazioni individuate dagli storici, scelgo di parlare del popolamento del mondo: come da

---

130   G. Duby, *La storia del mondo in 317 carte*, SEI, Torino 1992. A. Brusa anni fa ha tentato di raccontare la storia del mondo con 7 carte mondiali, 7 regionali e 4 per l'Italia, più 10 carte locali/mappe concettuali, testo in brossura

un mondo vuoto circa 100 mila anni fa, il pianeta si sia popolato, in tutte le sue parti, di uomini della specie *sapiens*, specie a cui noi apparteniamo. Oggi la popolazione mondiale è di circa 7,6 miliardi di persone distribuite in modo differente, sappiamo che la crescita esponenziale è iniziata con la rivoluzione industriale e che molti fattori, come i progressi della medicina, l'allungamento della vita, la battaglia contro le epidemie, l'abbassamento della mortalità infantile, hanno contribuito a tale inarrestabile crescita.

Il popolamento del mondo è un processo mondiale che va illustrato con carte a scala mondiale.

Analizziamo il processo nella sua fase iniziale. Per descrivere l'inizio della trasformazione, prendo in esame due carte; la prima estrapolata da un sussidiario[131], la seconda da un testo storiografico.

L'HOMO SAPIENS SAPIENS

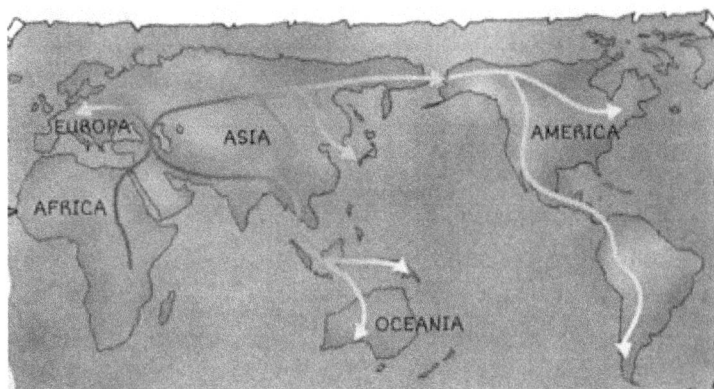

Si tratta di una carta semplice a scala mondiale senza legenda e apparentemente corretta; in realtà non indica

---

131   *Sussidiario Mio, classe 3*, Gaia edizioni, Milano 2015.

il periodo di riferimento, non riporta date d'inizio degli spostamenti dell'Homo Sapiens, né date di arrivo in
alcune zone significative del pianeta.

Il processo di po-
polamento si presenta lineare, progressivo, in un tempo
indeterminato. La carta può indurre a erronee deduzio-
ni l'allievo: egli può capire che H. S. Sapiens è solo sulla
faccia della Terra e si sposta per cacciare e raccogliere in
verdi pianure sconfinate; le zone ghiacciate non sono de-
lineate; che l'Homo Sapiens è giunto nelle Americhe o in
Oceania, non si sa come. L'errore più grande sta in quello
che la carta non dice e lascia supporre.

Sicuramente più chiara e ricca di informazioni corrette è
la carta seguente, presente nel testo dello storico Yuval
Noah Harari[132] che presenta il mondo 100 mila anni fa.
Un mondo popolato contemporaneamente da varie specie: Homo sapiens, Homo di Neanderthal e altre specie
umane. La carta permette di comprendere che l'Homo
sapiens si è evoluto in Africa sud orientale e, dopo varie
migrazioni interne al continente è uscito dall'Africa, po-
polando circa 70.000 anni fa il Medio Oriente. In seguito
la migrazione ha seguito due diverse direzioni: verso l'E-
stremo Oriente dove l'Homo sapiens era presente circa 60
mila anni fa, e verso l'Europa dove è giunto circa 45 mila
anni fa. Nelle Americhe è arrivato circa 14 mila anni fa
attraverso le acque ghiacciate dello stretto di Bering. La
carta rivela come l'Homo sapiens non fosse l'unica specie
di homo presente sulla Terra, e come abbia incontrato nei
suoi spostamenti molte altre specie di esseri umani, con
cui ha convissuto per millenni, fino ad imporsi sulle altre,
per ragioni ancora non chiarite, e a restare l'unica specie
di Homo sul pianeta. Il racconto del popolamento può essere ricavato direttamente dalla lettura della carta: essa
dunque può sostituire il testo narrativo. La lettura della
carta è sicuramente più coinvolgente dello studio del te-

---

132   Y.N. Harari, *Da animali a dei - Breve storia dell'umanità*,
Bompiani OVERLOOK, Milano 2014, pag. 24

sto scritto, permane a lungo nella mente degli allievi, che si sono soffermati ad analizzare ogni elemento; infine li rende attivi e partecipi alla costruzione della loro conoscenza.

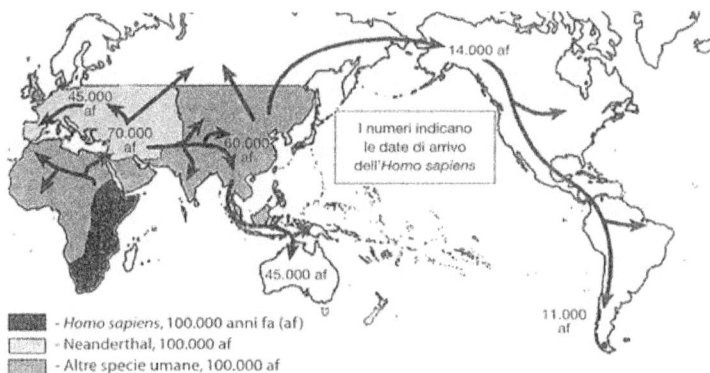

L'Homo sapiens conquista il globo

La lettura della carta sollecita questioni, problemi, curiosità.

Per esempio: come sarà stata la convivenza tra le varie specie di homo, quali le loro relazioni? Perché è rimasto solo l'Homo sapiens mentre tutte le altre specie si sono estinte? Quando? In che modo può essere avvenuto? Le risposte dividono gli studiosi che sostengono ipotesi varie; attualmente nuovi ritrovamenti paleoantropologici e l'apporto di altre discipline, soprattutto della genetica, forniscono nuove e attendibili informazioni sul processo che ha portato l'Homo sapiens ad essere l'unica specie vivente sulla Terra.

Un'altra domanda che può scaturire dalla lettura: come viveva l'Homo sapiens nelle terre temperate del Medio Oriente o in altre aree? In Europa sappiamo che l'Homo di Cro Magnon visse in un clima glaciale, in caverne, in capanne di fatte di ossi e di pelli di grandi animali, cacciando mammut, orsi o bisonti lanosi: ma non tutto il mondo condivideva con l'Europa un clima glaciale. Contemporaneamente all'Homo europeo vivevano Sapiens nelle zone dell'Africa settentrionale, o nelle foreste africane... L'importanza della conoscenza spaziale e dell'ambiente, che può essere rappresentato attraverso altre carte ben tematizzate, diventa essenziale per diversificare le varie modalità di vita dei gruppi umani a seconda del territorio abitato: e ciò annulla il rischio di costruire concetti stereotipati. La carta geostorica favorisce la costruzione di una mappa mentale, comunica conoscenze in modo semplice, favorisce la costruzione di concetti.

2. La grande trasformazione: dal Paleolitico al Neolitico, la domesticazione di piante e di animali

Tre carte, tre fotogrammi, e brevi testi che accompagnano le carte[133], permettono di cogliere alcuni passaggi della grande trasformazione dal Paleolitico al Neolitico nel lungo periodo dal 12 mila al 5 mila a. C.
Le domande iniziali, che innescano la ricerca: dove, quando e come è avvenuta la trasformazione dall'economia di predazione mediante caccia, raccolta e pesca, alla produzione agricola e all'allevamento degli animali?

---

133   I testi riferiti alle trasformazioni climatiche nelle varie zone del mondo sono tradotti e ridotti da: J. Bertin, *Atlas*, op. cit., pag. 30- 31

1. Fotogramma a scala mondiale: 12000 -8000 a. C.[134]

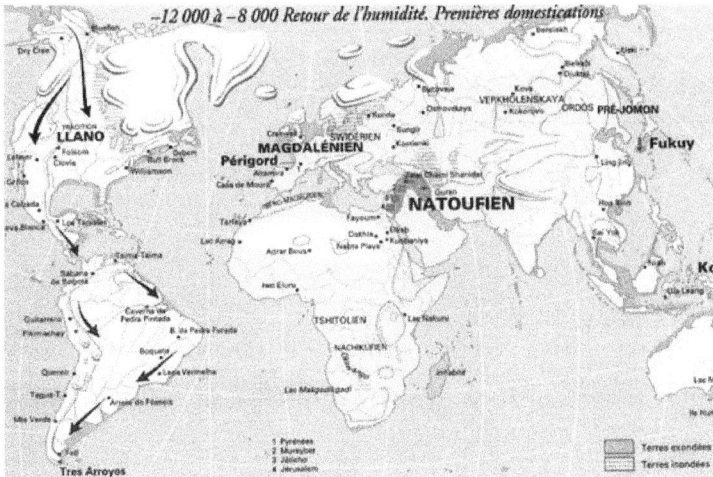

Dal 12000 all' 8000 a. C la grande glaciazione che aveva ricoperto il nord del mondo tende a regredire: l'Eurasia e l'America settentrionale si liberano dei ghiacci. I ghiacciai ritirandosi lasciano libere grandi pianure, il livello del mare cresce. Inizia lentamente e progressivamente il periodo interglaciale, in cui noi ancora stiamo vivendo. La rivoluzione climatica modifica tutti i paesaggi:

* **in Europa i ghiacciai si ritirano al nord.** l'Europa si ricopre di foreste e i grandi mammiferi, quali mammut e renne, si dirigono verso il nord siberiano. In Europa si moltiplicano le caverne dipinte, si scheggia la pietra per farne utensili e propulsori.

* **Nell'America settentrionale** la calotta polare si fraziona in due tronconi e il ritiro dei ghiacciai libera la grande pianura centrale che si

---

134   J. Bertin, *Atlas*, op. cit., page. 30

popola di uomini preistorici i quali lasciano
tracce di varie culture litiche.

- In **Africa** gli effetti dei cambiamenti climatici
sono spettacolari. Ricompaiono i grandi fiumi africani. Dalle montagne dell'Atlante al
lago Vittoria, la serie degli spazi fluviali è così
densa che la pesca diventa un completamento
importante della alimentazione delle popolazioni.

- Le zone del **Medio Oriente,** per il clima umi-
do, si rivestono di vegetazione e di foreste,
mentre nelle zone paludose più umide cresco-
no spontanee grandi quantità di piante com-
mestibili: cereali, orzo e grano. Qui, ma solo
qui, si manifestano le prime forme di sedentarizzazione e di domesticazione di piante e di
animali.

Dal 12 mila al 10500 a. C. circa, gruppi di cacciatori e
raccoglitori si sedentarizzano in Medio Oriente in zone
in cui la produzione spontanea di cereali è così abbon-
dante tutto l'anno che permette agli uomini di fermarsi e
costruire capanne, insediamenti stabili e templi. Sono le
popolazioni Natufiane di cacciatori e raccoglitori. L'ambiente in cui vivevano offriva loro numerose e abbondanti
varietà di cereali selvatici e piante che crescevano spontaneamente in praterie e boschi. Nelle foreste limitrofe
era possibile cacciare gazzelle e cervi che a fitti branchi
passavano per quelle zone in cerca di acqua. I Natufiani
sapevano trasformare i cereali raccolti, li schiacciavano
e li mescolavano con acqua e facevano una specie di fo-
caccia che cuocevano su pietre roventi. Gli studiosi hanno ritrovato nei siti archeologici, una grande quantità di
grosse macine di pietra e mortai conici scavati nella roccia
così pesanti da non poter essere spostati, Questi utensili
dimostrano la sedentarietà dei Natufiani e l'importanza

dei cereali nella loro alimentazione. Sapevano conservare i cereali in granai, e la carne essiccandola o salandola. Potevano procurarsi senza difficoltà anche i prodotti della pesca nei torrenti e corsi d'acqua. I Natufiani vivevano in villaggi permanenti di circa 150 persone. Costruivano case circolari come furono trovate a Mallaha (oggi in Palestina) e a Mureybet (oggi in Siria), fatte di pietra e delimitate da muretti in argilla e legno con accanto granai. A Gerico (nell'attuale Giordania) nel IX millennio a.c. fu costruita in pietra anche una muraglia molto alta. Seppellivano i morti sotto il pavimento delle loro capanne[135].

Zone di diffusione della cultura natufiana[136].

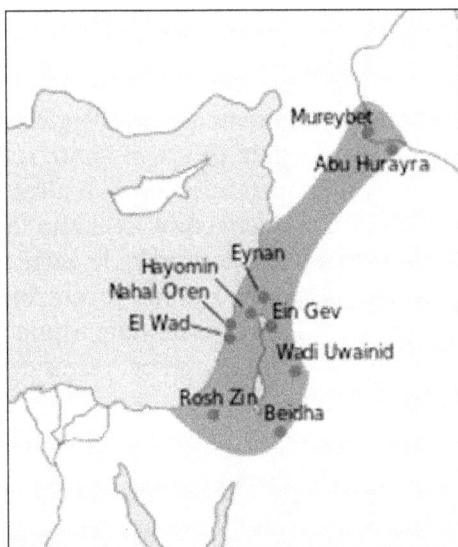

---

135   Riduzione da F. Giusti, *La nascita dell'agricoltura. Aree, tipologie, modelli*, Donzelli, Roma 1996, pag. 65-70

136   https://www.google.com/search?q=Natufiani&source

Le testimonianze archeologiche riguardano numerosi siti collocati per lo più nella zona collinare di Israele, Libano, Siria e Giordania. Gli insediamenti spesso si trovavano vicino a sorgenti che assicuravano un regolare rifornimento di acqua o a torrenti stagionali nei cui letti era possibile trovare selce e pietra calcarea. In questo modo, a partire da una sola località di base era possibile uno sfruttamento intensivo del territorio: la sedentarietà ancora una volta costituiva la condizione di un tale stile di vita e comportava il definitivo abbandono di ogni forma di mobilità. La questione sulla fine o sulla trasformazione della civiltà natufiana, trova presso gli storici ipotesi di spiegazione differenti. Sicuramente 8000 anni a. C circa, sostengono gli storici, si è verificato un nuovo cambiamento climatico di inaridimento che ha creato la necessità di una modificazione sociale culturale ecc. I Natufiani si sono messi a coltivare quando la produzione spontanea è calata? Hanno iniziato ad allevare animali quando le gazzelle si sono allontanate e non sono state più facilmente reperibili? Si sono estinti o si sono spostati in cerca di altre terre rigogliose per continuare a vivere come avevano fatto fino allora? Non possiamo qui approfondire le varie ipotesi e le dimostrazioni che sostengono le interpretazioni storiche differenti, ma possiamo porci domande, esplicitare il problema far comprendere che la trasformazione avvenuta è stata complessa.

2. Fotogramma da 8000 a 6000 anni a.c. Agricoltura secca senza irrigazione e senza ceramica in Europa [137]

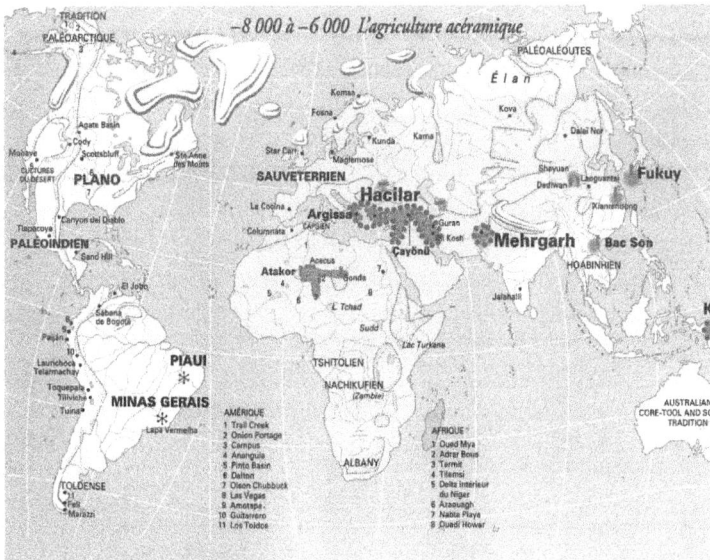

Da 8000 a 6000 anni a. C, per circa 2000 anni, segue un periodo di caldo, i mari si abbassano, appaiono le isole britanniche, la Scandinavia liberata dai ghiacci si popola. Nella Mesopotamia settentrionale e nei Balcani appare una agricoltura primitiva, secca, senza irrigazione, senza l'uso della ceramica.

In Africa, la neolitizzazione del continente avviene molto lentamente

La valle de Nilo con vegetazione lussureggiante e abbondanza di animali, tende a richiamare sulle sue sponde gruppi di uomini che preferiscono stabilirsi in accampamenti provvisori sui margini della valle al di sopra della linea dell'inondazione del fiume, in quanto non sanno ancora controllarne le piene.

---

137   J. Bertin, Atlas, op cit., pag. 30

Nel Sahara si trova dell'acqua quasi ovunque e un grande bacino si estende dalle zone della Tunisia al Niger. Le popolazioni che vivono attorno al lago Turkana in Africa centrale, integrano l'alimentazione con l'abbondanza di pesce; appare anche la ceramica in queste zone attorno al 6000 a. C., nonostante i gruppi umani non siano ancora agricoltori.

In Asia, in Siberia si estinguono i grandi mammut, si incrementa la pesca nei mari. In Cina appare la prima ceramica sulle rive dell'Yanze, ma senza agricoltura.

In India appare la cultura Mehrgarh, popolazioni sedentarie che ignorano la ceramica e la lavorazione dei metalli, ma praticano una agricoltura secca assai ridotta[138].

3. Fotogramma da 6000 a 5000 a. C. - Le prime irrigazioni. L'agricoltura in America. Il Sahara si riduce[139]

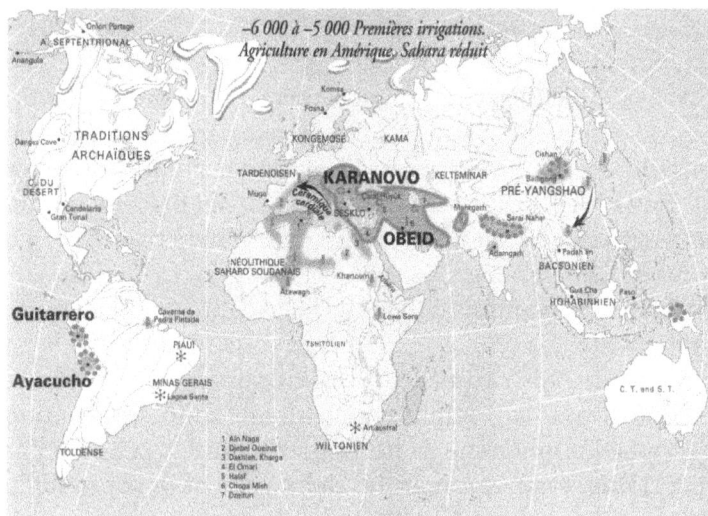

138   I testi riferiti alle trasformazioni climatiche delle varie zone del mondo sono tradotti e ridotti da: J. Bertin, *Atlas*, op. cit., pag. 36

139   J. Bertin, *Atlas*, op cit., pag. 36

Nell'America meridionale gli abitanti delle grotte di Guitarrero coltivavano una specie di mais primitivo, la stessa specie coltivata nel bacino di Ayacucho.

Il Vicino Oriente e la Mesopotamia sono le zone delle grandi innovazioni: allevamento, ceramica e agricoltura (grano, orzo, lenticchie) con l'utilizzo delle prime irrigazioni senza drenaggio.

In Mesopotamia i villaggi agricoli sorgono numerosi nella pianura; le popolazioni organizzano le prime irrigazioni e producono ceramica.

Queste tre carte mi permettono di cogliere il processo di invenzione e diffusione dell'agricoltura nelle vari fasi e coglierne i passaggi essenziali in relazione alle conoscenze tecniche umane e ai cambiamenti climatici.

Restando al tema, analizzando varie carte presenti nei sussidiari o nei manuali delle scuola secondaria, ho notato parecchie lacune che hanno significative ripercussioni sull'uso didattico e nelle conoscenze: generalmente sono indicati i luoghi in cui si è diffusa l'agricoltura (lungo i grandi fiumi), ma mancano le Americhe. Le carte difficilmente portano le datazioni della diffusione nelle vari parti del mondo. La maggioranza dei testi afferma che il passaggio da una economia di caccia e raccolta all'agricoltura è stata una invenzione importantissima, una grande trasformazione, forse dovuta alle donne: un'invenzione improvvisa, una idea geniale. Il testo dà una valutazione scontata aprioristica, ma non analizza la trasformazione, non distingue i passaggi dalla raccolta di cereali spontanei alla sedentarizzazione, alla coltivazione in luoghi umidi con agricoltura naturale basata sulla pioggia o l'innaffiatura a mano, all'agricoltura irrigua che sola può produrre surplus e quindi consentire la costruzione di città e di stati. Dall'invenzione dell'agricoltura secca alle civiltà urbane con agricoltura irrigua, intercorrono migliaia di anni che i manuali non evidenziano.

3. Una storia globale: scambi di uomini, piante, animali, malattie, hanno modificato ambienti, paesaggi, demografie, tecniche, gusti alimentari, abitudini sociali.

La storia generale non deve necessariamente interessarsi solo di temi politici istituzionali, ma dar conto di come il mondo si è trasformato fino a diventare quello che noi conosciamo oggi. Dobbiamo quindi insegnare le grandi trasformazioni economiche culturali, religiose, sociali, dobbiamo prendere in considerazioni nuovi temi e lunghi periodi. "E' impossibile capire una cosa separandola dal suo contesto, e l'uomo non fa eccezione. L'uomo è un essere vivente che per mangiare, vestirsi, e procurarsi un riparo dipende da numerosi altri esseri viventi [...]. Il primo passo per comprendere l'uomo è quello di considerarlo un'entità biologica che esiste su questo pianeta da molte migliaia di anni e che influenza tutti gli altri organismi da cui a sua volta è influenzato"[140].

Sappiamo che la conquista europea delle Americhe ha modificato, oltre alle conoscenze della conformazione geografica del pianeta, la mentalità, la cultura, i commerci, la flora e la fauna dei continenti venuti tra loro a contatto, favorendo uno scambio biologico fondamentale per tutte le epoche seguenti. Eppure sui manuali troviamo solo i resoconti delle scoperte, della formazione degli imperi e della distruzione di popoli amerindi che, del resto, appaiono solo ora sulla soglia della storia, con l'arrivo degli Europei.

---

140   A. W. Crosby, *Lo scambio colombiano. Conseguenze biologiche e culturali del 1492*, Einaudi Torino, 1992

Gli scambi biologici iniziarono con l'umanità stessa e furono sempre più o meno frequenti nelle varie epoche, tra diversi gruppi umani e tra le diverse civiltà antiche. Gli scambi e le relazioni tra Occidente e Oriente furono costanti e raccontarli permette di svolgere un tema interessante di storia globale. Con alcune carte cerchiamo di ricostruire come funzionavano i commerci e gli scambi biologici di uomini, piante animali, malattie e conoscenze nel mondo antico, prima della conquista europea delle Americhe e del futuro scambio colombiano.

Le piante di civiltà

Vi sono piante originali di alcune zone del mondo che sono cresciute in climi e ambienti particolari e che Fernand Braudel[141] chiama *piante di civiltà* in quanto la loro coltivazione ha determinato la nascita di civiltà molto diverse tra loro; la civiltà del grano in Occidente (Mediterraneo, Nord Africa e Medio Oriente), civiltà del riso (Cina, India e tutto il Sud Est Asiatico), civiltà del mais (Centro e Sud America)[142]. La coltivazione di queste tre diverse piante ha comportato tecniche di lavorazione, uso o meno di animali, modalità di organizzazione del lavoro, assai diversi e ha dato origine a civiltà differenti per struttura sociale, organizzazione politica, densità demografica, mentalità e credenze religiose.
Oggi queste piante sono presenti in tutto il mondo: ovunque si coltiva il grano, il riso, il mais in una infinità di

---

141   F. Braudel, *Le strutture del quotidiano. Civiltà materiale economia e capitalismo (sec XV-XVIII)*, Einaudi, Torino,1982, pag. 83-142

142   *Colture del grano, riso, mais*, rielaborazione grafica di M. Tibaldini

variazioni, frutto della selezioni dei semi e di innovazioni tecnologiche.

Le colture del grano, riso e mais

Gli scambi nel mondo antico

Lo spostamento degli uomini comporta sempre anche una diffusione di conoscenze scientifiche e tecnologiche, uno scambio di piante, di prodotti tipici, di animali e di malattie, oltre che di modi di vivere e di pensare, tra cui le credenze religiose.

Lo scambio di prodotti alimentari e di materie prime tra gruppi umani è stata un'esigenza 'primordiale' che ha permesso la sopravvivenza di singoli gruppi umani e delle civiltà statuali.

I commerci nel mondo antico avvenivano per via terra, ma soprattutto per mezzo del corso dei fiumi, e con la navigazione sui mari e gli oceani. Tra le testimonianze archeologiche più sensazionali, una piroga monossile in legno di quercia lunga circa m.10,50 rinvenuta a Bracciano è datata intorno al 6000 a. C. Le più antiche notizie storiche riguardanti la navigazione commerciale, risalgono al 2650 a.c. Si tratta di testi egiziani della IV dinastia: uno di essi parla di quaranta navi che erano state inviate in Libano per approvvigionarsi del legno di cedro, molto ricercato anche per le costruzioni navali.

Nell'Antico continente gli scambi sono sempre stati intensi in tutte le epoche: viaggiavano i soldati, i funzionari degli imperi, i commercianti, i religiosi, gli artigiani, le conoscenze tecnologiche, le invenzioni, i prodotti preziosi e le piante alimentari.

I Fenici sapevano navigare nel Mediterraneo, nel mar Rosso e nel mare Arabico, trasportavano merci di ogni genere per conto degli Egizi o merci proprie da commerciare nel Mediterraneo.

"L'oceano indiano [...] fin dai tempi dei Sumeri fu al centro di un traffico piuttosto intenso che metteva in collegamento Mesopotamia e la valle dell'Indo, grandi regioni fluviali dell'antichità. Erodoto racconta che una nave fenicia l'aveva raggiunto nel VII secolo a.c., quando circumnavigò l'Africa. Nel III secolo a.c. anche i naviganti greci e cinesi cominciavano a praticarlo. Le loro navi sfruttavano i venti periodici e stagionali (i monsoni), la cui direzione si inverte da un semestre all'altro, portandoli rapidamente da un capo all'altro dell'Oceano.

Con il suo movimento costante, il monsone indiano mette in collegamento le grandi aree di civilizzazione dell'Antico continente: le terre cerealicole dell'Occidente; le terre coltivate a giardino dell'Oriente; nel mezzo la Penisola Indiana, con le sconfinate pianure alluvionali dei grandi fiumi che scendono dall'Himalaya. Sono i tre poli di civilizzazione dell'Antico Continente, fra i quali fioriscono centinaia di culture e di popoli. Che cosa trasportavano le navi che si muovevano fra i tre poli? Due tipi di mercanzie:1. Le merci regionali, prodotti artigianali, minerali, alimenti e schiavi. Caricate in un porto, venivano scaricate in quello successivo, dove erano scambiate con altri prodotti. 2. Le merci strategiche, quelle che non si fermavano, ma proseguivano il loro cammino, passando di porto in porto, di mercante in mercante. Andavano dall'Occidente estremo all'estremo Oriente: erano oro, argento, seta e spezie. Merci talmente pregiate, che anche una piccola quantità riusciva a far ricco il mercante che la trattava"[143]. Per via di terra il collegamento tra i due estremi del mondo antico, Roma e la Cina, era garantito dalla 'via della seta'[144] che, attraverso l'Asia, oltrepassava le catene montuose e i deserti dell'entroterra e giungeva fino alle rive del Mediterraneo. Il trasporto delle merci avveniva per mezzo del potente cammello della Battriana, dal nome della regione dell'Asia centrale dove è stato addomesticato, e per mezzo del dromedario, addomesticato dai nomadi arabi.

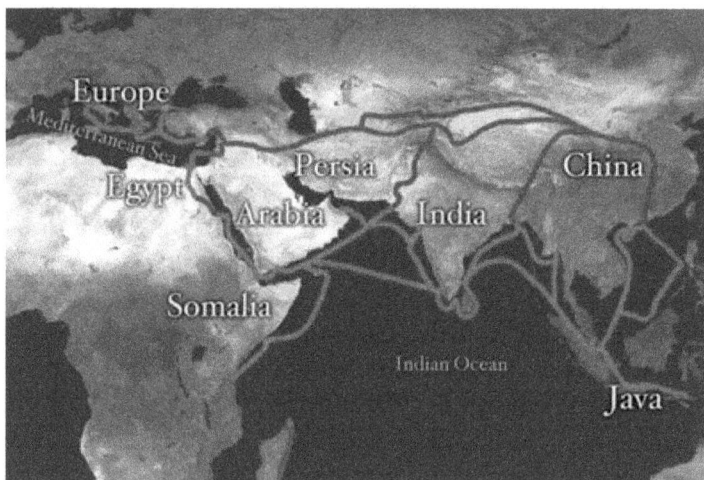

---

143   A. Brusa, *L'Atlante delle Storie*. Vol. 2, *La sintassi della storia*, editore Palumbo, Palermo 2010

144   *La via della seta e i commerci nell'Oceano indiano* in https://it.wikipedia.org/wiki/Via_della_seta

L'influenza commerciale e territoriale di queste potenze coinvolse anche altre vaste zone, dall'Africa sub-sahariana alle Indie Orientali.

Sappiamo che a Roma arrivavano le sete preziose, la lacca e la giada cinesi, le pietre preziose dell'Afghanistan, l'ambra asiatica. Il Mediterraneo era il mare degli scambi, come lo era l'Oceano indiano e il Mar cinese.

"L'impero romano dipendeva dal commercio, le importazioni di Roma dall'Oriente erano enormi (*alimenti, schiavi, animali per gli spettacoli, spezie, seta, incenso, avorio, cotone*). Il commercio che si estendeva ben oltre i confini dell'impero era favorito da una moneta unica, dalla cittadinanza comune, da bassi dazi doganali e dallo sviluppo di una sicura rete di strade, di fiumi navigabili e di porti e rotte marittime "[145].

I Romani esportavano verso la Cina vetri, vini, argenti e metalli preziosi.

L'Oceano Indiano era una via di comunicazione importante tra il Mediterraneo l'Africa orientale, il Golfo Persico, l'India. "Le chiatte greche seguivano le coste, le navi romane avevano imparato a sfruttare i monsoni ed erano in grado di seguire vie più dirette attraverso l'Oceano indiano verso i porti commerciali dell'India. [...]. Monete romane sono state trovate nel sud dell'India nell'Asia sud orientale, in Africa orientale"[146]. Le vie commerciali di terra e di mare tra Oriente ed Occidente hanno sempre funzionato: lo testimoniano una infinita varietà di ritrovamenti archeologici.

---

145   Riduzione da *Atlante storico GeoMondadori*, Milano 2000, pag. 44

146   Idem, pag. 45

Invasioni, conquiste, commerci e scambi biologici dal 700-1600

Le migrazioni di massa: le invasioni barbariche che misero fine sia all'Impero romano d'Occidente sia all'impero Han cinese, le conquiste musulmane in Occidente e Oriente, le invasioni mongole dei popoli nomadi dall'Oriente, determinarono spostamenti enormi di popolazione e un rimescolamento di culture. Con gli uomini si spostarono conoscenze e modalità di vita, oltre che piante, animali e malattie.

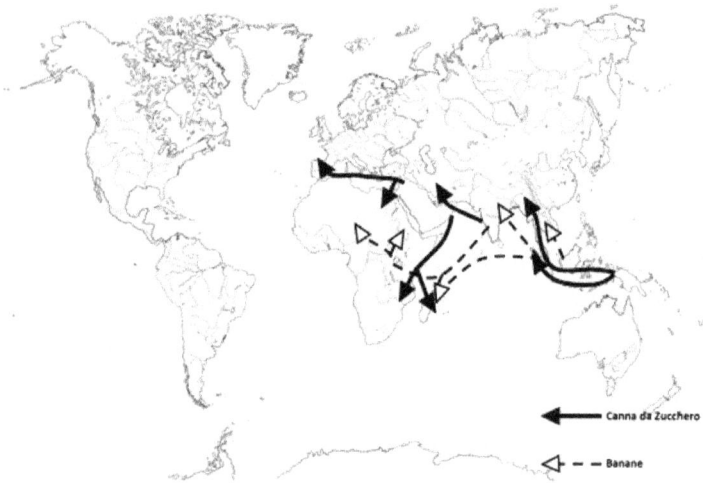

700-1500 d.C. - Diffusione delle colture

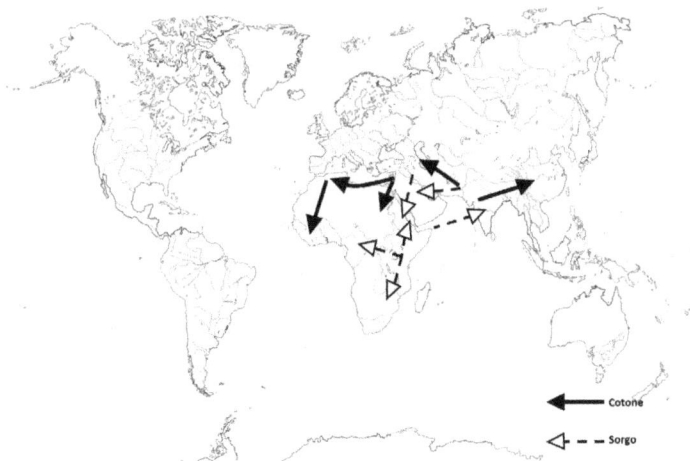

700-1500 d.C. - Diffusione delle colture

"Nel lungo periodo, dal 700 al 1500 si verificò una massiccia diffusione di colture. La maggior parte di esse si diffuse dai paesi tropicali e subtropicali del sud e del sud est asiatico verso le regioni più temperate dell'emisfero orientale. Molte colture si diffusero al seguito di mercanti, amministratori diplomatici, soldati, missionari e altri viaggiatori musulmani che visitarono i territori del Marocco e della Spagna fino a Giava e alla Cina meridionale. Fu così che la canna da zucchero originaria della Nuova Guinea giunse nel bacino del Mediterraneo insieme agli asparagi, al grano duro, ai carciofi, alle melanzane, ai limoni e ai cedri. Altre colture che ebbero una lunga diffusione furono il riso, il sorgo, le banane, le noci di cocco, i cocomeri, le arance, i manghi, il cotone"[147].

La carta seguente, frutto degli studi della storica Janet L. Abu-Lughod[148], mostra come nel periodo 1250-1350

---

147   *Atlante storico* GeoMondadori, op.cit., pag. 73 rielaborazione grafica delle carte a cura di M. Tibaldini

148   J. L. Abu-Lughod, *Before European Hegemony. The World*

esistesse nel mondo un sistema di scambi delle merci pre-moderno, articolato in otto circuiti, centrati prevalentemente in Asia, ma che interessavano anche il Mediterraneo e l'Europa, nei quali i commerci e la divisione del lavoro producevano un sistema economico globale sviluppato.

Uno sguardo alla carta[149] è sufficiente per comprendere l'intensità e l'ampiezza degli scambi nel periodo indicato e i percorsi privilegiati che le merci percorrevano.

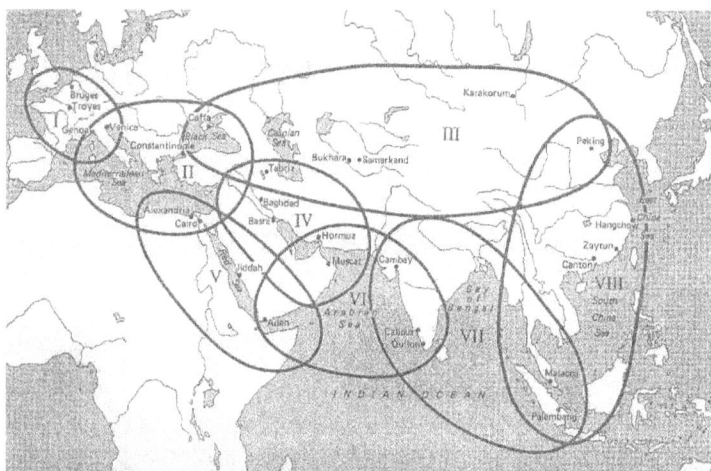

Fig. 13 - Gli otto circuiti del sistema mondiale del XIII secolo

Le carte geostoriche che troviamo sui manuali generalmente raffigurano solo il Mediterraneo; sulle coste del Mediterraneo tutto si ferma o tutto arriva, ma da dove? Verrebbe voglia, ora che siamo abituati alle carte o alle mappe di Google, di allargarle, di aprirle per vedere oltre quelle coste cosa stava succedendo. Ancora una volta

---

System AD 1250-1350, Oxford 1991

149   *Gli otto circuiti del sistema mondiale nel XIII secolo* in https://it.wikipedia.org/wiki/Globalizzazione

la prevalenza di una storia eurocentrica o mediterraneo-
centrica dei manuali, non rende possibile comprendere
un fenomeno di così grande portata come gli scambi biologici tra Oriente e Occidente in epoche diverse.

Scambi commerciali e biologici nel XIV secolo[150]

Dall'Oriente con i commerci, assieme ai prodotti, alle
piante e agli animali, arrivò anche la peste nera che spo-
polò la Cina e l'Europa. La peste originaria di alcune
zone della Cina sud occidentale, si diffuse al seguito delle
armate mongole, nel nord e poi in tutto l'impero cinese
eliminando il 90% della popolazione.
La peste poi seguì la via della seta e si diffuse in tutta l'A-
sia centrale fino al mar Nero, come risulta dalla lettura
della carta con segnate le date e le frecce direzionali. I
mercanti arabi la portarono in Egitto e nel nord Africa.
I mercanti italiani la diffusero nei porti mediterranei e in
tutta Europa, dove provocò la morte di un terzo della popolazione.

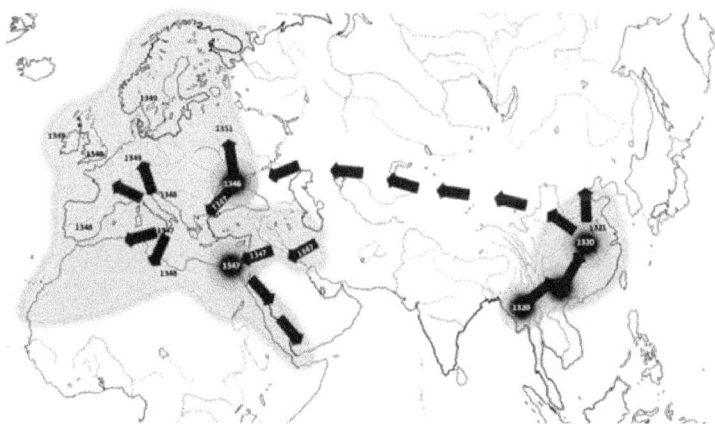

La peste nera

---

150   *La peste nera*, elaborazione grafica di M. Tibaldini

Le spedizioni europee XV e XVI secolo

L'espansione europea nelle Americhe, generalmente ben documentata nei manuali, ebbe un profondo impatto anche dal punto di vista biologico. Gli esploratori trasportarono grandi quantità di frutta, verdura e animali dalle Americhe all'Europa. Giunsero in Europa zucchero, caffè, cacao, pomodori, patate, le patate dolci, pellicce, tabacco e molto cotone. Nello stesso tempo i coloni introdussero specie animali europee in America e in Oceania: cavalli, maiali e bestiame vario che si riprodusse a dismisura. I coloni introdussero nelle nuove terre coltivazioni di grano, uva, mele, pesche e agrumi mentre "alcune piante come le ortiche, i denti di leone e altre erbe selvatiche vennero disperse inavvertitamente dal vento o dalle pellicce degli animali. L'espansione europea portò anche la diffusione di numerose malattie. Un gran numero d'indigeni americani morirono di morbillo e di vaiolo malattie che provocarono varie epidemie tra popolazioni prive delle necessarie difese immunitarie. Durante il XVI secolo la sifilide, che oggi si ritiene sia la fusione di due malattie una americana e una europea, uccise circa 1 milione di europei"[151].

---

151   *Atlante storico* GeoMondadori, op.cit., pag. 81

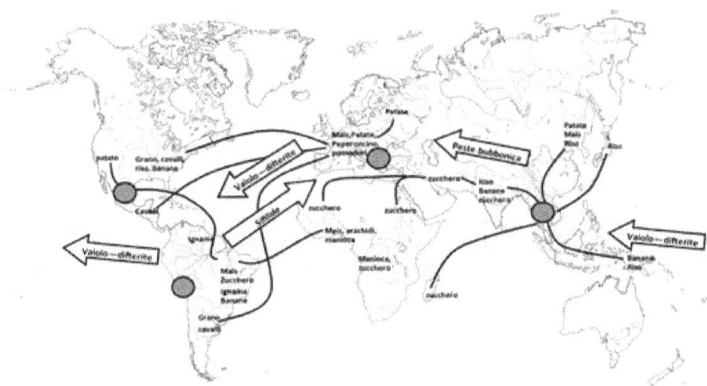

Scambi biologici

La carta[152] dà conto dei principali prodotti e malattie scambiati nel mondo nell'età dell'espansione europea. Lo scambio biologico e la contemporanea conquista degli imperi coloniali costituiscono le conoscenze indispensabili per capire l'importanza della grande trasformazione che, già iniziata in Europa, conoscerà varie fasi di sviluppo fino ad affermare la centralità economica e commerciale, finanziaria dell'Europa dopo la conquista delle Americhe.

Per concludere

Le carte ci hanno permesso di cogliere, in modo semplice e immediato, significativi processi di trasformazione che hanno interessato vaste aree o il mondo intero, di cogliere la permanenza dei contatti tra Oriente e Occidente, di conoscere gli scambi biologici, i commerci a lunga distanza, di capire come si possa parlare di mondializzazione anche in tempi precedenti la conquista europea dell'America.

---

152   *Scambi biologici*, elaborazione grafica di M. Tibaldini

Il reperimento di carte geostoriche a scala mondiale è oggi molto facilita dalla presenza nel web di siti specializzati, che forniscono numerosissime carte adeguate a visualizzare i temi più vari, e dalla presenza di atlanti storici facilmente consultabili.

Non tutte le carte geostoriche risultano didatticamente utili e appropriate, vanno perciò selezionate dall'insegnante perché siano leggibili e comprese dagli allievi secondo le età e le capacità cognitive.

In modo sintetico si propone una serie di criteri che evidenzino quali caratteristiche devono possedere le carte geostoriche per risultare didatticamente utili.

Una carta deve indicare con esattezza il tema e il periodo di riferimento, la legenda deve essere di facile lettura e non presentare troppi indicatori, lo sfondo cartografico non deve eccedere nei dettagli geografici. La funzione della carta è di rendere evidenti contemporaneità tra fatti storici che si verificano in spazi a volte lontani tra loro e, d'altro canto, di rendere evidenti distanze temporali tra fatti aventi caratteri simili, ma che si verificato in spazi differenti più o meno lontani.

La carta serve inoltre per contestualizzare spazialmente fenomeni in aree limitate, che acquistano significatività solo se messi in relazione con lo spazio mondo; per mettere in luce la possibile spiegazione di un fenomeno che non può essere compreso se trattato senza un confronto a scala più ampia, come può essere un fatto di portata locale rispetto a un fatto storico a scala nazionale o savranazionale.

Bibliografia

Atlante storico GeoMondadori, Milano 2000, GeoMondadori

J. Bertin, *Atlas Historique Universel, Panorama de l'histoire du monde*, Minerva SA, Genève (Suisse) 1997

F. Braudel, *Le strutture del quotidiano Civiltà materiale economia e capitalismo (sec XV-XVIII)*, Einaudi, Torino,1982

A. Brusa, *I Viaggi di Erodoto*, quaderno n. 13,14, 1997

A. Brusa, *L'Atlante delle Storie. Vol. 2, La sintassi della storia*, editore Palumbo, Palermo 2010

C. M. Cipolla, *Uomini, Tecniche , Economie*, Milano 1966

A. W. Crosby, *Lo scambio colombiano. Conseguenze biologiche e culturali del 1492*, Einaudi 1992

G. Duby, *La storia del mondo in 317 carte* , SEI, Torino, 1992

F. Giusti, *La nascita dell'agricoltura. Aree, tipologie, modelli*, Donzelli, Roma 1996

Y. N. Harari, *Da animali a dei - Breve storia dell'umanità*, Bompiani OVERLOOK, Milano 2014.

J. Lévy, *Inventare il mondo. Una geografia della mondializzazione*, B. Mondadori, Milano 2010

Limes, mensile italiano di geopolitica, direttore Lucio Caracciolo, GEDI Gruppo Editoriale, Roma

T. Marshall, *Le 10 mappe che spiegano il mondo*, Garzanti , Milano 2017

I. Mattozzi , *Insegnare storia. Corso ipertestuale per l'aggiornamento in didattica della storia*, CD-ROM a cura del MPI e dell'Università di Bologna, 2000

Mio, sussidiario classe 3, Edizioni Gaia per la scuola primaria, Milano 2015.

M. T. Rabitti, *Insegnare a comprendere carte geostoriche e a descriverle*, in, a cura di Paola Lotti , *Formazione storica ed educazione linguistica nell'era della multimedialità digitale*,

Cenacchi Editrice, Collana: Invento Universitaria, Bologna, 2015

F. Rampini, *Le linee rosse. Uomini, Confini, Imperi: Le carte geografiche che raccontano il mondo in cui viviamo*, Mondadori, Milano 2017

Natufiani https://www.google.com/search?q=Natufiani&source

Commercio mondiale in https://www.google.com/search?q=commercio+mondiale+nel+XVI+secolo

La via della seta e i commerci nell'Oceano indiano in https://it.wikipedia.org/wiki/Via_della_seta

Gli otto circuiti del sistema mondiale nel XIII secolo in https://it.wikipedia.org/wiki/Globalizzazione

TERZA PARTE

Alcune proposte di applicazione didattica
Relazioni e laboratori

La storia generale nella trasposizione didattica

di *Maila Pentucci*

Abstract

Il presente contributo toccherà tre punti essenziali, per cercare di analizzare e comprendere le dimensioni proprie della trasposizione didattica del sapere storico e la loro reificazione nelle pratiche quotidiane degli insegnanti:

1. La trasposizione didattica è intesa come strumento attraverso cui la disciplina viene messa in discorso in ambito scolastico, in quanto è la procedura che permette il passaggio da un sapere in potenza ad un sapere in atto. In tale processo dinamico viene operata la problematizzazione, ovvero la posizione di domande, la strutturazione di compiti, l'operazionalizzazione del sapere stesso.

Nell'effettuare il processo di trasposizione, come è possibile adattare il sapere storico alle strutture cognitive degli studenti, senza perdere l'essenza e la struttura stessa della disciplina esperta? Come mantenere quella opportuna prossimità tra sapere esperto, sapere insegnato, sapere appreso? Quale storia generale assumere come riferimento per la mediazione?

La trasposizione è lo spazio entro il quale l'insegnante viene chiamato ad esercitare le proprie competenze professionali specifiche rispetto all'epistemologia storica (e/o geostorica): deve infatti operare delle scelte rispetto ai contenuti, progettare percorsi, regolare l'azione, prevedere strumenti di valutazione, ecc.: ricostruire e ristrutturare una storia generale scolastica situata e generativa di situazioni di apprendimento efficaci e complesse, allineate alla contemporaneità sia in senso storiografico che didattico – pedagogico.

2. Quali procedure l'insegnante può mettere in atto per operare la trasposizione storica? Egli deve tenere conto della storia nella sua valenza di disciplina accademica e di disciplina scolastica e lavorare su più livelli, identificabili nelle seguenti dimensioni:

a. Semantica della storia: la questione del canone e della ristrutturazione di una storia generale entro la quale gestire i processi di mediazione situati rispetto alla classe di riferimento, al proprio stile di insegnamento ed alle proprie convinzioni storiche e civili, al tessuto ed al contesto sociale e politico entro cui si trova ad agire.

b. Sintassi della storia: le operazioni cognitive da compiere sul sapere storico, sintetizzabili in cinque grandi aree: conoscere, problematizzare/ interpretare, organizzare, ricostruire, comunicare. Esse afferiscono alla sfera della mobilitazione e rappresentano un percorso sistematico da compiere nella storia che non mira semplicemente alla appropriazione e replicazione di un sapere generale dato, ma all'indagine in profondità, attraverso il porre e porsi domande, per giungere all'interiorizzazione di significati storici ricostruiti anche attraverso percorsi personali.

c. Grammatica della storia: i nuclei fondanti fattuali e concettuali, ovvero i saperi ed i concetti più significativi, ricorrenti in vari punti del divenire storico che hanno il ruolo di organizzatori nella trasposizione del sapere e vanno a costruire la trama del discorso storico (e geostorico).

Tale struttura della disciplina insegnata rappresenta un quadro di riferimento per i docenti i quali sono chiamati a reificare le istanze sopra indicate nel curricolo e a operazionalizzarle nel compito.

3. Nel contesto scolastico attuale, quale stato di cose emerge rispetto alla trasposizione didattica del sapere geostorico? Le problematiche che l'analisi dell'esistente e l'indagine sulle prassi didattiche mettono in luce sono essenzialmente di due tipologie: da un lato il rapporto tra i vari gradi di trasposizione didattica esistenti, quelli esterni, rappresentati dal dettato ministeriale, dagli usi pubblici della storia, dalla manualistica, dalle convenzioni e convinzioni proprie della pedagogia popolare intesa alla Bruner e non alla Freinet. Dall'altro il confronto dei docenti con la storia esperta, confronto a sua volta filtrato dai gradi di trasposizione sopra elencati. I meccanismi e le logiche riscontrabili al fondo dell'azione didattica evidenziano una delineazione nell'universo – scuola di un modello di storia generale fisso e replicato, che è entrato nella cultura di comunità, spesso non allineato né con le necessità degli studenti che vivono la contemporaneità né con le più recenti piste storiografiche di riferimento. Tale sclerotizzazione della visione sulla storia esperta si traspone anche sulla storia insegnata, andando a strutturare quelli che Veyrunes chiama formati pedagogici, ovvero meccanismi propri dell'azione didattica incorporati nella prassi del docente, i quali offrono la rappresentazione che l'insegnante ha dei nodi essenziali e della struttura della disciplina stessa ma anche delle metodologie, dei dispositivi e dei mediatori che egli ritiene necessari perché la disciplina diventi insegnata e dunque appresa.

1. La trasposizione didattica del sapere disciplinare

La storia insegnata a scuola nasconde nella pratica quotidiana un complesso e articolato rapporto tra tre differenti

dimensioni del sapere che dialogano all'interno del processo di insegnamento – apprendimento:
- la dimensione del sapere storico inteso in senso puro, come globalità dei fatti, delle tracce e delle interpretazioni, la storia esperta dell'accademia, che tuttavia non rappresenta un complesso di conoscenze immutabili e strutturate, ma è il frutto della negoziazione e dell'interpretazione delle varie correnti storiografiche, situate nello spazio e nel tempo.
- La dimensione del sapere da insegnare ed insegnato, ovvero la mediazione, effettuata dalle varie e differenti istanze coinvolte nel processo educativo, per rendere la storia accessibile agli studenti, in base alle loro preconoscenze ed alla loro età.
- Infine, la dimensione del sapere appreso, cioè il rimaneggiamento, in base alle proprie possibilità cognitive ed in base alle proprie enciclopedie personali, della storia insegnata in patrimonio personale di conoscenze.

Queste tre dimensioni rappresentano il percorso della trasposizione didattica (Chevallard, 1991), ovvero del complesso procedimento di didattizzazione del sapere a cui viene conferita una forma "scolastica", organizzata in base a criteri di selezione, opportunità, etica, istanze sociali (Martinand, 1986), bisogni degli studenti e habitus (Perrenoud, 2006) degli insegnanti.

Il sapere prodotto dalla trasposizione è dunque un nuovo tipo di sapere, dotato di una propria dignità epistemologica ed autonomo rispetto al sapere esperto: non si tratta di una mera semplificazione né di una banalizzazione, ma di una rimodulazione dei costrutti epistemologici attraverso un processo complesso, attento a variabili di tipo educativo e conoscitivo, che pone la trasposizione didattica tra le competenze professionali primarie in carico al docente.

Come è possibile, in tale contesto, adattare i saperi scientifici alle configurazioni cognitive degli alunni, ancora in divenire, in formazione ed in evoluzione, senza perdere le strutture che connotano le discipline? Per rispondere a questa domanda occorre affrontare il problema della conversione: Bruner (1978; 1999) lo pone come una delle questioni chiave della didattizzazione e tenta di risolverlo tracciando un sistema di criteri in base ai quali ristrutturare i contenuti disciplinari, tenendo conto della situazione cognitiva ed evolutiva degli studenti. Il merito di Bruner sta nell'aver evidenziato la specificità delle discipline rispetto alle modalità traspositive messe in campo: egli infatti parla di una psicologia propria delle materie che consente di individuare i problemi ed i nodi realmente significativi per gli studenti, strettamente connessi alla loro fase di sviluppo. Chevallard riprende le considerazioni di Bruner e sostiene che il passaggio traspositivo - da un sapere in potenza ad un sapere in atto - transita attraverso la problematizzazione e l'operazionalizzazione del sapere stesso e scompone tale percorso in tre fasi: la mesogenesi, ovvero l'universo epistemologico di riferimento con cui l'apprendente deve confrontarsi, la cronogenesi, ovvero la selezione dei contenuti e la collocazione del sapere nell'azione didattica (Sensevy & Mercier, 2007).

Sul piano dell'ingegneria didattica, ovvero nel passaggio alla prassi progettuale, il docente che voglia giungere alla elaborazione del sapere insegnato, partendo da quello esperto, deve mettere in campo due processi congiunti (Rossi & Pezzimenti, 2012): la designazione degli oggetti di sapere, ovvero la loro individuazione in una forma dicibile e la loro trasformazione in oggetti di insegnamento, attraverso la predisposizione di dispositivi di mediazione che li collochino nel contesto della pratica.

L'insegnante che effettua questo tipo di processo deve esercitare una vigilanza epistemologica costante, ovvero assumersi delle responsabilità nel momento in cui realizza l'incontro tra didattica e disciplina: responsabilità nei confronti del sapere, che non deve essere tradito, strumentalizzato, banalizzato, nei confronti degli studenti, che devono essere messi nelle condizioni più idonee per incontrare la disciplina, nei confronti della società, che si avvale in termini di positivo accrescimento di ciò che viene efficacemente appreso dai suoi membri. Di fatto la trasposizione didattica ha un portato epistemologico ed un portato etico, profondamente connessi ed intrecciati, di cui il docente è il principale, anche se non l'unico, attore. Dunque, non è solo l'insegnante l'agente che opera nel processo di trasposizione didattica. Lo stesso Chevallard (1992), e dopo di lui Elio Damiano (2007) hanno infatti parlato di un doppio registro di trasposizione: una trasposizione interna, che avviene entro il contesto delle singole scuole, a cui partecipa la comunità professionale di riferimento ed il singolo docente in prima persona; una trasposizione esterna, che è effettuata dagli stakeholder istituzionali (nel caso italiano dal MIUR, attraverso il dettato delle Indicazioni Nazionali) e dalla manualistica scolastica. Quest'ultima può essere considerata un vero convitato di pietra al tavolo della trasposizione: le implicazioni e le influenze che determina nei processi didattici non possono essere che accennati in questa sede, ma meritano sicuramente di essere affrontati ed approfonditi da chi si occupa, a diverso titolo, di insegnamento (Pentucci, 2018).

Passiamo allora da una trasposizione intesa come concetto di riferimento a molte trasposizioni, declinate al plurale, che vanno a dipanarsi nella catena della trasposizione (cfr. fig. 1, Perrenoud, 1998), la quale attraversa i vari contesti afferenti al processo di insegnamento – apprendimento.

| •CONTESTO DI RICERCA (UNIVERSITA') | CONOSCENZA DA INSEGNARE •CONTESTO SOCIO - POLITICO (MINISTERO) | •CONTESTO DI INSEGNAMENTO (SCUOLA) | CONOSCENZA APPRESA •CONTESTO DI APPRENDIMENTO (STUDENTI) |
| CONOSCENZA ACCADEMICA | | CONOSCENZA DA INSEGNARE | |

Ciò che ne emerge è una visione dinamica e polisemica del sapere, che nel mondo attuale subisce continui adattamenti in quanto, in base ad una visione ecologica della conoscenza (Winsløw & Grønbæk, 2014), viene trapiantato tra contesti e situazioni differenti modificandosi, adattandosi e soprattutto moltiplicandosi. Il compito della scuola è quello di ricondurre ad una potenziale unità epistemologica e soprattutto di senso tale polarizzazione e di tradurla in apprendimento.

2. Problematiche nella trasposizione della storia generale

Come è evidente da questa sintesi, di certo incompleta, sulle caratteristiche ed i significati della trasposizione didattica, il contesto di riferimento è sicuramente complesso. Esso richiede da parte dell'insegnante competenze di alto livello, connotanti il suo profilo professionale e strettamente legate ad una profonda conoscenza delle discipline che egli si trova a dover insegnare. Applicata al discorso sulla storia, inoltre, la teoria della trasposizione si complessifica di altre forme ed istanze proprie del sapere storico, che connota tanto le scelte quanto la reificazione del processo. Infatti, il sapere storico è un tipo di sapere intimamente legato alla contemporaneità, immerso nel presente sociale, politico, economico. Nella catena traspositiva si innestano gli usi pubblici e politici a cui la storia viene sottoposta, le varie narrazioni che di essa vengono fatte e condivise, nonché la problematica aperta e non risolta del cortocircuito tra storia e memoria (De Luna, 2011): tutto ciò si pone come un filtro tra il sapere sapiente, il sapere insegnato ed il sapere appreso, filtro inevitabile e presente a buon diritto nel processo didattico, ma nello stesso tempo da sottoporre a processi di opacizzazione in modo da renderlo evidente e svelarne meccanismi ed impliciti che vanno a completare il necessario approccio critico al sapere storico.

Il costrutto relativo agli usi pubblici, afferente alla messa in discorso degli universi storici nella contemporaneità della società in cui si vive (si insegna e si apprende), non è l'unico elemento estrinseco che si inserisce nella trasposizione didattica. Vi è infatti un secondo ostacolo, comune anche alle altre discipline, ma decisamente più forte nella didattica della storia: ciò che si pensa sia il sapere sapiente.

Si tratta di una sorta di storia pubblica interna alla comunità di pratica, ovvero quello che gli insegnanti pensano sia la storia in quanto aggregato epistemologico e sul quale compiono le operazioni di mediazione nel momento dell'azione didattica.

Il pensiero degli insegnanti in questo senso deriva da una complessa stratificazione di ciò che hanno appreso essi stessi a scuola, dalle consuetudini dell'insegnamento ritrovate nei propri contesti lavorativi, dalla convinzione di dover scendere a compromessi con l'epistemologia per rendere accessibile ciò che viene giudicato troppo difficile o troppo astratto per gli studenti, dalle banalizzazioni e dalle linearizzazioni riprodotte nel tempo dalla manualistica e dalle guide per gli insegnanti (Pentucci, 2017).

Dunque, gli insegnanti si trovano a dover affrontare due sfide molto impegnative prima di entrare in classe e calarsi nell'azione didattica. La prima è quella della trasposizione, che nel passaggio dalla scuola dei programmi alla scuola delle indicazioni viene loro delegata integralmente, a partire dal processo di curricolazione del sapere storico, procedimento che richiede un ventaglio di competenze assolutamente ampio e specifico, a partire da una consapevolezza profonda rispetto alle connessioni tra il sapere storico e le istanze del presente. La seconda è quella dell'evitamento di quegli ostacoli sopra elencati, facili da predicare, ma estremamente difficili da riconoscere nel momento in cui si presentano perché facenti parte della dimensione non completamente cosciente del pensiero sia individuale che collettivo, a livello di società e a livello di comunità educante.

La riflessione condotta con i docenti in percorsi di ricerca/formazione che sempre più stanno diventando il protocollo di riferimento per la professionalizzazione dei docenti ed il dialogo e la condivisione tra scuola ed accademia, tra teorici e pratici (Pentucci, 2016; Magnoler & Pentucci, 2017), nel momento in cui si sofferma di fronte alle sfide poste all'insegnante oggi, fa emergere una serie di bisogni e di problematiche che vanno affrontati e messi a sistema all'interno dell'urgente istanza relativa alla formazione pre-service ed in-service degli insegnanti.

Il problema più grande espresso dagli insegnanti è quello relativo all'accesso al sapere storico esperto, direttamente connesso con la scelta della storia generale da insegnare. Il docente di storia nel panorama scolastico odierno è sempre un docente multitasking: dall'insegnante di scuola dell'infanzia e primaria, che a volte insegna tutte le discipline o le aree di riferimento, a quello di scuola secondaria, nei cui piani di studio la storia è sempre ancillarmente connessa, sul piano dell'organizzazione delle cattedre, ad altre discipline quasi sempre più corpose in termini di ore ad esse dedicate: l'italiano, la filosofia, le lingue classiche.

Ciò presuppone che il problema della trasposizione didattica sia moltiplicato per il numero di materie insegnate. Come può un docente essere un esperto di una serie consistente di saperi, tra l'altro presi in carico nella loro interezza epistemologica? Per il docente di storia, per esempio, non è sufficiente essere un medievista o un contemporaneista, ma egli deve possedere una conoscenza specializzata rispetto al panorama globale della storia generale.

Questo problema è davvero di difficile soluzione: non basta l'indicazione spesso ripetuta su più fronti che per l'insegnante è necessario uno studio ed un aggiornamento costante. Ciò è sicuramente condivisibile e doveroso sul piano professionale ed etico, ma va considerato anche in quanto a sostenibilità. La professionalità è una dimensione multipla e richiede formazione continua su vari fronti, di cui quello relativo alle epistemologie è uno, forse il più importante, ma da concertare, a livello di tempi e di energie, con altri aspetti e richieste.

Inoltre, il problema del sapere storico da trasporre porta con sé una serie di altre problematiche connesse. Intanto, spostandosi su un piano più pedagogico-didattico, occorre padroneggiare le categorie cognitive della storia, ovvero quegli operatori che rendono la storia apprendibile: mobilitare competenze storiche significa infatti compiere operazioni sul sapere e tali operazioni devono essere previste e predisposte dal docente nella realizzazione del compito (Clot, 2008).

Ulteriore questione è quella dei mediatori didattici: si è accennato sopra al difficile rapporto del docente con i manuali e del loro ruolo nella trasposizione. Oggi il manuale non può e non deve essere mediatore unico così come non è opportuno seguirne i suggerimenti nel processo di linearizzazione e progettazione del sapere. Scegliere materiali, didattizzarli, orientarsi tra le molteplici risorse che la rete mette a disposizione è operazione complessa che può essere efficace solo a partire da una solida competenza sia pedagogico-didattica che storica in senso stretto.

Come si può supportare il docente in questo universo problematico di confronto con le categorie e le istanze didattiche della storia? Occorre senza dubbio pensare alla formazione come percorso di orientamento e di scaffolding all'insegnante, partendo proprio dai bisogni emergenti e dalle richieste che giungono dalle scuole.

Di sicuro non è più pensabile una formazione pensata come dover essere: le ricette, le buone pratiche da riprodurre, i cosiddetti esempi virtuosi, i curricoli già pronti e le trasposizioni già fatte hanno da tempo dimostrato la loro inefficacia. In un mondo dove i paradigmi di riferimento sono quelli della mobilità (Durand, 2017) e della complessità (Morin, 1993) non è possibile eseguire istruzioni, operare per analogia o per riproduzione.

Dall'altro lato anche la ricerca-azione inizia a mostrare i suoi limiti: l'azione in alcuni casi velleitaria delle comunità dei pratici, che progettano e sperimentano senza una sponda critica di riferimento, rischia un ripiegamento su se stessa e soprattutto una attenzione più al fare che all'agire (Cerri, 2012).

Tra istruzionismo ed attivismo non regolato (Castoldi & Martini, 2011), la via da percorrere è quella della ricerca collaborativa (Desgagné, 1997), del reciproco scambio e supporto tra vari attori dei processi educativi che insieme possono trovare soluzioni adeguate a problemi concreti.

I docenti hanno bisogno infatti di non di mansionari e regole eterodirette, ma di un sostegno che li aiuti ad orientarsi nelle categorie del sapere storico, li metta in condizioni di comprendere la struttura della disciplina, li fornisca di tracce interpretative tra cui scegliere. Tale funzione orientativa della formazione, che agisce non solo nel momento della trasposizione, ma anche nel momento dell'autoformazione personale, ovvero quando si deve decidere cosa andare ad approfondire e studiare, è il compito delle associazioni, dell'accademia e di quanto concorrono alla professionalizzazione del docente.

La seconda parte di questo saggio intende chiarire, in sintesi, alcuni aspetti legati all'epistemologia della storia ed alle concettualizzazioni sottese al processo di trasposizione, per fornire ai docenti una possibile guida per procedere poi nell'approfondimento personale, nella scelta progettuale e nella predisposizione delle pratiche da realizzare in classe.

Si tratta di un framework messo a punto nel corso di un triennio di sperimentazione tra scuola ed università, che nasce quindi dallo scambio continuo tra teorici e pratici. Il punto di partenza è la riflessione sulle pratiche degli insegnanti, che ha innescato un processo di ristrutturazione e di ripensamento da cui sono scaturiti artefatti progettuali ed ulteriori piste di sperimentazione e di ricerca.

3. Il sapere in potenza: cosa significa storia generale oggi?

Per fornire una serie di elementi orientativi all'interno della struttura della disciplina storica occorre prendere in carico la storia nelle sue dimensioni strutturate e strutturanti.

Possiamo identificarle come semantica, sintassi e grammatica della disciplina, trasferendo tali significazioni dai loro campi di riferimento verso una analisi delle componenti che caratterizzano tratti diversi del sapere storico.

La richiesta che deriva dalla complessità della società contemporanea è quella di proporre un sistema di saperi e di competenze da esercitare su tali saperi, indispensabili affinché gli studenti riescano a dominare la globalità della storia umana, intesa in senso ampio di spazio mondiale ed in senso profondo, di quadri cronologici omnicomprensivi e che sia strutturata sopra ai concetti di periodizzazione, durata, contemporaneità, tematizzazione, sintesi (Mattozzi, 2011). L'individuo competente rispetto alla disciplina storica è quello che impara ad affrontare situazioni-problema e si confronta a partire da esse con le forme di relazioni sociali, le culture, la mentalità, le istituzioni, i poteri, le strutture economiche, riconoscendone la loro valenza anche nel presente (Rey, 2007). Il panorama storiografico entro cui si può attivare tale ristrutturazione è quello della World History (Meriggi & Di Fiore, 2011), declinato negli approcci sistemici tra storia, geografia, scienze sociali che sviluppino competenze di transcalarità e di orientamento in spazi e tempi diversamente misurati e connessi e della Big History (Christian, 2005, 2014) in cui la storia della terra senza l'uomo e quella dell'uomo sulla terra si compongono ponendo questioni geologiche, biologiche, sociali, economiche, fisiche oltre che meramente storico-geografiche.

Non va inoltre dimenticata l'istanza geostorica: è oggi poco realistico pensare alla trasposizione storica senza coinvolgere la geografia, che ovviamente porta con sé ulteriori dimensioni sia epistemologiche che didattiche.

3.1 La semantica della disciplina: il canone storico

Il canone è il sapere scientifico di riferimento, l'epistemologia propria della comunità accademica. Rappresenta un punto di riferimento a livello etico, politico e sociale ed intreccia una dimensione nazionale con una internazionale. Il canone, mobile e situato rispetto al contesto spaziotemporale (la storia influenza la storia), in genere condiviso o comunque oggetto di dibattito in seno alla comunità accademica sia dei singoli paesi, sia internazionale. Tutte le discipline "a base storica" necessitano del canone in quanto esso è la reificazione rispetto ai tempi di ciò che sembra indispensabile conoscere per potersi dire cittadino della propria epoca, del proprio background e per condividere orizzonti comuni con i propri simili. Per cercare un esempio simile, in ambito di storia della letteratura si dibatte da tempo sul canone del Novecento (Olivieri, 2001) e gli autori ne entrano e ne escono in base alle interpretazioni critiche ed alle linee letterarie prevalenti del momento.

Carducci è definitivamente uscito dal canone: ciò significa che un autore, che poteva apparire imprescindibile per la cultura dell'Italiano del secondo dopoguerra, anche per le sue letture del nazionalismo e delle istanze ribellistiche italiane, oggi sembra superato, eccessivamente lirico e retorico e dunque datato. Il suo approfondimento non attiene alla cultura scolastica, ma a quella specialistica. È inevitabile affrontarne lo studio in un quadro di indagine per esempio sulla cultura interventista del primo Novecento, ma non è indispensabile tenerlo nel canone degli autori non eludibili per uno studio di base. In altri casi l'inserimento o meno nel canone è legato a fattori altri, tangenti alla storia, ma più legati ai suoi usi pubblici: nel canone della storia della Filosofia del Novecento per esempio Gramsci è presente in quasi tutti i paesi occidentali (e slavo-russi, visti i trascorsi del personaggio), USA e Inghilterra in testa. In Italia la sua presenza è controversa e non "canonizzata", in quanto l'autore appare molto connotato sul piano politico e la consueta presunta "imparzialità" e "apoliticità" che si pretende per la cultura scolastica italiana (come se la scuola non fosse organismo politico, come sostiene Frabboni, 2009) fa apparire più opportuno escluderlo, nonostante Gramsci abbia dato una notevole lettura dei processi filosofico-politici che hanno portato al Risorgimento italiano, ma la scuola italiana finge di non saperlo.

Gli esempi non storici sono utili per identificare l'idea di canone perché è più facile comprenderne i meccanismi al di fuori della storia. Il canone storico infatti è alquanto complicato da definire, dovrebbe essere universale ma ha forti differenziazioni nazionali proprio perché la storia si presta ad una lettura transcalare e multiscalare. Vi sono sistemi scolastici che hanno un canone solo di storia nazionale (l'Inghilterra), altri che fanno dialogare la dimensione globale con quella locale (la Francia). In Italia il canone scolastico insegnato sembra essere ancora quello fissato nell'Ottocento da Benedetto Croce e allineato, per modalità e struttura, a quello della letteratura. È la storia prevalentemente nazionale dei medaglioni e dei fatti esemplari, facilmente identificabile come superata, non adeguata ai tempi, spesso lontana dal dibattito storiografico attuale. Oggi definire il canone per gli storici è complesso ma non impossibile. La visione non può non essere globale e gli eventi "canonici" sono quelli periodizzanti, trasformativi sia delle strutture di pensiero, sia dei modi di vita del mondo, con riflessi e conseguenze sul lungo periodo e sullo spazio ampio. Si tratterebbe comunque di un canone parziale e occidentale, ma come già detto è necessario che il canone sia situato. Quali strutture concettuali e di sapere un Italiano deve possedere per potersi dire cittadino del presente? Quali problemi storici e quali nodi fondanti del passato uno studente deve affrontare per pensare il presente storicamente? Rispondendo a tali domande (e avendo una conoscenza approfondita delle linee storiografiche, del dibattito dell'accademia, delle recenti tendenze di pensiero, del sistema-storia) si può cercare di stabilire se non IL canone almeno UN canone filosoficamente e culturalmente fondato.

3.2 La sintassi della disciplina: le operazioni cognitive e l'operazionalizzazione delle competenze

Una volta definito il canone occorre affrontare un'altra questione imprescindibile per agire la trasposizione: concordare un quadro di azioni significative da mettere in atto sul sapere, in grado di orientare e guidare lo studente, a partire dai tre anni (ovvero dalla presa in carico dello stesso nel sistema scolastico) al termine degli studi, verso quei traguardi per lo sviluppo delle competenze dichiarati come prescrittivi dalla normativa ministeriale vigente. Tali azioni sono finalizzate tanto a strutturare nell'individuo una visione globale della disciplina storica quanto a supportare le microattività che egli quotidianamente affronta, nel suo cammino di studio. Si configurano come aspetti di competenze, modalità attraverso le quali le competenze possono essere mobilitate, osservate, valutate nel processo di insegnamento – apprendimento della storia. Quindi per l'insegnante esse hanno un triplice scopo:

- fare da sostegno alla macro progettazione generale del percorso storico della classe;
- rappresentare i momenti-chiave dell'attività (micro-progettazione) pensata per la didattica agita;
- orientarne le scelte in termini di selezione di saperi da mediare e di mediatori efficaci per supportare l'apprendimento.

Nel dettaglio, quali sarebbero per la storia le operazioni cognitive, sopra richiamate, generative di apprendimenti efficaci negli studenti e che permettano al processo di insegnamento-apprendimento di andare incontro a quella che può condivisibilmente dirsi la finalità della storia come materia scolastica: il pensare secondo categorie ed interpretazioni storiche?

Esse si possono sintetizzare in cinque grandi assi portanti, spendibili entro tutti gli orizzonti delle discipline a sfondo teorico (la storia, la filosofia, la storia della letteratura, la storia dell'arte, le scienze...) e sono:

- Conoscere
- Interpretare e problematizzare
- Organizzare
- Ricostruire

- Comunicare / rappresentare

Afferiscono al paradigma della mobilitazione, proprio del costrutto di competenza, in quanto disegnano un percorso sistematico che non mira alla semplice appropriazione e replicazione di un sapere dato, ma all'indagine in profondità, attraverso lo strumento socratico – maieutico della domanda, per giungere all'interiorizzazione di significati ricostruiti in base ad una personalizzazione sia del modo di intendere sia di quello di strutturare la conoscenza.

Nello specifico possono essere declinate in modo da comprendere gli aspetti di competenza basilari per poter condurre lo studente verso l'elaborazione e lo sviluppo del pensiero storico, aspetti sintetizzati nella seguente mappa (Pentucci, 2018, p. 83).

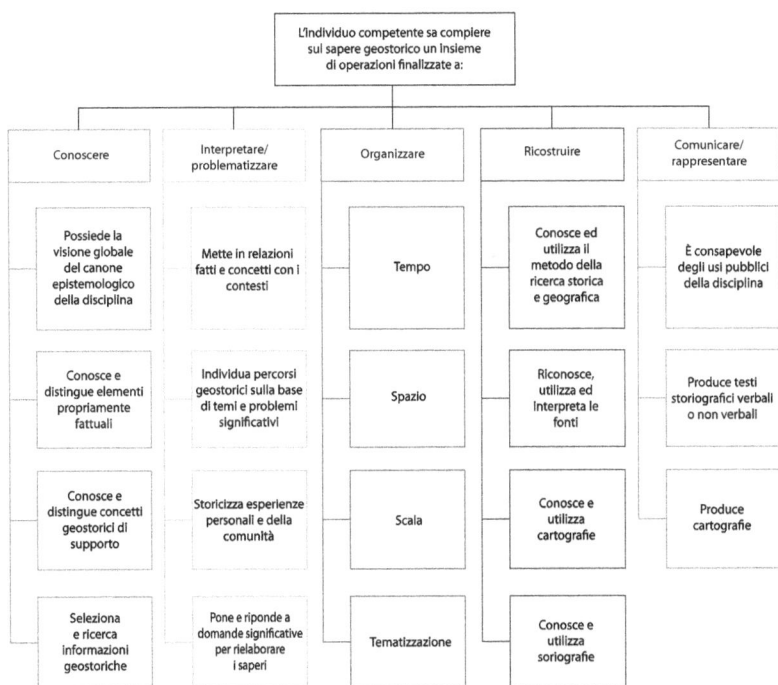

L'individuo competente sa compiere sul sapere geostorico un insieme di operazioni finalizzate a:				
Conoscere	Interpretare/ problematizzare	Organizzare	Ricostruire	Comunicare/ rappresentare
Possiede la visione globale del canone epistemologico della disciplina	Mette in relazioni fatti e concetti con i contesti	Tempo	Conosce ed utilizza il metodo della ricerca storica e geografica	È consapevole degli usi pubblici della disciplina
Conosce e distingue elementi propriamente fattuali	Individua percorsi geostorici sulla base di temi e problemi significativi	Spazio	Riconosce, utilizza ed interpreta le fonti	Produce testi storiografici verbali o non verbali
Conosce e distingue concetti geostorici di supporto	Storicizza esperienze personali e della comunità	Scala	Conosce e utilizza cartografie	Produce cartografie
Seleziona e ricerca informazioni geostoriche	Pone e riponde a domande significative per rielaborare i saperi	Tematizzazione	Conosce e utilizza soriografie	

3.3 La grammatica della disciplina: i nuclei fondanti

Il problema di stabilire quali siano i nuclei fondanti delle discipline al fine di strutturarne il curricolo è emerso fin dal momento in cui si è iniziato ad abbandonare la prospettiva prescrittiva del programma per rendere più rilevante la scelta del docente sulla base dei contesti di riferimento. Con nuclei fondanti intendiamo i concetti più significativi, generativi di conoscenze e ricorrenti in vari punti dello sviluppo di una disciplina, ricavati analizzandone la struttura tenendo conto degli aspetti epistemologici e psicopedagogici e didattici: per loro natura essi sono situati (validi qui ed ora) e per la Geostoria, in base a quanto affermato sopra, possono distinguersi in nuclei fattuali e nuclei concettuali.

Partendo dal testo delle Indicazioni Nazionali è possibile tracciare il quadro relativo alle due discipline: secondo la dicitura ministeriale i nuclei fondanti necessari alla cultura storica proposta nella scuola di base, attorno cui sviluppare il curricolo sono: il processo di ominazione, la rivoluzione neolitica, la rivoluzione industriale e i processi di mondializzazione e globalizzazione (IN 2012, p. 52). Questa classificazione è fortemente ispirata dalla periodizzazione proposta da Carlo Maria Cipolla in *Uomini Tecniche Economie* (1987) e dà una lettura della storia dell'uomo basata su una tematizzazione connotata dall'economia, dall'idea di lungo periodo e dal concetto di rivoluzione come *turning point* per lo sviluppo ed il progresso umano. Tali snodi possono essere meglio articolati ed ampliati interpretandoli tutti come processi ed integrandoli con paradigmi sociali e politici analogamente periodizzanti. In questo senso essi sono stati condivisi e discussi nell'ambito del percorso di ricerca/formazione e così rimediati:
-    il processo di Ominazione, inteso come origine, evoluzione e diffusione delle varie specie di ominidi sulla

terra, fino alla specie Homo (da 2 milioni di anni fa) che ha trasformato il mondo da anecumene ad ecumene.

- Il processo di Neolitizzazione, inteso come trasformazione delle pratiche insediative, economiche, sociali, culturali dell'uomo legate alla sedentarizzazione ed alla domesticazione, che portano allo sviluppo delle più complesse forme di civiltà (da 12.000 anni fa)
- Le economie mondo e l'economia mondiale, costrutto inteso come trasformazione delle reti di interscambio mondiali non solo economiche ma anche politiche, culturali, sociali, che portano alla costruzione dell'idea di centro e periferia (dal XIII sec. D.C.)
- Le rivoluzioni del II millennio, costrutto inteso come trasformazione degli assetti del mondo a partire dall'ampliamento della base partecipativa (dal XV sec. D.C. o dal XIII sec. D.C.)
- Il processo di globalizzazione, inteso come trasformazione della percezione della storia, dei fenomeni politici, economici, sociali, culturali ad essa connessi su scala mondiale (dal 2000), connesso all'idea di entropia e di cosmopoli.

Posto che tale scansione non è l'unica possibile ed è comunque soggiacente ad una linea interpretativa non neutra della complessità del divenire storico (Cipolla, Braudel e la World History non ne sono gli unici ispiratori), l'elemento che va tenuto presente nell'organizzazione del curricolo a partire da essa è che i cinque punti non sono semplici periodi, ma lunghi fili rossi che si sovrappongono e possono essere osservati ed indagati in verticale per tutta la durata del ciclo scolastico.

Essi sono tutti grandi processi di trasformazione (Mattozzi, 2012) ed hanno un importante ruolo di organizzatori della trasposizione storica per l'insegnante e per lo studente.

Un discorso più approfondito va fatto a proposito dei nuclei fondanti concettuali: essi rappresentano l'elemento realmente verticale del curricolo storico, infatti se lo studio dei fatti e dei paesaggi prende tradizionalmente avvio dalla terza classe di scuola primaria, l'approccio alla disciplina può invece essere avviato fin dalla scuola dell'infanzia, rispettando la dimensione prettamente esperienziale dell'apprendimento che viene messa in atto con gli alunni più piccoli. Se in tali segmenti scolastici non è ancora opportuno ragionare sui fatti, è tuttavia imprescindibile iniziare a strutturare i concetti. Essi infatti sono fili rossi che seguiranno lo sviluppo delle competenze per tutto il percorso scolastico dell'alunno ed in essi è possibile sperimentare la dimensione ricorsiva perché la concettualizzazione prevede livelli diversi e successivi di profondità di pensiero e di astrazione.

Quindi, in accordo con i colleghi degli anni successivi (auspicabilmente fino alla scuola secondaria), sarà opportuno tracciare un curricolo per concetti che poi andranno a sostenere le tematizzazioni e le visioni della storia che più avanti verranno articolati. Si tratta di un percorso ancora una volta avviato dal presente, dall'esperienza diretta, che poi procederà per successive metaforizzazioni fino a giungere alla generalizzazione. I concetti ritenuti più importanti per sostenere il sapere storico sono quelli di società, di lavoro, di regola, ma se ne possono individuare altri, ugualmente fondamentali, ma soprattutto funzionali all'elaborazione degli aspetti di competenza, che restano fissi.

4. Conclusioni

Per concludere, appare opportuno tornare al concetto di trasposizione didattica, intendendolo come anello di congiunzione tra il sapere pedagogico-didattico ed il sapere disciplinare, entrambi punti di riferimento irrinunciabili per il docente.

Il processo di trasposizione infatti, nel momento in cui viene realizzato, permette di riflettere su alcune categorie relative alla storia insegnata: innanzi tutto, permette il distanziamento dalle teorie ingenue ed implicite relative al curricolo di storia generale e consente una riconsiderazione della storia generale come genere storico, rispetto al quale è opportuno operare scelte consapevoli, situate rispetto al presente socio-culturale di riferimento e criticamente vagliate.

In connessione a ciò la trasposizione pone l'attenzione sulla necessità di tornare alle teorie storiografiche di riferimento al fine di operare una corretta didattizzazione al riparo da stereotipie e semplificazioni che possano allontanare lo studente dal reale contatto con il sapere storico esperto. Infine, il docente che opera la trasposizione e conseguentemente mette in atto processi di mediazione su materiali e oggetti di sapere selezionati, nel momento in cui si confronta con il sapere esperto attiva un filtro critico essenziale nei confronti delle trasposizioni esterne e delle rimediazioni di sapere operate spesso con finalità ed istanze non controllate sul piano sia didattico che epistemologico.

Bibliografia

J. Bruner, *Dopo Dewey. Il processo di apprendimento nelle due culture*, Armando, Roma 1978

J. Bruner, *Verso una teoria dell'istruzione*, Armando, Roma, 1999

M. Castoldi, & M. Martini, *Verso le competenze: una bussola per la scuola. Un percorso di ricerca*, Angeli, Milano, 2011

R. Cerri, *Progettazione, azione, valutazione e documentazione : unitarietà e articolazione dell'agire didattico*, in P.C. Rivoltella, P.G. Rossi (eds.), *L'agire didattico. Manuale per l'insegnante* (pp. 135-149), La Scuola, Brescia, 2012

Y. Chevallard, *La transposition didactique, du savoir savant au savoir enseigné. Edition augmentée,*La Pensée Sauvage, Grenoble, 1991

Y. Chevallard, *Concepts fondamentaux de la didactique: perspectives apportées par une approche anthropologique. Recherches en Didactique des Mathématiques*, 12(1), 157-239, 1992

D. Christian, *Maps of Time. An introduction to Big History*, University of California Press, Los Angeles, 2005

D. Christian, *Big History. Between Nothing and Everyting*, McGraw-Hill Education, New York, 2014

C. M. Cipolla, *Uomini, tecniche, economie*, Feltrinelli, Milano, 1987

Y. Clot, *Travaille et pouvoir d'agir*, PUF, Paris, 2008

E. Damiano, *Il sapere dell'insegnare. Introduzione alla didattica per concetti con esercitazioni*, Angeli, Milano, 2007

G. De Luna, *La repubblica del dolore. Le memorie di un'Italia divisa*, Feltrinelli, Milano, 2011

S. Desgagné, *Le concept de recherche collaborative: l'idée d'un rapprochement entre chercheurs universitaires et praticiens enseignants*. Revue des Sciences de l'Éducation, 2, 371-393, 1997

M. Durand, *L'activité en transformation*, in J.M. Barbier & M. Durand (eds.), *Encyclopédie d'analyse des activités* (pp. 33-56), PUF, Paris, 2017

F. Frabboni, *Sognando una scuola normale*, Sellerio, Palermo, 2009

P. Magnoler & M. Pentucci, *La costruzione del curricolo di geostoria: un percorso tra ricerca e formazione*, Giornale Italiano della Ricerca Educativa, X, n.s., 385-400, 2017

J.L. Martinand, *Connaître et transformer la matière*, Peter Lang, Berne, 1986

I. Mattozzi, *Pensare la storia da insegnare, Volume 1 Pensare la storia*, Cenacchi Editore, Castelguelfo, 2011

I. Mattozzi, *Insegnare la storia con le Indicazioni*, in S. Loiero & M. Spinosi (eds.), *Fare scuola con le Indicazioni. Testo e commento. Didattica e spunti operativi* (pp. 61-71), Tecnodid, Napoli, 2012

M. Meriggi & L. Di Fiore, *World History. Le nuove rotte della storia*, Laterza, Roma-Bari, 2011

E. Morin, *Introduzione al pensiero complesso*, Sperling & Kupfer, Milano, 1993

U.M. Olivieri, *Un canone per il terzo millennio. Testi e problemi per lo studio del Novecento tra teoria della letteratura, antropologia e storia*, Bruno Mondadori, Milano, (2001) (ed.)

M. Pentucci, *Il curricolo verticale di geostoria realizzato*, Liguria Geografia, 6-7-8, 91-96, 2016

M. Pentucci, *Il laboratorio e il pensiero sull'insegnamento. Contributo online al volume di S. Kanizsa, Oltre il fare. I laboratori nella formazione dell'insegnante*, Edizioni Junior, Reggio Emilia, 2017

M. Pentucci, *Come da manuale. La trasposizione didattica nei contesti di insegnamento-apprendimento*, Edizioni Junior, Reggio Emilia, 2018

Ph. Perrenoud, *Voyage autour des compétences: vers un métier nouveau?* L'éducateur, 8, 22-27, 1998

Ph. Perrenoud, *Il lavoro sull'habitus nella formazione degli insegnanti. Analisi delle pratiche e presa di coscienza*, in L. Paquay, M. Altet, E. Charlier, Ph. Perrenoud (eds.), *Formare gli insegnanti professionisti. Quali strategie? Quali competenze?* (pp. 175-200), Armando, Roma, 2006

B. Rey, *Les compétences professionnelles dans la transmission scolaire du savoir historique*, in R.M. Ávila, R. López Atxurra, E. Fernández de Larrea. *Las competencias profesionales para la enseñanza-aprendizaje de la Ciencias Sociales ante el reto europeo y la globalización* (pp. 33-54), Asociación Universitaria del Profesorado de Didáctica de las Ciencias Sociales / Universidad del País Vasco, Bilbao, 2007

P.G. Rossi & L. Pezzimenti, *La trasposizione didattica*, in P.C. Rivoltella, P.G. Rossi (eds.), *L'agire didattico. Manuale per l'insegnante* (pp. 167-184), La Scuola, Brescia, 2012

G. Sensevy & A. Mercier, *Agir Ensemble. L'action didactique conjointe du professeur et des élèves dans la classe*, Presses Universitaires de Rennes, Rennes, 2007

C. Winsløw & N. Grønbæk, *Klein's double discontinuity revisited: contemporary challenges for universities preparing teachers to teach calculus*, Recherches en Didactique des Mathématiques, 34(1), 59-86, 2014

Laboratorio. Le periodizzazioni come organizzatori della progettazione didattica

coordinato da *Maila Pentucci*

Premessa

Nella costruzione del racconto storico, lo storico dispone, come elementi di base o come pilastri naturali, il tempo e lo spazio. Nel collocare le informazioni fattuali concernenti il passato nel tempo e nello spazio, lo storico, attraverso la concettualizzazione, crea delle totalità narrative (Topolski, 1997, p. 36).

Nello specifico il tempo inteso come oscillazione tra passato e presente è l'elemento che conferisce ad un fatto narrato la dimensione della proposizione storica. Il tempo storico è un tempo tanto lineare quanto profondo: i concetti di successione, durata, periodo devono essere interconnessi a quelli di simultaneità, permanenza e mutamento, contemporaneità, così come va adeguatamente definito il mai netto confine tra fatto e processo e chiarita la ricorsività presente nelle nozioni di ciclo, congiuntura, tendenza (Ricoer, 1983).

Il tempo dunque è il grande organizzatore del sapere storico ed in tal senso si esplicita nelle tre operazioni di base che permettono di mettere in discorso il sapere nella dimensione temporale del racconto: la datazione, la cronologia e la periodizzazione.

Se la datazione rappresenta la collocazione oggettiva degli eventi lungo un asse temporale, la cronologia è invece una scelta, che investe i concetti di scala, tematizzazione, lungo e breve periodo (Braudel, 1986). La periodizzazione infine è un'operazione di carattere interpretativo e cognitivo, che restituisce in maniera sintetica la visione complessiva che lo storico vuole restituire e determina lo sfondo conoscitivo necessario per la ricostruzione storica (Mattozzi, 2004). La periodizzazione dunque ha un portato culturale e filosofico ed è fortemente soggettiva o comunque prospettica ed assolve, rispetto alla conoscenza storica, a scopi differenti (Vidotto, 2007): da un lato ha una finalità didattica che serve a scandire la storia nei programmi e di conseguenza nei manuali ed ha il suo prodromo e consolidamento nella tradizione scolastica; inoltre risolve il problema storiografico di correlare fenomeni culturali complessi con le rispettive connotazioni cronologiche che ne sono anche denotative (es.: il Rinascimento). Infine risponde ad una esigenza di immediatezza comunicativa che renda riconoscibile un'età correlata ad un personaggio o evento (es. l'età di Pericle) o ad una generazione (es.: il Sessantotto). La periodizzazione presenta dei limiti: è schematica, convenzionale ed arbitraria. Tuttavia è indispensabile per dare ordine al passato e renderlo intelligibile. Poiché si tratta di una forma di interpretazione, di una azione umana sul tempo essa è mobile e situata, ovvero può essere messa in discussione, rivista e superata.

Sul piano didattico e scolastico è imprescindibile per dare ordine ai saperi storici ma nello stesso tempo per costruire una concettualizzazione dell'idea di tempo, che non emana direttamente dall'insegnamento della storia ma richiede interventi didattici mirati. Altrettanto importante è presentare una pluralità di possibili cronologie per evidenziarne il carattere problematizzante, che rende intelligibile e decifrabile il mutamento e permette di interpretare o comunque di riconoscere le interpretazioni ad essa sottese, poiché esprimendo l'idea di un passaggio rappresenta il disconoscimento nei confronti delle idee, dei valori, della società del periodo precedente (Le Goff, 2014).

In quanto organizzatore del sapere la periodizzazione è un elemento fondante nella struttura dei manuali di storia, che ne rispecchiano, anche nella suddivisione del divenire storico in volumi e di conseguenza nei relativi anni scolastici, la scelta e la segmentazione dell'asse temporale di riferimento (Pentucci, 2018).

Le Indicazioni Nazionali forniscono una periodizzazione di massima, suggerendo una articolazione che nella scuola primaria comprende le conoscenze situabili tra la comparsa dell'uomo alla tarda antichità, mentre nella scuola secondaria di I grado deve essere affrontato il periodo tra la tarda antichità e gli inizi del XXI secolo, con la specificazione di dover dedicare l'ultimo anno allo studio del Novecento.

È comunque successivamente specificato che non è necessario «soffermarsi troppo a lungo su singoli temi e civiltà remote, nella convinzione che in una data classe si debbano svolgere solo argomenti specifici»[153], ma si invita fortemente ad utilizzare un approccio che prenda sempre in considerazione il presente e le problematiche contemporanee legate ai concetti geostorici di base, a prescindere dall'annualità di riferimento.

L'approccio cronologico dunque, pur suggerendo una generale ripartizione della storia, è piuttosto elastico e la curricolazione del sapere storico nel divenire temporale potrebbe essere varia ed orchestrata secondo linee storiografiche differenti, legata a canoni di riferimento recenti ed improntati ad una visione di world history e basata su un percorso didattico presente – passato – ritorno al presente in grado di attualizzare i fenomeni storici e renderli funzionali alla comprensione del mondo ed alla struttu-

---

153 Indicazioni Nazionali, p. 53

razione del pensiero storico propriamente detto (Bloch, 2015).

Descrizione del laboratorio

Il laboratorio ha inteso attivare la riflessione con i docenti coinvolti sulle funzioni attribuite al curricolo, che può diventare strumento non solo di pianificazione delle attività e dei percorsi didattici annuali, ma anche di orientamento nel sapere storico e geostorico tanto per l'insegnante quanto per l'alunno/studente.

Un curricolo così progettato supporta l'insegnante nella articolata e fondativa operazione di trasposizione didattica dei saperi, competenza primaria per il docente professionista, il quale è chiamato, nel passaggio dalla scuola dei programmi alla scuola delle indicazioni, ad operare una selezione di contenuti e di competenze il più possibile allineati da un lato alle esigenze di apprendimento delle classi, dall'altro allo stile di insegnamento ed all'habitus professionale del docente stesso che ne è architetto ed infine al contesto storico-politico-sociale entro cui la scuola si trova ad operare come organo costituzionale primario, deputato alla formazione del cittadino.

Per operare nella complessità di tale multidimensionalità progettuale il docente necessita egli stesso di strumenti orientativi che gli permettano di muoversi nel divenire storico e di padroneggiarne i nuclei fondanti, gli operatori cognitivi primari, le piste storiografiche per poter tessere la propria trama di mediazione didattica (Pentucci, 2016) in modo da mantenere le opportune prossimità con il sapere esperto.

L'aspetto che posto all'attenzione nel laboratorio sarà il concetto di periodizzazione, operazione non soltanto di tipo cronologico, ma interpretativa e tematizzante, che può essere assunta come elemento ordinatore e strutturante del curricolo stesso.

Le scelte inerenti alla periodizzazione, condivise con gli studenti, possono essere trama e ordito del percorso storico, utilizzate come inquadramento generale di ordine epistemologico per dare agli alunni la visione generale del processo storico con cui via via andranno a confrontarsi ma anche come sintesi per riconnettere le varie problematizzazioni ed i diversi punti di vista che esse si portano dietro.

Ciò è particolarmente interessante in una prospettiva di world history, entro cui è necessario portare alla luce i limiti che la periodizzazione classica, scolastica, produce.

Le consegne realizzate con i docenti partecipanti

Attraverso il lavoro in gruppo sono state esaminate le seguenti consegne:

1. Smontare la periodizzazione classica - progettazione di una unità di lavoro introduttiva al percorso storico-didattico che analizzi e scardini la ripartizione in ere proposta dai manuali: la dicotomia storia – preistoria; il problema del tardo antico; i *turning points* del processo centrati sulla visione occidentale; la centuriazione; dopo la contemporaneità.

2. Periodizzare il Novecento – progettazione di una unità di lavoro introduttiva al percorso dell'ultimo anno di scuola secondaria di I e II grado che attraverso le diverse periodizzazioni del Novecento ne offra un panorama ampio di interpretazioni e periodizzazioni, legate an-

che al periodo entro cui sono state formulate a livello storiografico.

3. Il concetto di secolo oltre la misura – progettare un curricolo a maglie ampie che abbia come elemento organizzatore il secolo inteso non come centuriazione ma come concetto: elementi di mutamento e permanenza – concetti di inizio e fine (ciclo, congiuntura, catastrofe, compimento, ecc.) – connessioni spazio/tempo.

Bibliografia

M. Bloch, *Apologia della storia o Mestiere di storico*, Edizioni Falsopiano, Alessandria, 2015

F. Braudel, *I tempi della storia: economie, società, civiltà* (Vol. 16), Dedalo, Milano, 1986

J. Le Goff, *Il tempo continuo della storia*, Laterza, Roma-Bari, 2014

I. Mattozzi, *Il bricolage della conoscenza storica*, in S. Presa (ed.), *Che storie insegnerò quest'anno* (pp. 44-77), Assessorato alla Cultura, Aosta, 2014

M. Pentucci, *Il curricolo verticale di geostoria realizzato*, Liguria Geografia, 6-7-8, 91-96, 2016

M. Pentucci, *Come da manuale. La trasposizione didattica nei contesti di insegnamento-apprendimento*, Edizioni Junior, Reggio Emilia, 2018

P. Ricoeur, *Tempo e racconto*, Jaca Book, Milano, 1983

J. Topolski, *Narrare la storia. Nuovi principi di metodologia storica*, Pearson Italia, Torino, 1997

Il Mare Adriatico: crocevia di snodi e processi storici

di *Paolo Coppari*

"L'Atlantico e il Pacifico sono i mari delle distanze,
il Mediterraneo è il mare della vicinanza,
l'Adriatico è il mare dell'intimità"
(Predrag Matvejević)

1. Un progetto sull'Adriatico

Il nostro progetto ha avuto inizio da un corso di formazione, organizzato dalla Rete di Storia di Castelfidardo (An), che ha nell'Istituto Comprensivo "P. Soprani" la scuola capofila e nella figura di Catia Sampaolesi la coordinatrice sin dal 1998, anno di nascita della rete. Il corso, incentrato sulla lunga storia del Mare Adriatico e tenuto dallo storico Marco Moroni, si è trasformato in un progetto di ricerca e successivamente in un testo che ne raccoglie gli esiti formativi[154]: un percorso durato più di due anni che vale la pena di descrivere, seppure in maniera sintetica, perché potrebbe costituire una modalità di ricerca-azione utilizzabile e trasferibile in altri contesti. Solitamente i corsi di formazione, soprattutto quelli relativi ad approfondimenti storiografici come il nostro, si limitano alle relazioni dell'esperto e, in alcuni casi, alla successiva pubblicazione degli atti. La nostra Rete, con questo progetto, ha voluto invece iniziare là dove gli altri finiscono, nella consapevolezza che le informazioni e le

---

154   M.C. Sampaolesi, P. Coppari, A. Chiusaroli, P. Scorcella (a cura di), *Un mare di storia. Materiali e strumenti per una geostoria dell'Adriatico, affinità elettive*, Ancona 2017

riflessioni storiche degli esperti arricchiscono il bagaglio culturale dei docenti, ma restano perlopiù materiale inerte da un punto di vista didattico: stentano cioè ad essere calate nella storia insegnata e nelle programmazioni curricolari, ad entrare insomma nei normali circuiti di insegnamento-apprendimento. È per questo che dopo le tre lezioni frontali, abbiamo continuato a incontrarci con il prof. Moroni con l'obiettivo di tradurre le sue relazioni storiche, dense di eventi, processi e riflessioni, in alcune indicazioni di metodo, contenuti e snodi concettuali, suscettibili di interessanti utilizzi a livello didattico. Anche l'apparato bibliografico, solitamente poco utilizzato e relegato a un elenco di libri di non facile reperibilità e lettura, è diventato un'antologia tematica di passi scelti, tratti da testi storiografici a disposizione dei docenti, ma anche degli studenti; questi ultimi possono cimentarsi nella lettura e comprensione di veri e propri testi storici, con un apparato didattico innovativo, che li abitui a una comprensione attiva e operativa dei testi stessi, alla loro rielaborazione e riscrittura. Insomma una sorta di sfida didattica: quella di avvicinare i giovani non solo al proprio manuale scolastico, ma anche e soprattutto a veri e propri testi storiografici, con cui dialogare e confrontarsi per la costruzione di itinerari di ricerca geostorica.

Le operazioni sopra descritte hanno naturalmente richiesto, in tutte le fasi del lavoro, una costante collaborazione e una continua interazione tra lo storico e il gruppo di docenti che hanno curato la didattica: tutto ciò nel tentativo di superare i vecchi steccati tra ricerca storica e storia scolastica, tra il rinnovamento dei contenuti e degli approcci storiografici da una parte e il rinnovamento metodologico-didattico dall'altra. Due processi che, nella nostra iniziativa, procedono insieme, legandosi e arricchendosi reciprocamente.

Tra i molti possibili argomenti da proporre abbiamo privilegiato quelli legati ai luoghi ed ai personaggi, una scelta dettata dalla volontà di dare un volto alle storie dell'Adriatico e di calarle in spazi ben precisi e riconoscibili. Nella prima sezione del libro, i giovani lettori potranno conoscere le città delle due sponde adriatiche, mentre nella seconda avranno modo di incontrare personaggi molto diversi tra di loro: corsari e schiavi, scultori, poetesse e soldati della Grande Guerra, le cui esistenze si intrecciano e si consumano in quel mare e nelle terre che su di esso si affacciano. Le loro biografie sono state pazientemente ricostruite, partendo da una variegata tipologia di testi: in prevalenza saggi storici, ma anche documenti di archivio, insieme ad un articolo di giornale e a un racconto storico. Con l'intervento di Arcevia, vogliamo fare un ulteriore passo in avanti, cercando di creare raccordi e cortocircuiti tra la storia dell'Adriatico e la storia generale. In un'ottica transcalare aperta a visioni globali e transoceaniche, abbiamo voluto occuparci di un mare apparentemente "interno", qual è l'Adriatico, da cui osservare dinamiche, processi e ampie panoramiche storiche. Siamo convinti che nello studio della storia generale sia importante talvolta accelerare, fornendo potenti visioni di sintesi, ma ogni tanto rallentare la macchina del tempo e dello spazio, con visuali più dettagliate, fatte di situazioni, volti e luoghi, calati in spazi ben definiti e riconoscibili. Anche attraverso questa strada la storia generale può diventare più motivante e affascinante agli occhi dei giovani studenti.

2. Un mare senza volto e senza nomi: l'Adriatico nei manuali scolastici

Il Mare Adriatico svolge nel corso dei secoli un ruolo fondamentale di soggetto o, meglio, di motore storico. Ciò nonostante i nostri manuali continuano a prestare scarsa attenzione allo scenario adriatico.

Senza alcuna pretesa di esaustività, abbiamo consultato testi di storia attualmente in uso nelle scuole secondarie, con particolare attenzione ai tre volumi del triennio finale delle scuole di secondo grado, dal Medioevo ai giorni nostri. L'esito, come c'era da immaginare, è stato piuttosto scontato nel senso che di Adriatico si parla pochissimo, se non per alcune prevedibili eccezioni: la repubblica marinara di Venezia, la battaglia di Curzola del 1298 tra veneziani e genovesi, le guerre balcaniche di inizio Novecento, le vicende di Trieste, Fiume e della "vittoria mutilata" nell'immediato primo dopoguerra e poco altro.

Non meravigliano più di tanto le scarsissime notizie sulle vicende adriatiche, quanto il modo in cui esse sono trattate o forse "maltrattate" negli apparati esplicativi e cartografici. In genere nelle cartine del Mediterraneo orientale le coste dell'Adriatico sono mute, nel senso che non recano traccia di toponimi: raramente compaiono infatti i nomi delle città costiere. Qualche volta succede con Zara e Ragusa, della cui storia però non si fa il minimo cenno nella trattazione manualistica. In una carta sulla situazione politica dell'Europa del 1700, si legge curiosamente il nome di *Dubrovnik* (e tra parentesi *Ragusa*), mentre sappiamo che il toponimo *Ragusa* fu l'unico adottato sino agli anni Settanta del secolo XIX e solo successivamente il nome ufficiale divenne bilingue.

Gli studenti, quando nelle cartine del Tre-Quattrocento osservano che il Regno di Ungheria si affaccia sull'Adriatico, difficilmente possono orientarsi e capire il perché e il processo che ha portato a questo stato di cose: manca infatti qualsiasi spiegazione in merito, non solo nel corpo della trattazione ma anche nelle didascalie laterali che accompagnano in genere le cartine. Nulla si dice sulla formazione del Regno di Ungheria e sulla sua complessa caratterizzazione adriatico-danubiana; nulla sul re Mattia Corvino, nulla sullo scambio interadriatico di esperienze culturali e artistiche che emerge con forza nel periodo dell'Umanesimo e Rinascimento: un vero e proprio "Rinascimento adriatico", così è stato definito, che fiorisce in quel periodo tra Marche e Dalmazia.

Nella maggior parte dei casi, i manuali scolastici restituiscono l'immagine dell'Adriatico come un mare "senza": senza nomi, senza una vita culturale e artistica di qualche rilievo, senza grandi risorse ed attività economiche, come lasciano intendere le cartine tematiche sull'Europa economica del Cinque-Seicento. Inutile sottolineare come, anche in questo ambito, gli studenti siamo privati di segmenti importanti della storia economica dell'Europa mediterranea: la centralità per tutto il 1500 di Venezia, il ruolo giocato da Ancona, Ragusa e Spalato e poi, nel Seicento, con l'indebolirsi della potenza della Repubblica di San Marco, l'arrivo dei cosiddetti ponentini (inglesi e olandesi), nuovi e indiscussi protagonisti del commercio adriatico[155].

Singolare nella quasi totalità dei testi è la presenza-assenza della città di Trieste. Emblematico è il caso di uno dei manuali da noi consultati, dove la città compare fugacemente in una cartina sui Liberi Comuni italiani, con la data del 1050. Scompaiono poi le tracce della città, anche se da una cartina sull'Italia del 1400, dovremmo intuire che Trieste sia passata nei domini degli Asburgo. Ci vuole però un occhio molto allenato storicamente per capirlo. Nulla si dice infatti dell'atto di dedizione del 1382 con il

155   Sull'argomento, cfr. M. Moroni, *Nel Medio Adriatico. Risorse, traffici, città fra Basso Medioevo ed età moderna*, Edizioni Scientifiche Italiane, Napoli 2012.

quale la città si pone sotto la protezione degli Asburgo per restarci più di 5 secoli. Bisogna aspettare il secondo volume e il 1700 per capire, finalmente in modo esplicito, che Trieste fa parte dell'Impero asburgico. L'informazione viene relegata però nelle sintetiche didascalie che accompagnano la cartina dell'Europa del Settecento, dove si parla di Maria Teresa, ma nulla si dice della creazione nel 1719, ad opera del padre Carlo VI d'Austria, del porto franco a Trieste, vero e proprio punto di svolta per la storia della città; nessun accenno merita inoltre la politica economica di Maria Teresa che trasformerà la cittadina giuliana nel più grande emporio commerciale del suo impero. Soltanto con la Grande Guerra del 1914-1918, Trieste irrompe nella storia manualistica, senza però che gli studenti ne conoscano le vicende e il ruolo di "porta" sulla Mitteleuropa e di sbocco sul mare per eccellenza dell'Impero asburgico: insomma una delle più importanti realtà urbane dopo Vienna, Budapest e Praga. La stessa sorte tocca ad un'altra grande città adriatica, Fiume, che gli studenti "scoprono" solo con lo studio del primo dopoguerra, senza però sapere che questa città era stata il più importante porto del Regno di Ungheria nella cui orbita aveva ruotato per secoli e definitivamente nel 1867. Sicuramente più ampie sono le notizie che i manuali riservano all'Adriatico nel volume dedicato al Novecento, con particolare attenzione all'area giuliana e dalmata. Spesso però esse si segnalano per la loro frammentazione e superficialità che, anziché favorire la comprensione profonda dei fenomeni storici, ne banalizzano e "ritualizzano" la portata. Proviamo a spiegarci con l'analisi di un testo in uso presso i licei: un solo manuale fra le centinaia di libri sfornati annualmente, ma emblematico di alcuni meccanismi purtroppo presenti nell'editoria scolastica.
Nel capitolo sulla seconda guerra mondiale, insieme ad una scheda sulla Resistenza jugoslava, si dedicano tre righe alla Risiera di San Sabba, mentre manca qualsiasi

accenno alla complessa vicenda delle foibe tra il 1943 e il 1945 in Istria e a Trieste. Dobbiamo "saltare" due capitoli dedicati alla guerra fredda e decolonizzazione, distensione e sviluppo economico, per rintracciare, in mezzo a mille altre cose, un velocissimo riferimento agli esodi forzati delle popolazioni europee, tra cui i 250.000 italiani che "abbandonarono la Venezia Giulia e l'Istria divenute jugoslave". L'accenno (peraltro impreciso e carente nella stessa terminologia) verrà ripreso dopo due altri capitoli, dove si parla di tutto: dell'Unione Europea, di Krusciov e Che Guevara; del Sessantotto e della Terza Rivoluzione Industriale. I curatori del volume sanno bene che, essendo stato istituito dal 2004 il Giorno del Ricordo, non si può non parlare delle foibe e dell'esodo istriano-dalmata; a questo punto tutto ciò che non hanno detto e scritto nella trattazione storica, lo affidano ad una scheda, naturalmente extratestuale; qui si parla finalmente delle foibe, ma in modo decontestualizzato, perché le vicende della seconda guerra mondiale sono state affrontate duecento pagine prima e il lettore fa una gran fatica a ricucire i pezzi sparsi della trattazione.

Nella stessa scheda si affronta anche la nuova sistemazione dei confini orientali, mediante una cartina riassuntiva a dir poco confusa, dove si mescolano insieme la linea Morgan del 1945, i nuovi confini del Trattato di Parigi del 1947 e del Memorandum di Londra del 1954. In tutto ciò ci si dimentica completamente dei costi umani causati da questa ridefinizione dei confini: gli esodi forzati, l'abbandono delle case e degli affetti, i difficili rapporti fra gli esuli istriano-dalmati e gli italiani, e i campi di internamento. Conosciamo bene la complessità delle vicende del confine orientale, ma sappiamo altrettanto bene che non è quella del manuale sopra descritto la strada per dipanare e "sciogliere" questa complessità. La frammentazione, la logica delle aggiunte o della facile concessione alla ritualità del calendario civile non aiutano di certo l'apprendimento e la formazione storica dello studente. Lo dimostra anche la scelta, operata dagli autori del nostro manuale, di collocare i conflitti della ex Jugoslavia di fine Novecento fuori dalla trattazione storica vera e propria, relegandoli nel limbo della sezione finale "Temi del presente": una "quasi storia" o "non ancora storia" destinata a essere ignorata o relegata a lettura veloce di fine anno scolastico.

3. Quattro buoni motivi per affrontare lo studio della storia adriatica

"L'*Adriatico come mare-lago romano, bizantino, veneziano, ma con connotazioni ungheresi, turche e slave, poi austriaco è stato uno dei luoghi chiave della storia d'Europa*"[156]. Abbiamo voluto riportare l'affermazione dello storico Sergio Anselmi perché, meglio di altre, sa restituirci la varietà, la densità e la centralità storica di una terra che – com'è stato giustamente rilevato- "*ha prodotto molta più storia di quanta ne potesse consumare!*"[157]

Tra i tanti motivi per cui occorre a nostro avviso conoscere e approfondire lo studio del Mare Adriatico, abbiamo provato ad individuarne alcuni, ben sapendo che essi non esauriscono la complessità della sua storia.

a) Mare di scambi e crocevia di popoli, l'Adriatico ha svolto un ruolo centrale nel corso dei secoli: ponte e cerniera tra Occidente e Oriente, tra i Bizantini, i regni romano-barbarici e il mondo franco; tra cristianità e Islam; via di penetrazione verso il Nord Europa, la penisola balcanica e la regione danubiana. Una funzione

---

156   Sergio Anselmi, *Adriatico: omogeneità culturali e differenze nel lungo periodo*, in "Marca/Marche. Rivista di storia regionale", 5 (2015), pag. 122.

157   La definizione è degli storici Marta Verginella e Dario Matiussi.

di tramite e di intermediazione, è bene sottolinearlo, non solo in campo economico, ma anche politico e culturale.

Le immagini stesse che solitamente vengono associate all'Adriatico, ne evidenziano questo suo ruolo: un ponte teso a unire l'Europa all'Africa settentrionale e al Levante; una pianura liquida, per riprendere le definizioni di Fernand Braudel o, ancora, una strada d'acqua nord-sud, più veloce e meno costosa delle vie terrestri.

b) La "multiforme unità" è la nota che caratterizza una gran parte della storia adriatica in molti ambiti, da quello tecnico a quello culturale e linguistico: un'unità che neanche l'avanzata ottomana riesce a spezzare e snaturare; un'unità di cui il sincretismo e l'apertura, come avremo modo di approfondire, sono il corollario.

Le diversità sicuramente esistevano e potevano essere anche notevoli, ma – come osserva Braudel[158] - tutto concorre a rendere omogeneo il mondo adriatico: dalla geografia all'economia, dalla cultura alla religione. "Un tempo – scrive Sergio Anselmi - in Adriatico il profilo delle città di costa e delle isole era quasi identico e nelle case si mangiava alla stessa maniera"[159]. Insieme (e anche grazie) all'unità economica, sorprendente è l'unità linguistica, perché la lingua dei mercanti è l'italiano: un italiano venezianeggiante, integrato con numerosi vocaboli provenienti da altre lingue mediterranee; una sorta di "lingua franca" che permette a popoli di etnie diverse di comunicare fra loro.[160]

---

158   F. Braudel, *Civiltà e imperi del Mediterraneo nell'età di Filippo II*, Einaudi, Torino 1986, pag. 127.

159   S. Anselmi, cit., pag. 123.

160   M. Moroni, *L'Adriatico e la sua storia in dieci parole-chiave*, in

A tal proposito lo storico francese Jean Claude Hocquet ha sottolineato con forza il concetto di unità o di *Koiné* adriatica, come preferisce chiamarla, a proposito della quale osserva che, prima dell'affermazione degli stati moderni, con le loro frontiere e le loro lingue nazionali, l'Adriatico ha costituito di fatto un vero e proprio "Stato"[161]. Straordinaria molteplicità e sorprendente unità: sono questi i due poli attorno a cui si muove la storia del Mare Adriatico che presenta, da questo punto di vista, pagine di grande interesse anche per il nostro tormentato presente[162].

c) C'è un altro motivo che potrebbe spingerci a conoscere e navigare nella storia dell'Adriatico: la possibilità di rileggere il passato della penisola italiana non solo in chiave Nord /Sud, ma anche di un Ovest tirrenico e di un Est adriatico. *"L'Italia* - scrive Dante Alighieri nel *De vulgari eloquentia* - *è primamente in due parti divisa, cioè nella destra e nella sinistra, secondo il giogo dell'Appennino"*. *L'osservazione di Dante ci consente innanzitutto di rivedere e, per certi aspetti, di superare la prevalente e tradizionale tipizzazione della nostra penisola secondo lo schema bipolare Nord-Sud[163]. Osservando la cartina dell'Italia, non possiamo non accorgerci della decisa torsione ver-*

Marca/Marche. Rivista di storia regionale", 5 (2015), pag. 16.

161   cfr. M. Moroni, *Adriatico: una storia millenaria tra economia, arte e cultura*, in M.C. Sampaolesi, P. Coppari, A. Chiusaroli, P. Scorcella (a cura di), *Un mare di storia*, cit. pag. 48.

162   Sull'argomento, può risultare interessante la lettura del testo di M. Moroni, *Tra le due sponde dell'Adriatico. Rapporti economici, culturali e devozionali in età moderna*, Edizioni Scientifiche Italiane, Napoli 2010.

163   Cfr. E. Galli della Loggia, *L'identità italiana*, Bologna, il Mulino,1998.

so est della nostra penisola, per cui il nostro Sud è anche un Oriente. *Un'orientalità che si accentua proprio a partire dall'Adriatico centrale: Porto San Giorgio, nelle Marche, è più a oriente di Trieste; Otranto in Puglia si trova sullo stesso meridiano di Budapest e Danzica, più a est di Berlino*[164]*. E' ancora una volta Fernand Braudel a offrirci potenti suggestioni storiche, partendo dalla posizione geografica e dalla situazione morfologica della nostra penisola: "Di solito – così scrive - si vede soltanto la nettissima opposizione tra l'Italia settentrionale e l'Italia peninsulare, ma l'opposizione est-ovest, Italia tirrenica – Italia levantina, meno apparente, non è meno reale. Ha funzionato, in tutto il passato italiano, come un'articolazione segreta. Per molto tempo, la parte orientale della penisola ha primeggiato sull'Occidente e l'ha preceduto. Al contrario, è a ovest, a Firenze, a Roma, che sorge il Rinascimento. [...] Lo stesso moto di basculla sul piano economico: quando a ovest declina Venezia, Genova trionfa [...]. Est, Ovest, Adriatico, Tirreno: sono i destini dell'Italia, ma anche quelli del Mediterraneo tutto, che oscillano così, alternativamente, da una parte e dall'altra della penisola italiana, giogo di un'immensa bilancia."*[165]

È evidente come questo tipo di approccio possa aprire scenari e prospettive interessanti, non solo nella storiografia, ma anche nella storia insegnata: ci ritorneremo in modo più dettagliato nell'ultima parte di questo nostro intervento.

d) La storia dell'Adriatico permette non solo di guardare indietro, ma anche di proiettarsi nel presente e nel futuro: questo mare potrebbe ristabilire una nuova interrelazione tra le due sponde che negli ultimi due secoli hanno conosciuto una notevole frattura e marcate differenze. Si tratta di trasformare l'Adriatico in

---

164   E. Galli della Loggia, cit. pag. 12.

165   F. Braudel, cit. pag. 127.

una rete che permetta di connettere paesi diversi e di procedere secondo una logica inclusiva che produca coesione; in tal senso - come scrive il geografo Carlo Pongetti - questo mare può costituire un laboratorio per l'Europa del futuro[166]. È questo lo spirito con cui è nata nel 2006 la Macroregione Adriatico Ionica, promossa dall'Unione Europea e formata da otto stati: Italia, Grecia, Slovenia, Croazia, Bosnia-Erzegovina, Montenegro e Albania. Stabilire e armonizzare una comune strategia di sviluppo nel rispetto dell'ambiente, realizzare programmi di scambi culturali e di esperienze: sono questi in sintesi le finalità che proiettano questa nuova euroregione negli scenari geopolitici del futuro. In questa prospettiva il Mare Adriatico, oltre a confermarsi mare dell'intimità, secondo la suggestiva immagine di Predrag Matvejević, e possibile modello per l'Europa, potrebbe diventare una sorta di "oceano del domani"[167] per la sua nuova centralità nei rapporti con l'Oriente e i paesi nord-africani[168].

4. Una storia che viene dal mare: spunti e riflessioni per la costruzione di percorsi storico-didattici

L'obiettivo di questa quarta e ultima sezione è far dialogare, mettendoli in relazione, la storia generale e i più recenti e innovativi studi sulle vicende plurisecolari del Mare Adriatico. Il rischio in questi casi è

---

166   C. Pongetti, *Adriatico: un ponte per l'Europa del Terzo Millennio*, in Carlo Pongetti (a cura di), *La Macroregione Adriatico-Ionica. Valori culturali e dinamiche territoriali tra le due sponde dell'Adriatico*, Consiglio Regionale delle Marche, An-cona 2015, pag. 26

167   La definizione è di C. Pongetti, cit., pag. 26

168   M. Moroni, *Adriatico: una storia millenaria tra economia, arte e cultura*, cit. pp.62-63.

quello di aggiungere nuovi argomenti agli indici già troppo ricchi e, in molti casi, ipertrofici dei nostri manuali di storia. Nel nostro caso vorremmo procedere non tanto per "aggiunte", quanto piuttosto per modalità di rilettura di alcuni periodi e processi storici, col fine di offrire nuovi e stimolanti punti di vista e di osservazione. A titolo di esempio, può essere utile la lettura delle pagine iniziali del libro " L'identità italiana", dove l'autore Ernesto Galli della Loggia, a proposito dell'orientalità geografica del nostro centro-sud e del mare Adriatico, scrive che essa *"dovrebbe forse indurci a pensare in termini di scansioni storiche diverse da quelle cui siamo abituati: per esempio potrebbe indurci a considerare i 2000 anni che vanno dal 1000 a.C. al 1000 d.C come un blocco di secoli che vedono, in quelle contrade, 6-7 secoli di dominio romano contrapporsi a ben il doppio circa di dominio greco prima e bizantino poi* [..].[169]

Quelle che seguono sono indicazioni o, meglio, suggerimenti per alcuni percorsi storico-didattici che i docenti potrebbero selezionare e adattare per la programmazione curricolare di storia.

a) Adriatico mare di confini – Quello del confine (o, meglio, dei confini) è uno snodo storico fondamentale della storia adriatica e il filo conduttore di un processo plurisecolare, caratterizzato da strutture di lungo periodo e momenti di svolta. Il Mare Adriatico è il luogo dove corrono i confini tra Impero Romano d'Occidente e d'Oriente; tra quest'ultimo e i regni romano-barbarici; dove per secoli si snoda la frontiera tra Cristianità e Islam.

Uno spazio di confini, ma – com' è stato giustamente ricordato - di confini "liquidi" e di frontiere "porose" che non impediscono scambi, rapporti e processi

---

169   E. Galli della Loggia, cit. pag. 13.

di osmosi. Anche con la conquista turca di gran parte della penisola balcanica nel corso del XV secolo, i rapporti tra la Cristianità e i Turchi non vengono mai meno, perché anche durante le guerre, i traffici non si interrompono mai completamente e, con la fine delle ostilità, si ritorna subito a commerciare. Lo storico Marco Moroni ci ricorda che "[...] *non solo Venezia costruisce il Fontego dei Turchi, ma anche Ancona mette a disposizione dei mercanti turchi un apposito fondaco [...] posto nei pressi del porto. [...] E persino le situazioni più incredibili (i luoghi della schiavitù mediterranea) diventano occasioni di incontro e di scambio".*[170]

A questo proposito risulta interessante il parere del geografo Franco Farinelli, secondo cui l'identità adriatica è fondata sull'accettazione della diversità e sul sincretismo, *"tanto che le città adriatiche sono permeate da un atteggiamento di coesistenza e di dialogo nei confronti delle altre culture.*[171]

Dopo più di 500 anni di "frontiere permeabili" che -seppure in contesti di forti antagonismi e conflittualità- non avevano mai impedito relazioni e processi di osmosi, il secolo XIX rappresenta un punto di svolta e di rottura, con lo sfaldamento dell'Impero Ottomano e l'affermarsi di crescenti nazionalismi da parte dei nuovi stati sorti sulle sponde e a ridosso dell'Adriatico. Gli stessi nazionalismi che, attraverso le guerre mondiali, porteranno alle chiusure del secondo dopoguerra e alla cortina di ferro che spaccherà in due l'Adriatico, sino ai sanguinosi conflitti nella ex Jugoslavia di fine Novecento.

Una lunga storia quella del Mare Adriatico, grazie alla quale gli studenti riescono ad elaborare l'idea che

---

170   M. Moroni, *Adriatico: una storia millenaria tra economia, arte e cultura*, cit. p.59.

171   Ivi, pag. 61.

il confine può essere sia una frontiera porosa e, dunque, un'opportunità di dialogo e di apertura, sia una vera e propria barriera. Una storia complessa quella dei confini, racchiusa del resto nell'etimo della parola stessa, se è vero che il termine *confine* deriva dal latino *finis* cioè "limite, termine" e anche "fine", ma contiene anche il prefisso cum che significa "con, insieme".

Due accezioni che convivono sempre, anche se ci sono periodi storici in cui prevale l'una o l'altra o in cui si registra un precario e difficile equilibrio, come il tempo presente dove, accanto alla permeabilità dei confini dei Paesi dell'Unione Europea, convivono e si affermano pericolose spinte per costruire nuovi muri e barriere.[172]

b) "Nuove" geografie – Studiare l'Adriatico richiede- come abbiamo già avuto modo di sottolineare- una forte attenzione all'ottica geo-storica e ai suoi quadri ambientali, con la possibilità di esplorare "nuove geografie", a partire dalla definizione stessa dell'Adriatico. A proposito del quale, lo storico Sergio Anselmi ci invita a non considerarlo né come un mare, né come un golfo o un lago, ma piuttosto come un "territorio": "*Sarajevo* - così scrive - è una città adriatica, Belgrado sente l'Adriatico. A Budapest si dice che l'Adriatico è uno dei tre mari dell'Ungheria, essendo gli altri il Baltico e il Mar Nero. C'è questo hinterland balcanico nel "nostro" Adriatico, come è certo che l'aria di mare cessa di spirare sullo spartiacque appenninico. Se si

---

172   Sono queste le linee portanti di un percorso storico-didattico "Narrare un confine" condotto, nell'ambito della Rete di Storia di Castelfidardo, dalle docenti Paola Scorcella e Antonella Chiusaroli dell'I.C. "Badaloni" di Recanati, con alunni delle classi terze della scuola secondaria di primo grado.

va oltre questo spartiacque *si sente che l'atmosfera è diversa, e così l'agricoltura* [...][173].

Per riassumere con le parole di Fernand Braudel[174], il mondo adriatico supera i contorni del mare e si addentra nelle terre più interne e continentali della penisola balcanica. E dall'altra parte, verso ovest, si arresta lungo la linea appenninica che divide in due l'Italia e rende difficoltose le comunicazione tra la costa adriatica e tirrenica della penisola. *"Le due spond*e –come osserva Ernesto Galli della Loggia[175] - *intrattengono relazioni più frequenti con i paesi rivieraschi stranieri dirimpettai che fra loro"*. Ancona, ad esempio, presenta da sempre rapporti assai più intensi con la costa dalmata che con Napoli.

La torsione a oriente dell'asse longitudinale della penisola, un mare che si addentra nell'interno dei Balcani e si arresta invece davanti all'Appennino: sono piccole, ma significative esplorazione geo-storiche che - se ben progettate e condotte - possono sorprendere e motivare gli studenti. Di grande interesse risultano anche la conoscenza e lo studio della fitta rete di centri costieri dell'Adriatico che - per usare un'espressione dello storico Marco Moroni - è un mare di città. Ed è proprio alle città adriatiche che la pubblicazione curata dalla Rete di Storia di Castelfidardo dedica, come abbiamo già detto - un'intera sezione con schede storiche di approfondimento, calibrate per studenti della scuola secondaria: grazie ad esse i giovani lettori possono viaggiare, passando alternativamente da una sponda all'altra del mare e visitando undici città note e meno note in diversi momenti della storia dell'A-

---

173   S. Anselmi, *Adriatico: omogeneità culturali e differenze nel lungo periodo,* cit., pag. 123.

174   F. Braudel, cit. pag. 127

175   E. Galli della Loggia, cit. pag.14.

driatico: dall'antichità augustea al Medioevo, dal periodo ottomano alle vicende del secondo dopoguerra, sino al tragico conflitto nella ex Jugoslavia alla fine del secolo scorso.

Ogni città può costituire un interessante punto di osservazione del periodo e del contesto in cui si snoda la sua storia, da cui partire per impostare e realizzare in classe altrettanti studi di caso, sulla base del materiale storiografico e didattico proposto.

c) Il ruolo dell'Impero ottomano: su di esso è stato gettato un "discredito gratuito" - per usare le parole di Braudel - e i manuali spendono poche righe e molti stereotipi. Contrariamente a quanto si pensa, quando fra Quattro e Cinquecento i Turchi conquistano l'area balcanico-danubiana, l'Europa non entrò in una lunga fase di arretratezza dalla quale sarebbe uscita soltanto nell'Ottocento con l'indipendenza.[176] Osserva a tale proposito lo storico Renzo Paci che *"lo Stato ottomano, forte e centralizzato, che si sostituì a un regime feudale rissoso e frantumato, estese a quest'area un nuovo ordine sociale, consentì l'attivazione di un sistema viario efficiente e sicuro, percorso dagli eserciti del sultano, ma anche da attivissimi flussi commerciali"*[177].

La conquista turca non penalizza dunque l'Adriatico, perché anzi vi fa convergere i traffici di un mercato più vasto, economicamente più omogeneo e unificato. Rileggere la storia dell'età moderna in questa chiave può riservare nuovi stimoli e riflessioni e permette,

176 M. Moroni, *Adriatico: una storia millenaria tra economia, arte e cultura*, cit. p.58.

177 R. Paci, in Sergio Anselmi, a cura di, *Sette città jugoslave tra Medioevo e Ottocento. Skoplje, Sarajevo, Belgrado, Zagarbia, Cettigne, Lubiana, Zara*, "Quaderni di "Proposte e ricerche", n. 9, dicembre 1991, pp. 229-232.

soprattutto, di superare schemi interpretativi binari e semplicistici.

d) Pirateria e schiavitù nell'Adriatico – Solitamente associamo la parola "schiavitù" alla "tratta degli schiavi", il grande flusso atlantico di uomini e donne che dall'Africa si dirigeva verso le Americhe. Esiste invece - come ci ricorda Marco Moroni - un grande commercio degli schiavi anche nel Mare Adriatico e nel Mediterraneo, seppure con caratteri e con numeri diversi[178]. A proposito dei quali, alcuni storici hanno ipotizzato la cifra di tre/quattro milioni di persone nella fase più acuta fra Quattro e Cinquecento: un fenomeno storico quantitativamente inferiore alla tratta atlantica, ma in ogni caso rilevante e interessante; intorno ad esso infatti si muovono dinamiche, vicende e flussi di persone legati agli attacchi corsari, al mercato degli schiavi e alle procedure di riscatto: un mondo del tutto ignorato dalla manualistica scolastica e dalla storia insegnata, nonostante l'interesse e il fascino che potrebbe esercitare nei confronti degli studenti, attratti dal senso di avventura e di mistero da sempre legati al mare.

e) Le vicende del confine orientale nell'Alto Adriatico: il lembo di terra giuliano-dalmata con le sue vicende tra prima e seconda guerra mondiale possono costituire un osservatorio privilegiato da vari punti di vista : per cogliere tutte le accezioni del termine confine su cui abbiamo ragionato in precedenza (confine mobile, confine-cerniera, confine-cesura); per lo studio e la comprensione della storia europea della prima metà del Novecento: fine di imperi multinazionali, contrasti nazionali ed etnici, presenza e politiche repressive

---

178   M. Moroni, *Corsari, pirati e schiavi nell'Adriatico di età moderna*, in Carlo Pongetti (a cura di), cit., pp.123-141

di regimi totalitari, trasferimenti forzati di popolazione tra primo e secondo dopoguerra, guerra fredda.

Le cinque rilevanze storico-didattiche da noi elencate non vogliono avere valore di completezza ed esaustività rispetto alla storia del Mare Adriatico per la quale si rimanda – a chi voglia approfondire la questione - alla pubblicazione da cui ha preso spunto il nostro intervento. Per concludere, ci piace condividere l'auspicio dello storico Marco Moroni, quando alla fine dei suoi interventi di formazione scrive che "l'Adriatico con la sua storia può e deve divenire il fulcro di una nuova "euroregione" che recuperi la tradizionale funzione di cerniera: luogo di incontro e mare di scambi non solo economici, ma anche sociali, religiosi, culturali e artistici"[179].

---

179   M. Moroni, *Adriatico: una storia millenaria tra economia, arte e cultura*, cit. pag. 62.

Giochi e civiltà. I giochi da tavolo, viaggiatori nella Storia

di *Marco Tibaldini*

L'essere umano gioca lungo tutto il corso della propria storia personale, dai primi giorni di vita fino alla vecchiaia inoltrata applica dei paradigmi simbolici alla realtà, caricando ignari oggetti di significati a loro estranei. Talvolta ne modifica addirittura la forma ed il colore, per renderli strumenti di un complesso disegno ludico, che si sviluppa in parte sul piano fisico ed in parte su quello concettuale. La realtà viene sottoposta ad un'affascinante interpretazione simbolica che determina uno scopo ben definito e stabilisce quali possibilità siano lecite o meno per raggiungerlo. L'essere umano inizia a giocare quando sceglie di stare alle regole, quando liberamente acconsente ad interpretare diversamente la realtà tangibile, lasciando che una strana mistura di logica e fantasia ne modifichino il valore.

Così fa il neonato quando nei primi giorni di vita succhia la propria lingua illudendosi che sia il seno della madre, oppure l'infante che intravede nella carcassa di una scatola il fiero elmo di un prode cavaliere. Così fa l'adulto praticando diversi sport che esplorano i complessi rapporti che un pallone può avere con schemi di righe disegnate sul suolo, oppure l'anziano che nel pieno pomeriggio sorride con gli amici alle imprevedibili combinazioni delle carte da gioco.

Gli uomini giocano per tutto il corso della propria vita, e nello stesso modo il genere umano ha giocato lungo tutto il corso della propria storia, anzi, possiamo dire che giocare è una pratica universale, senza limiti geografici o temporali. Se ci pensiamo bene, in fondo, trovare modi costruttivi e positivi per divertirsi in compagnia degli amici sembra proprio essere un'attitudine profondamente radicata nel nostro essere!

Riflettendo sull'attitudine ludica dell'essere umano uno storico olandese di nome Johan Huizinga (1872-1945), negli anni '30 approfondì uno studio sulle modalità, gli strumenti e le finalità del gioco. La sua ricerca è stata condotta con un approccio storico-antropologico che lo portò a dire che il gioco ha una funzione organizzatrice a livello logico, psicologico e sociale. Huizinga sostenne che la pratica ludica fosse uno dei fondamenti della società, della cultura e della civiltà. Infatti intitolò il suo libro più celebre "Homo Ludens" (1938).

In questo breve articolo cercheremo di approfondire quindi la storia di alcuni antichi giochi da tavolo che ci faranno scoprire quante prospettive storiche ci consente di aprire un gesto semplice e banale come lanciare un dado o spostare una pedina.

Homo ludens?

Fig. 1 - Tavola di Ain' Ghazal

Il dibattito sull'origine dei giochi da tavolo è ancora in corso all'interno della comunità scientifica, ma l'ipotesi più accreditata fa risalire i giochi da tavolo al periodo neolitico, collocandone l'invenzione fra il 7150 e il 6500 a.C. Questa tesi è supportata dal ritrovamento di 12 possibili frammenti di tavole da gioco in pietra calcarea che presentano sulla superficie una serie di fori. Quella che potrebbe essere la tavola da gioco integra più antica mai rinvenuta è stata scoperta nel sito di Ain' Ghazal, in Giordania[180]. Sul sito neolitico di Cayonu Tepesi, in Turchia, sono invece stati ritrovati dei piccoli oggetti in pietra calcarea, tutti dell'altezza di 3,5 cm e finemente lavorati alla base in modo che potessero stare in piedi. Dimensione e forma di questi manufatti hanno portato ad ipotizzare che fossero delle pedine da gioco preistoriche.

Se queste interpretazioni sono corrette, possono testimoniarci il raggiungimento di un notevole livello di complessità sociale e culturale da parte di alcuni gruppi sociali dell'epoca neolitica. Se osserviamo la geografia dei ritrovamenti possiamo vedere che si concentrano nell'area della Palestina, dove si iniziò a praticare l'agricoltura, e questo potrebbe non essere frutto di una casualità.

Infatti se collochiamo le evidenze materiali sulla linea del tempo insieme agli altri eventi principali del periodo neolitico, i giochi da tavolo diventano degli importanti indicatori che testimoniano lo sviluppo del pensiero logico umano:

11400 a.C. circa:
- l'uomo inizia a sperimentare la coltivazione dei cereali
- le comunità sono composte da 40-50 individui circa e vivono in riparti semi-temporanei
- primi tentativi di gestione dell'ambiente da parte delle comunità

7500 a.C. circa:
- si completa il processo di sedentarizzazione e si sviluppano delle forme di scambio e baratto regionali
- le comunità sono composte da 250-500 individui e vivono in villaggi stabili

---

180   G.O. Rollefson, *A neolithic game board from Ain Ghazal, Jordan*, in Bulletin of the American School of Oriental Research, n°286, Maggio 1992.

- compaiono i primi giochi da tavolo

6000 a.c. circa:

- l'uomo inizia a praticare la tessitura, la metallurgia e la lavorazione della ceramica
- compaiono forme rituali complesse legate alla fecondità umana e vegetale e dai tratti culturali regionali.

Considerando questi fattori sembra quindi che l'invenzione dei giochi da tavolo sia da collocare all'interno del processo di sedentarizzazione ed urbanizzazione, quando le comunità di agricoltori stavano acquisendo dei tratti di maggiore complessità sociale e culturale, e dove la gestione di un surplus agricolo richiedeva loro di padroneggiare delle competenze matematiche e statistiche.

A quell'epoca l'utilizzo della matematica era indispensabile per poter gestire le necessità alimentari di gruppi composti da diverse centinaia di individui, ma a fronte di una necessità tanto pressante l'umanità non disponeva di strumenti concettuali adeguati. Ad esempio non era ancora stato inventato un sistema di scrittura in grado di dare una forma grafica ai concetti numerali e quindi ogni calcolo doveva essere svolto a mente. Eppure, in una simile condizione i nostri antenati riuscirono a sviluppare una forma di pensiero matematico, e come per tutte le cose, non tardarono a capire come renderlo divertente attraverso dei giochi specificatamente pensati per stimolarlo.

Questo accadde proprio nel particolare contesto sociale e culturale del tardo neolitico, quando per necessità tali conoscenze e competenze erano patrimonio di intere comunità.

Una visione processuale dell'evoluzione storica... dei giochi!

I giochi da tavolo potrebbero, quindi, essere stati inventati nell'epoca neolitica, durante il lungo e complesso processo di urbanizzazione, al termine del quale si svilupparono le grandi civiltà dell'età del bronzo che studiamo a scuola come Sumeri, Assiri, Egizi, che ci hanno restituito numerosi reperti relativi alla loro cultura ludica. I giochi da tavolo dell'età del bronzo discendono direttamente dai loro antenati preistorici, evolvendosi insieme ai gruppi sociali nei quali venivano praticati, acquisiscono ulteriori valenze culturali e simboliche. Questi giochi sono infatti ampiamente documentati da fonti materiali, letterarie ed iconografiche che ci consentono di identificarli e di comprenderne le implicazioni culturali.

Giocare sulle sponde del Nilo

Fig. 2 - Tavoliere del Senet detto "di Amunoteph III". Broolin Museum

Nell'antico Egitto i giochi da tavolo sembrano avere avuto delle valenze religiose o mistiche, poiché venivano spesso seppelliti all'interno delle tombe per accompagnare i defunti nel regno dei morti, oppure incisi sui pavimenti di templi ed aree sacre.

Il tavoliere che conta il maggior numero di ritrovamenti (ben 120) è quello del Senet, identificato su tavole lignee, incisioni pavimentali o disegni su papiri. Si tratta di un gioco antichissimo, attestato a partire dal 2995 a.c. al I secolo d.C., ed il suo nome significava "porta" o "passaggio".

Il Senet era un gioco a percorso sul quale, grazie ad un lancio di dadi, si muovono due gruppi di 7 pedine ciascuno. I dadi egiziani in realtà erano molto diversi dai nostri, non erano di forma cubica, ma erano dei semplici bastoncini, che potevano cadere su un lato o sull'altro, restituendo solo due possibili risultati. I due lati di ciascun "dado" erano resi differenti per mezzo di decorazioni o colorazioni. Per giocare al Senet si lanciavano contemporaneamente 4 "dadi" e si contava un punto per ogni bastoncino che cadeva con il lato decorato verso l'alto.

Il percorso disegnato sul tavoliere composto da 30 caselle, cinque delle quali presentano delle decorazioni che possono variare da caso a caso, ma quasi sempre in riferimento all'ambito religioso:

26. nfr – simbolo che significava "Buono" e "Bello", posto dentro una casa. Si trattava quindi della "casa della vita"

27. Mn – rappresentava l'acqua, un segno di pericolo e di morte,

28. tre divinità,

29. due divinità.

Fig. 3 - Due tavole da gioco contenute nel papiro JE 88007 mostrano i simboli di carattere religioso iscritti nelle ultime caselle. Museo del Cairo.

A partire dal regno del faraone Sethi I (1289-1278 a.c.) nella casella 30 venne rappresentato invece il disco del sole, simbolo di Ra. Successive modifiche intercorse nei periodi seguenti inserirono fra le caselle anche il dio Horus e la "casa del ringiovanimento", che era un altro nome per indicare il laboratorio di mummificazione.

Insomma le fonti materiali riferite al gioco del Senet sembrano indicare numerose implicazioni religiose, ed anche le fonti iconografiche ci portano nella medesima direzione. Il gioco è stato più volte inserito in affreschi o bassorilievi tombali raffiguranti dei riti funerari. Nella tomba G 7102 di Giza si trova un bassorilievo che mostra diverse attività praticate durante un funerale, fra danzatori e suonatori possiamo vedere anche dei giocatori di Senet. Talvolta queste figure sono anche corredate da dei fumetti che ci aprono delle finestre sulla vita quotidiana nell'antico Egitto e, leggendo queste frasi, ci sembra quasi di poterci immaginare battibeccare i giocatori.

Fig. 4 - Tomba di Idu a Giza (G 7102) mostra diverse attività praticate durante i riti funerari, nella linea centrale possiamo trovare anche due partite a Senet

Come esempio, riporto alcune traduzioni di conversazioni:

Bassorilievo nella tomba di Kairer:
Giocatore di sinistra: in questa casella dell'umiliazione farò 1.
Giocatore di destra: io farò un 3 nella casa del benessere (Nfr).
Bassorilievo nella tomba di Nebauhor:
Giocatore di sinistra: saltalo e sbrigati, imbecille!
Giocatore di destra: infatti farò sì che le mie dita mi indichino la strada verso la casa delle tre ossa.

Bassorilievo nella tomba di Rashepses:
Giocatore di sinistra: io ne salterò tre e due (pedine) nel mio passaggio.
Giocatore di destra: è nel passare che io ho ottenuto il mio passaggio, osserva il mio tre!

Fig. 5 - Tomba di Ankhef-En- Sakhmet, della XXVI dinastia, particolare dei giocatori di Senet con fumetti. Walters Art Gallery, Baltimora

Alcuni bassorilievi rappresentano invece una partita a Senet fra persone vive e i parenti defunti, in particolar modo durante i riti funerari dedicati alla dea Hator.

Fig. 6 - Tomba di Kaemankh a Giza (tomba G 4561)

Un incantesimo scritto su di un sarcofago della XII dinastia esplicita questa funzione mediatrice del Senet: *Lascia che canti, lascia che balli, lascia che giochi a Senet con coloro che stanno sulla terra. In esso è la sua voce (sebbene) egli non sia visibile. Lascia che vada alla sua casa e possa visitare i suoi figli in eterno.*

In definitiva, quindi, il gioco del Senet ci consente di calarci nella realtà quotidiana degli antichi Egizi, riportando alla vita delle scene e delle situazioni che sembravano perdute per sempre.

Giocare fra il Tigri e l'Eufrate

Fig. 7 - Tavola U 10478 appartenuta alla regina Puabi, British Museum

Nelle campagne di scavo condotte fra il 1926 ed il 1930 da Sir Leonard Woolley, la necropoli regale di Ur restituì numerosi oggetti divenuti icone dell'antica civiltà sumera, come i gioielli della regina Puabi o il famoso Stendardo reale di Ur, oggi esposti al British Museum.

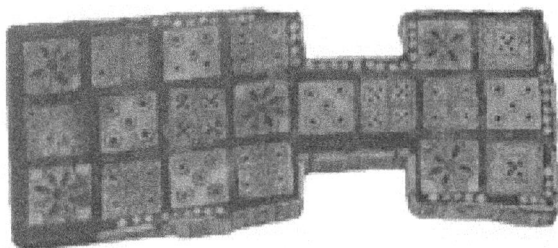

Fig. 8 - Tavola U 9000, British Museum

Fra le tombe scavate da Wolley sono stati ritrovati anche 5 tavole da gioco, quattro delle quali erano poste in sepolture appartenute a membri della famiglia reale. Risalivano al 2600 a.C. circa e sono state realizzate in legno finemente lavorato, con inserti in corniola, conchiglie e lapislazzuli.

Una di esse, catalogata come U 9000 era corredata anche da pedine e dadi da gioco, ed oggi è esposta al British Museum insieme a tutto il suo corredo.

Fig. 9 - Shamash che sorge dai monti

Non si conosce esattamente la funzione di questo gioco nel contesto culturale sumero, anche se è possibile fare alcune supposizioni partendo da un dato apparentemente sconnesso dall'ambito ludico: in 3 casi su 5, nelle tombe in cui sono stati ritrovati i giochi da tavolo erano presenti anche delle seghe da falegname, e nella tomba della regina Puabi ve n'era addirittura un esemplare in oro.

Questo umile strumento di lavoro era in realtà sacro al dio del sole sumero, chiamato Utu, che successivamente in lingua akkadica (la lingua parlata dagli Assiri e dai Babilonesi) si chiamerà Shamash, il quale era spesso rappresentato mentre sorgeva da dietro un monte brandendo in mano una sega. Oltre ad essere il dio del sole era anche il giudice supremo degli inferi e presiedeva le pratiche divinatorie. I mortali di alto rango portavano dei doni, come raccontato anche nei poemi di Gilgamesh e di Ur-Nammu, alle divinità dell'oltretomba ed agli antichi re divinizzati. Ciò spiega le seghe all'interno delle sepolture e probabilmente anche i preziosi giochi da tavolo rinvenuti accanto ai membri della famiglia reale.

Un aspetto ricorrente fra tutte le tavole rinvenute ad Ur è la presenza di decorazioni floreali ad una distanza di 4 caselle l'una dall'altra, mentre gli altri intarsi sembrano rappresentare dei simboli benauguranti e malauguranti. Per mancanza di fonti scritte è impossibile stabilire con certezza le valenze di cui questo gioco era stato caricato in ambito sumero, mentre è certamente più facile ricostruirne l'uso in ambito assiro e babilonese. Questo grazie al fatto che questo gioco è sopravvissuto al tramonto della civiltà sumera ed è stato tramandato alle civiltà che hanno abitato in seguito lo stesso spazio.

Fig. 10 - Evoluzione del gioco, 1635-1458 a.C., MET Museum di New York

In ambito assiro e babilonese infatti il gioco non cessò di essere utilizzato, ma cambiò semplicemente la disposizione delle caselle: rispetto all'originale sumero, presso Assiri e Babilonesi il gioco aveva assunto una forma più allungata, nella quale due file di 4 caselle ciascuna contornavano una fila di 12 caselle centrali.

La quantità di caselle che componevano la linea centrale non era casuale, ma aveva un significato ben preciso che corrispondeva a tratti culturali peculiari delle civiltà mesopotamiche.

Irving Finkel, assistente curatore del settore cuneiforme del British Museum, scoprì per caso nei vasti depositi del museo una tavoletta scritta in akkadico sulla quale è possibile leggere:

Fig. 11 - La tavoletta BM 33333 B esposta nella stessa teca del Gioco di Ur, British Museum

1. *L'uccello della tempesta: un pezzo splendente*
2. *Il corvo: un pezzo splendente*
3. *Il gallo: un pezzo splendente*
4. *L'aquila: un pezzo splendente*
5. *La rondine: un pezzo poco pregiato*
6. *Cinque pezzi di gioco volanti*
7. *Un osso di pecora, un osso di bue (astragali)*
8. *Due muovono i pezzi*
9. *Se gli astragali danno come punteggio un due*
10. *La rondine siede sulla testa della prima rosetta*
11. *Se giungerà su di una rosetta, una donna amerà colui che si attarda alla taverna*
12. *A riguardo dei suoi bagagli, avrà della buona sorte*
13. *Se non arriverà sulla rosetta, una donna lo respingerà*
14. *Per colui che si attarda alla taverna, a riguardo dei suoi bagagli*
15. *La buona sorte non si curerà di loro*

16. Se gli astragali da come punteggio un cinque
17. L'uccello della tempesta siederà alla quinta casa
18. Se in seguito giungerà ad una rosetta, ci sarà cibo sufficiente per i bagagli
19. Se non arriverà su di una rosetta, sarà carestia
[…]

Sembra, quindi, che si tratti del più antico regolamento mai ritrovato ed il fatto che allude alla presenza di rosette sulla tavola da gioco fa pensare che siano proprio le regole del gioco ritrovato ad Ur, con qualche piccola modifica intercorsa durante i due millenni successivi. La partita sembra, quindi, raffigurare il volo degli uccelli che, rappresentati dalle pedine, si muovono su di un cielo trasfigurato dal taviere. L'osservazione del volo degli uccelli, che vivono a metà fra il cielo e la terra, era anche una pratica divinatoria con la quale si cercava di intuire la volontà degli dei celesti.
Lo scriba che ha copiato questa tavoletta ha poi apposto la sua firma, premurandosi di chiedere al lettore di conservarla:

33. Scritto, controllato ed annesso all'originale
34. Una tavoletta di Iddin-Bel, figlio di Muranu
35. Discendente di […] scritta dalla mano di Itti Marduk-Balatu
36. Che teme Bel e Beltiya
37. Nabu(?), Tashmet e Nanaya di Ezida
38. Che non si cancelli la scrittura!
39. Babilonia, mese di Arashamnu, terzo giorno
40. Anno 135 di Siluku il Re (si tratta di Seleuco, la tavoletta era stata ricopiata nel 177 a.C., in epoca ellenistica prendendo a modello un originale molto più antico).

Sul retro della tavoletta invece sono presenti 12 rettangoli, al centro dei quali si trova una losanga contornata da 6 triangoli. Al centro di ogni losanga è scritto il nome di un segno zodiacale ed i caratteri scritti nei triangoli circostanti formano una frase di senso compiuto:

1. *Cavallo alato: colui che siede in una taverna*
2. *Ariete: un boccale di birra se ne andrà*
3. *Toro/Pleiadi: getterò io i rifiuti per te*
4. *Gemelli: troverai un amico*
5. *Cancro: sarai in una posizione ambita*
6. *Leone: sarai forte come un leone*
7. *Vergine: andrai lungo il sentiero*
8. *Libra: come colui che soppesa dell'argento*
9. *Scorpione: verserai della buona birra*
10. *Sagittario: attraverserai il guado*
11. *Capricorno: come colui che possiede una mandria*
12. *Acquario: taglierai della carne*

Ecco spiegato il motivo delle 12 caselle della linea centrale: rappresentavano le 12 costellazioni dello zodiaco e ad ognuna di esse era abbinato un auspicio.

In effetti anche il numero complessivo delle caselle sembra avere un significato: secondo la numerologia mistica elaborata dai Babilonesi, il numero 20 era sacro al dio Shamash, al quale era dedicato il ventesimo giorno di ogni mese. Shamash era anche la divinità che soprintendeva alla divinazione, la quale spesso avveniva attraverso l'aruspicina (osservazione del fegato di un animale sacrificale), tramite la quale si potevano compiere 20 possibili interrogazioni.

Poiché presso i Babilonesi fare l'indovino era una professione di tutto rispetto, considerata altamente attendibile, poteva capitare che gli aruspici facessero dei modellini in argilla dei fegati analizzati riportando i diversi presagi che si potevano trarre dalle loro diverse parti.

Sul retro di alcuni di questi modellini è stato trovato inciso proprio il gioco delle 20 caselle. In complesso quindi, sembra che questo gioco sumero-assiro-babilonese fosse una sorta di strumento attraverso il quale credevano possibile produrre degli oroscopi!

Gli antichi giochi da tavolo visti in prospettiva storica

I tre esempi di antichi giochi da tavolo presentano di per sé notevoli collegamenti con il contesto storico-culturale in cui sono stati utilizzati e lasciano trasparire dei simpatici momenti di vita quotidiana nel mondo antico. Tuttavia il loro

valore storico non si esaurisce nella loro contestualizzazione: essi sono testimoni di un processo di evoluzione socio-culturale che ha attraversato le barriere dello spazio e del tempo mettendo in comunicazione civiltà di epoche e luoghi differenti.

Fig. 12 - Senet appartenuto a Tutankhamon, con annesso il gioco delle 20 caselle. Visione laterale e visione dall'alto. Museo del Cairo (Cortesia del fotografo Sandro Vannini)

Un esempio di come i giochi antichi possano mettere in luce delle dinamiche storiche: il tavoliere sumero delle 20 caselle ad esempio venne trasmesso alle altre civiltà mesopotamiche, le quali vissero dei periodi di grande splendore ed influenzarono le altre civiltà del bacino mediterraneo. Fu così che seguendo le rotte dei traffici commerciali, passando di mano in mano, poco dopo la morte del grande Hammurabi il tavoliere delle 20 caselle giunse in Egitto. Dopo aver giocato al Senet per 1300 anni l'interessamento degli Egizi per un gioco diverso pare più che legittimo. Fu così che nacque la prima scatola da gioco, che presenta-

Fig. 13 - Modellino di fegato animale, manufatto etrusco in bronzo, Museo di Palazzo Farnese, Piacenza

va il gioco delle 20 caselle da un lato, ed il tradizionale gioco del Senet dall'altro. Ma c'è di più: i giochi degli Egizi e dei Sumeri possono essere ricollegati anche al mondo etrusco e romano, poiché gli Etruschi adottarono l'aruspicina come pratica divinatoria, oltre all'osservazione del volo degli uccelli nel cielo.

Infatti nel museo archeologico di Piacenza è conservato il famoso modellino di fegato in bronzo, che sembra proprio l'omologo dei modellini babilonesi.

Inoltre l'osservazione del volo degli uccelli, messaggeri degli dei, è parte di uno dei miti fondanti di una civiltà alla quale tutti noi ci sentiamo particolarmente legati: secondo la leggenda, per stabilire chi sarebbe stato il prescelto dagli dei per fondare una nuova città, Romolo e Remo si misero ad osservare il cielo. Remo vide 6 uccelli volteggiare sopra di lui, mentre Romolo ne vide 12.

Giocare ai giochi antichi oggi

Come abbiamo visto, l'attitudine dell'essere umano verso il gioco ha dato vita ad interessanti esempi di quella che possiamo chiamare a tutti gli effetti "cultura ludica", perché anche un semplice gesto come muovere una pedina o lanciare dei dadi, può portarci assai lontano!

Ma chi ha fatto più strada di tutti è certamente il gioco delle 20 caselle. È stato recentemente scoperto che presso la comunità ebraica della città di Cochin, situata nello stato del Kerala dell'India meridionale, è ancora in uso una variante del *gioco delle 20 caselle* chiamata in lingua locale Asha, che si gioca con diversi tipi di conchiglie, usate sia come dadi che come pedine. Il gioco di cui abbiamo parlato è quindi in uso da più di 46 secoli. Questo si che significa viaggiare nel tempo!

Per poter far compiere ai nostri alunni e studenti un appassionante viaggio nel tempo, abbiamo predisposto dei QR code che vi collegano direttamente ad una pagina web dalla quale potete scaricare delle versioni stampabili dei giochi citati. Potrete così ricostruire anche voi la vostra antica scatola da gioco. Buon divertimento!

Bibliografia

St John Simpson, *Homo ludens - the earliest board games in the near east*, in Board Games in perspective, Londra, British Museum Press, 2008.

G. Rollefson, *A neolithic game board from Ain Ghazal, Jordan* in *Bullettin of the American schools of oriental research*, numero di Maggio 1992

A. Becker, *The royal game of Ur*, in Ancient board games in perspective, British Museum Press, Londra 2007.

P. A. Piccione, *the historical development of the game of Senet and its significance for Egyptian religion*, tesi di dottorato non pubblicata e depositata presso L'Università di Chicago 1990.

P. A. Piccione, *The Egyptian game of Senet and the migration of the soul*, British Museum Press, Londra 2007

A. De Voogt, W. Crist, A.E. Dunn-Vaturi, Ancient Egyptians at Play - Board Games Across Borders, Bloomsbury Academic, New York, 2016.

ALTRI LABORATORI

Elaborazione di piani di lavoro annuali

Costruzione dell'idea di Stato nell'educazione storico geografica per formare cittadini responsabili

coordinato da *Luciana Coltri e Ornella Mandelli*

Stato, un tema, una sfida

Per questo laboratorio è stato scelto il tema dello Stato come possibile selettore tematico per la storia generale da insegnare. Due gli scopi principali: quello di produrre un cambiamento di opinione nell'affrontare il tema di Stato fin dalla scuola dell'infanzia e quello di offrire percorsi possibili da realizzare in classe.

Avviare il processo di concettualizzazione fin dall'infanzia di un tema che appare complesso è stata la sfida motivata dalla consapevolezza dell'importanza che questo tema/concetto ha sia per le conoscenze implicate nello studio della storia sia per consolidare gli aspetti educativi di cittadinanza.

Con l'applicazione guidata della Didattica dei copioni i partecipanti hanno messo le prime basi tematiche per inserire nel proprio curricolo il concetto di Stato, declinandolo secondo le difficoltà presentate dall'età dei propri allievi.

In laboratorio

In laboratorio la Didattica dei copioni è stata proposta in quanto è una didattica specifica per far affrontare anche concettualizzazioni complesse adeguandole alla fase di sviluppo degli allievi. Essa fa leva, infatti, esclusivamente

283

sull'esperienza: quella diretta, vissuta in prima persona sia singolarmente che in gruppo e quella indiretta, ascoltata da testimoni, letta nei libri, vista nei documentari o nei film.

Per questo il gruppo è stato diviso in sottogruppi che avevano il compito di individuare temi possibili per articolare curricularmente il concetto di Stato, proponendo attività a partire dall'esperienza diretta e man mano introducendo l'esperienza indiretta.

I tempi del laboratorio

Era necessario dedicare un primo tempo per condividere con il gruppo la procedura di configurazione dei copioni che sarebbero stati scelti. Per questo è intervenuta Mariarosa Ritonnale, insegnante della scuola montessoriana di Castelfidardo, che ha presentato la sua esperienza con bambini di seconda primaria e con l'esempio ha reso più chiara la procedura implicata nella realizzazione della didattica dei copioni.

Utilizzando la strategia degli appunti visivi i partecipanti hanno condiviso le proprie idee sullo Stato, sollecitati dalla domanda mirata: «Quali sono gli elementi costitutivi di uno Stato?». Dalla raccolta delle informazioni del gruppo è scaturita la scelta tematica, utile a individuare i copioni da far configurare. Scelta in parte necessariamente prevista dalle conduttrici.

Dai temi ai copioni

In questo report, abbiamo scelto di presentare in modo articolato, soprattutto, la parte iniziale della procedura proposta Dando spazio ai temi che ogni sottogruppo ha individuato. Diamo anche conto di una possibile articolazione di copioni da inserire nel curricolo in cui lo Stato è assunto come uno dei temi fondanti per la storia.

Procedura. 1.Scelta dell'esperienza mirata e contestuale
Nella pratica l'insegnante

Riconosce gli elementi costitutivi dell'evento preso in esame: smonta progressivamente gli ingranaggi tematici che costituiscono il concetto. Es. Stato [territorio - popolo-<u>governo</u>], poi governo e, ancora, organizzazione sociale e politica fino ad arrivare ai servizi dove è più facile individuare situazioni legate all'esperienza diretta, vissuta nel presente dai bambini

Per ognuno di questi temi sono stati individuati il portato di conoscenze e di formazione degli alunni presentati nei rispettivi riquadri.

1 "La scuola" è il campo tematico individuato come più adatto all'infanzia, prima e seconda primaria. Il gruppo ha scelto alcune tra le routine possibili per avviare la costruzione del concetto di Stato in questi primi anni di scuola.

Entrare a scuola: la territorialità (i confini, i diversi ambienti, i simboli del territorio scuola); il gruppo come primo nucleo sociale (l'appartenenza al gruppo familiare e al gruppo scuola e a gruppo classe).

Andare in bagno: la funzione dei diversi ambienti di un edificio, ambienti che rispondono alle necessità della convivenza sociale. Attenzione particolare ai bambini non italofoni o e ai bambini in difficoltà.

Fare l'intervallo alla nostra scuola: organizzazione sociale del tempo scuola, gruppo amicale e gruppo classe.

Giocare nel giardino della scuola: la territorialità, regole di convivenza, regole del gioco.

Pagare le tasse per la mensa scolastica: l'amministrazione scolastica, il Comune e nello specifico il settore dei Servizi Educativi, le operazioni di pagamento, le Poste.

2 "I tributi" è stato il campo tematico individuato dal gruppo di terza e quarta primaria. Nel "pagare le tasse per la mensa scolastica" il gruppo ha individuato l'esperienza dei bambini vissuta indirettamente da far configurare come copione a partire dalla lettura della testimonianza di un genitore e la consultazione di un sito web.

(3) "Emettere moneta" è l'argomento con cui si è proposta la partenza dal passato per conoscere il presente. Il gruppo di quinta primaria è partito dal progettare la configurazione del copione de "La coniazione delle monete durante l'Impero romano" con una esperienza mediata dalla lettura del capitolo "Nascita di un sesterzio" da "Impero" di Piero Angela, ed. Mondadori, 2010.

Il gruppo ha progettato il percorso di configurazione del copione e ha proposto un lapbook come prodotto finale in cui la moneta è considerata un mezzo identificativo dello Stato.

Ogni gruppo ha poi seguito le fasi successive della procedura per progettare la configurazione dei copioni scelti in aula.

Procedura. Fasi successive: 2 - 3 - 4 - 5 - 6
2a Rilevazione delle preconoscenze dei bambini sul copione scelto in base alla loro esperienza, anche con gli appunti visivi.
2b Rielaborazione delle conoscenze emerse
3 Modalità di attuazione dell'esperienza progettata e documentazione della stessa
4 Rielaborazione dell'esperienza secondo: tempi, spazi, agenti, azioni, oggetti, fino ad arrivare allo scopo
5 Comunicazione delle conoscenze acquisite con la configurazione del copione.
6 Valutazione dell'avvenuta configurazione

Grazie a: Chiara Annibali, Elena Carnali, Manuela Cesaretti, Matteo Finardi, Pamela Franceschini, Dania Mattioli, Fiorella Pasquini, Rita Romiti, Giuliana Spadini, Daniela Storti, Loretta Venturi, Erica Zaneboni.
Un pensiero speciale va a Lakshmi Spedaletti.

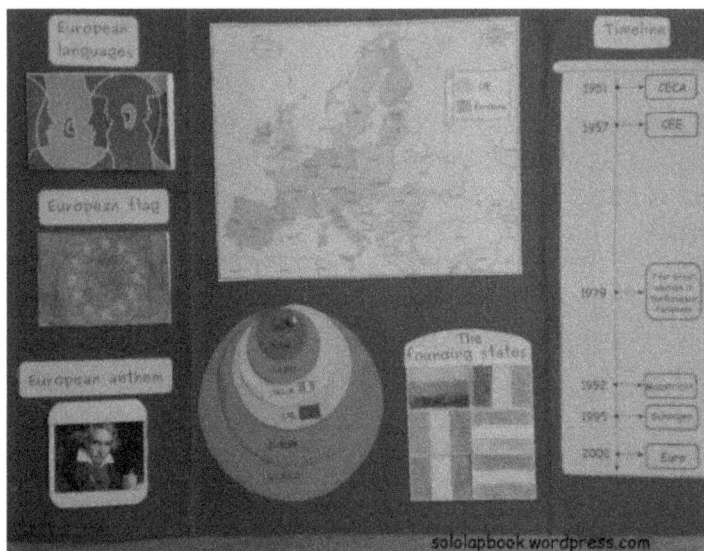

Esempio di lapbook presentato, a conclusione delle attività, da M. Finardi e E. Zaneboni.

Quadri di civiltà come tasselli dei processi delle grandi trasformazioni dell'umanità.

coordinato da *Daniela Dalola*

Introduzione al laboratorio

È proprio così vero, come alcuni insegnanti lamentano, che la storia insegnata alla scuola primaria è noiosa, in quanto si basa sulla trattazione delle civiltà antiche in modo ripetitivo, sempre allo stesso modo?
Come la didattica dei quadri di civiltà si intreccia con il flusso della storia generale?
Queste sono le domande che mi hanno guidato nell'ideazione e nello sviluppo del laboratorio che ho coordinato durante la Scuola Estiva di Arcevia.
Didattica dei quadri di civiltà e storia generale, pertanto, sono stati gli snodi attorno ai quali si è articolato il lavoro condotto con i numerosi insegnanti della scuola primaria che, insieme a me, si sono messi in gioco in questo laboratorio.

Svolgimento del laboratorio

Il laboratorio ha avuto avvio con la condivisione delle esperienze professionali di ognuno e delle aspettative rispetto agli esiti del laboratorio, volta a favorire la conoscenza reciproca e a creare un clima di scambio proficuo, presupposti indispensabili per l'efficacia del percorso laboratoriale.
A questa prima fase è seguita la riflessione su quanto ascoltato durante le relazioni delle giornate precedenti,

per poi esplicitare, attraverso la tecnica del brainstorming, l'idea di storia generale che ogni corsista aveva elaborato. Quello che segue è lo schema di sintesi in cui sono state articolate le preconoscenze del gruppo.

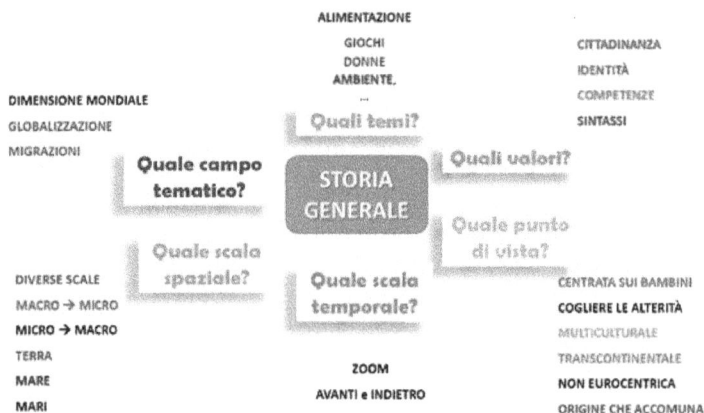

ALIMENTAZIONE

GIOCHI
DONNE
AMBIENTE.
...

CITTADINANZA
IDENTITÀ
COMPETENZE
SINTASSI

DIMENSIONE MONDIALE
GLOBALIZZAZIONE
MIGRAZIONI

Quali temi?

Quale campo
tematico?

STORIA
GENERALE

Quali valori?

Quale punto
di vista?

Quale scala
spaziale?

DIVERSE SCALE
MACRO → MICRO
MICRO → MACRO

Quale scala
temporale?

CENTRATA SUI BAMBINI
COGLIERE LE ALTERITÀ
MULTICULTURALE

TERRA
MARE
MARI

ZOOM
AVANTI e INDIETRO

TRANSCONTINENTALE
NON EUROCENTRICA
ORIGINE CHE ACCOMUNA

Quindi, a partire dalla lettura delle Indicazioni ministeriali per il curricolo, si sono approfonditi i punti di riferimento teorici cui basarsi per:

- individuare i criteri da seguire nella selezione delle conoscenze a cui portare i bambini,
- capire come sia opportuno strutturare le conoscenze per renderle significative al fine di poter portare i bambini all'elaborazione di un sistema di conoscenze sul divenire dell'umanità che permetta loro di saper leggere e comprendere meglio il presente e sentirsi attivi e integrati nell'oggi;
- come farle apprendere per rendere gli alunni competenti e inseriti attivamente nella loro civiltà.

Sulla base delle premesse appena esposte ho presentato alcuni materiali per far rilevare il nesso tra didattica dei quadri di civiltà e quella dei processi di trasformazione.

290

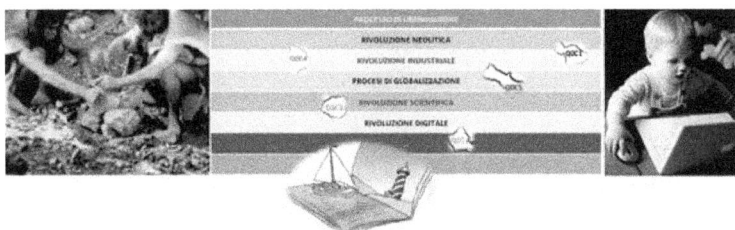

L'immagine ben sintetizza le sollecitazioni che ho lanciato ai colleghi partecipanti al laboratorio:

✓ *assume il presente ed il passato come i due snodi della storia generale;*

✓ sostiene l'idea dell'oggi come palinsesto del passato;

✓ sollecita la costruzione dei quadri di civiltà, visti
come "isole" poste sul flusso dei grandi processi
di trasformazione decisivi per la formazione del
mondo attuale;

✓ attribuisce ai processi di trasformazione la funzione di canone cui l'insegnante deve riferirsi per la
selezione tematica delle civiltà da prendere in esame con i bambini;

✓ promuove l'idea di quadri di civiltà come piccoli
tasselli di un puzzle che si compone gradualmente, quindi come validi presupposti affinché gli
alunni negli ordini di scuola successivi riescano a
cogliere il processo storico compiuto dall'umanità.

Quest'ultima idea viene ulteriormente esplicitata dalla seguente schematizzazione.

QDC1

QDC2

QDC3

COPIONE 1

COPIONE 2

COPIONE 3

PROCESSO DI TRASFORMAZIONE

Essa mostra come la configurazione da parte dei bambini dei copioni, per esempio, di *come coltivavano* le persone della civiltà 1, della civiltà 2 e della civiltà 3 e la loro messa a confronto, per evidenziare analogie e differenze, possano portare gli alunni a costruire i primi nuclei di conoscenze del processo di grande trasformazione, che gli esperti chiamano *rivoluzione neolitica*.

Questi sono stati i presupposti su cui si è basata l'ultima fase del laboratorio. I partecipanti, suddivisi in piccoli gruppi, hanno avviato la progettazione di unità di lavoro che contemplino l'uso delle diverse risorse attraverso le quali *è possibile attu*are la didattica dei quadri di civiltà (fonti territoriali, reperti museali, testi finzionali, ...). Pertanto, è stata avviata la progettazione delle seguenti unità con l'intento di favorire uno sguardo a tutto tondo:

a. "La civiltà occidentale nel XXI secolo"
b. "Urbis Salvia: costruire un quadro di civiltà a partire dal territorio";
c. "Costruire un quadro di civiltà con l'uso di fonti museali e territoriali"
d. "La civiltà egizia ai tempi di Cleopatra".

Tutto questo in un percorso teso a favorire lo sviluppo di abilità nella progettazione di UA secondo i principi della progettazione partecipata.

Ringrazio i colleghi che hanno partecipato al laboratorio: A. Palmisano, C. Mazzarini, C. Carelli, E. Albani, F. Colaone, G. Patrignani, G. Brutti, G. Checconi, I. Croceri, I. Truzzi, L. Pezzimenti, M. Lambertucci, M. Ritonnale, M. Scacchi, M. Traballoni, P. Palmini, R. Romagnoli, S. Salvadori, V. Iobbi, V. Luciani.

Quale storia generale per la IV e la V tra acquisizioni consolidate, superamento di modelli, ricerca di nuovi percorsi didattici

coordinato da *Laura Valentini*

1. Finalità dell'attività di laboratorio.

Da sempre la SEA si caratterizza come occasione di formazione, aggiornamento e crescita professionale centrata sui temi caldi e sulle urgenze che emergono dal dibattito pedagogico e lo fa coniugando gli aspetti teorici della disciplina storica a questioni di pratica didattica emergenti dalla quotidianità del lavoro d'aula. Questa permeabilità tra i due versanti di teoria e pratica si può riscontare all'interno dei laboratori che si configurano non solo come momenti per simulare percorsi, progettare o ipotizzare unità di apprendimento maneggiando gli strumenti del mestiere come fonti, carte storiche, testi ecc., ma anche come spazi per discutere e problematizzare, azioni che, secondo molti insegnanti, hanno un ruolo sempre più marginale all'interno degli istituti scolastici. Questo si è cercato di fare anche nel nostro laboratorio dove le questioni affrontate e dibattute hanno riguardato sia i nuovi modelli storiografici presentai dai vari relatori e che risultano più rispondenti alle esigenze formative dei nostri alunni, sia la loro traduzione in prassi didattiche con tutte le problematiche connesse.

2. Dai nuovi modelli della storia generale ai problemi di curricolazione della storia insegnata.

La fase di "insediamento" del gruppo di laboratorio è stata caratterizzata da un iniziale spaesamento generato dal nuovo paradigma storiografico presentato nel corso delle varie relazioni (dimensione storica a scale mondiale e riferimento al modello della World History). Molte insegnanti, pur condividendo la necessità di individuare diversi modelli di storia generale sulla base dei quali ripensare la storia scolastica e quindi le problematiche riguardanti la trasposizione didattica, hanno manifestato timori e un certo senso di inadeguatezza per un compito ritenuto alquanto arduo e al di sopra delle proprie possibilità tenendo anche conto delle mutate realtà delle classi, in cui, i tempi di attenzione risultano sempre più brevi e incompatibili con il modello della lezione frontale. Tuttavia la discussione attivata, oltre a generare un clima di lavoro favorevole, è servita a rendersi conto che, soprattutto per il tratto di curricolo riguardante la scuola primaria, non si trattava di rivedere radicalmente un impianto entrato ormai nella prassi dell'insegnamento, ma di riorganizzare il contesto in cui inserire la didattica dei Quadri di civiltà favorendo le occasioni di collegamento tra passato e presente di vita, ricollocando lo studio di alcuni popoli all'interno di "cornici concettuali" o macro tematizzazioni, favorendo il passaggio dalla rassegna delle civiltà isolate nel proprio spazio allo spazio come sistema di civiltà (esempio: dalla successione di popoli presentati dal sussidiario ad una selezione e montaggio per la conoscenza di quelli che " hanno navigato nel Mediterraneo in un certo periodo del passato"). Stabilito il terreno condiviso da cui partire si è provato a discutere dei possibili adeguamenti, delle anticipazioni, degli spostamenti di alcuni temi all'interno dell'ultimo triennio di scuola primaria tenendo conto sia dei legami con il tempo presente, sia del superamento dell'eurocentrismo a favore di una scala più ampia e più adeguata alla comprensione di alcuni fenomeni e considerando la dimensione spaziale (al pari di quella temporale) un vero e proprio organizzatore della conoscenza. Si è pertanto ipotizzato un piano di lavoro triennale nel quale ridistribuire e curricolare le conoscenze storiche "classiche". La tabella riportata di seguito sintetizza gli esiti della discussione in cui sono state ribadite due condizioni iniziali: la necessità di operare una selezione ragionata e un rimontaggio di argomenti e conoscenze a scala non solo europea ma anche mondiale che possano restituire l'immagine di situazioni complesse in un'ottica multiculturale e di fare questo mantenendo un approccio operativo e laboratoriale.

Classe III	CLASSE IV	CLASSE V
PROCESSO DI OMINAZIONE E DIFFUSIONE DEI GRUPPI UMANI SULLA TERRA (Le conoscenze vengono affrontate in una visione mondiale, all'inizio riguardano solo l'Africa, poi il resto del mondo).	DALLE PRIME CIVILTÀ NATE LUNGO I FIUMI (III-I millennio a.c. nello spazio del mondo) AL MEDITERRANEO COME "SISTEMA" DI CIVILTÀ E POPOLI.	Dal Mediterraneo al resto del mondo: la Civiltà Romana dall'VIII sec. a.C. al V sec. d.C. (il Mediterraneo diventa «sistema Romano») Oltre il Mediterraneo, verso le civiltà del Lontano Oriente (la civiltà cinese dell'Impero Han?);

QUADRO DI CIVILTÀ DI CACCIA-PESCA-RACCOLTA (Un passaggio europeo con i grandi cacciatori del Paleolitico)	QUADRI DI CIVILTÀ DELLA MESOPOTAMIA (selezione)	Civiltà del Mesoamerica e civiltà andine: incontro/ scontro di popoli e culture sulle due sponde opposte dell'Atlantico (Focus importante nell'ottica della WH per la percezione di un mondo globale e interconnesso che non è esclusiva del tempo presente).
QUADRO DI CIVILTÀ DI AGRICOLTURA-ALLEVAMENTO (Nel Vicino Oriente con i primi gruppi di agricoltori e allevatori del Neolitico)	QUADRO DI CIVILTÀ DELL'ANTICO EGITTO QDC DEGLI EBREI POPOLI ITALICI (anticipazione?) (Opportunità di approfondimenti e collegamenti con la storia locale e con esperienze di ricerca storico-didattica?) QdC DEI CRETESI QdC DEI MICENEI QdC DEI GRECI	
FOCALIZZAZIONE SU ALCUNI ASPETTI CONNESSI ALL'EVENTO DELLA PRATICA AGRICOLA (Nascita dei villaggi e strutturarsi di "società complesse" nuovamente nello spazio mondiale)		

La tabella non può certo considerarsi esaustiva e sicuramente presenta lacune e involontarie omissioni; essa ha tuttavia costituito un buon esercizio di curricolazione e di pianificazione di cui noi insegnanti dovremmo fare esperienza.

3. Le Indicazioni nazionali e il supporto degli strumenti della storiografia.

Una volta abbozzata la proposta di piano di lavoro ci siamo poste la questione di come verificare la validità dei presupposti che ne stanno a fondamento e che non può essere ricercata negli indici dei sussidiari molto spesso scambiati per programmi orientativi delle nostre scelte didattiche quando non addirittura prescrittivi. Per questa ragione il passo successivo è stato quello di richiamare sulla scena del nostro dibattito le Nuove Indicazioni per il curricolo, documento che dovrebbe orientare il nostro lavoro e le nostre scelte sia educative che disciplinari. La lettura delle Indicazioni ha rimesso in primo piano, dichiarandolo, il senso dell'insegnamento della Storia che ha tra le sue finalità quella di "comprendere e interpretare il presente", "ricercando le ragioni di una società multiculturale e multietnica"; quella di "essere capaci di cogliere la sedimentazione di società e civiltà leggibile intorno a noi", "diversificando gli strumenti della conoscenza storica". Sempre le Indicazioni, inoltre, ci ricordano di "aggiornare gli argomenti di studio, adeguandoli alle nuove prospettive, facendo sì che la storia nelle sue varie dimensioni – mondiale, europea, italiana e locale – si presenti come un intreccio significativo di persone, culture, economie, religioni, avvenimenti che hanno costituito processi di grande rilevanza per la comprensione del mondo attuale". A supporto del documento ministeriale, sono stati presentati al gruppo alcuni testi non tutti pensati e scritti per i bambini e che richiedono pertanto una semplificazione e un adeguamento oltre che la selezione di alcune parti, ma che possono rappresentare una buona palestra di formazione per gli insegnati in quanto modelli autorevoli da tenere presenti durante la Programmazione annuale ed efficacemente alternativi agli stessi manuali (vedi bibliografia).

4. Un esercizio di curricolazione delle conoscenze. Dalle tracce di storia visibili nel presente alla conoscenza del passato.

Una parte del laboratorio è stata dedicata anche ad una vera e propria esercitazione finalizzata allo sviluppo di un percorso che, partendo dai segni che la storia ha lasciato intorno a noi, consentisse di aprire una finestra sul passato. L'ipotesi di lavoro poi sviluppata dal gruppo è nata dallo stimolo proposto da un'insegnante che riferiva l'idea di far conoscere ai propri alunni il loro territorio di appartenenza per divenire essi stessi mediatori culturali presso le loro famiglie organizzando una sorta di visita guidata in cui gli stessi bambini avrebbero fatto da ciceroni, impegnati quindi in una prova di realtà. Partendo dalla scuola (collocata nella periferia di Roma) e dalla descrizione dello spazio circostante, la maestra riferiva della presenza di tre strutture architettoniche chiaramente collocabili in un passato "lontano" in quanto disseminate in un territorio segnato da edifici moderni e di recente costruzione: un'antica fontana, l'edificio della biblioteca pubblica e un tratto di acquedotto romano. Il ragionamento seguito alla suggestione fornita dalla collega ha portato allo sviluppo di una unità di apprendimento così strutturata:

Fase 1: uscita della classe sul territorio avente lo scopo di far cogliere ai ragazzi i segni di un passato più lontano rispetto alla maggioranza degli edifici del centro urbano. Formulazione di ipotesi circa la collocazione spaziale, la funzione, la collocazione temporale dei tre "reperti" e la successione della loro costruzione.

Fase 2: osservazione della struttura più anonima e di difficile lettura ovvero il tratto di acquedotto mediante alcune domande stimolo poste dalla maestra o per mezzo di una scheda per guidare l'osservazione evidenziando le caratteristiche morfologiche, il materiale di costruzione, lo stato di conservazione e ipotizzare la natura e la funzione del reperto osservato.

Fase 3: ritorno in classe e distribuzione di una scheda informativa e di immagini per comprendere la natura del reperto, collocarlo in un contesto significativo, capire di che cosa si tratta e fornire le informazioni essenziali relative a: chi lo ha costruito, quando è stato costruito e perché, qual era il punto di partenza e di approvvigionamento dell'acqua e il punto di arrivo.

Fase 4: pausa di riflessione per guidare i ragazzi a problematizzare le informazioni conosciute, ragionare sulla questione dell'approvvigionamento idrico necessario in una realtà urbana complessa e di grandi dimensioni come quella della città di Roma, sia nel tempo passato che nel tempo presente. Questa sosta riflessiva consente di porre questioni storiche importanti come prevedere criteri di irreggimentazione delle acque, la conseguente necessità di costruire opere idrauliche, che queste possano avere diverse finalità di utilizzo (urbano e rurale/agricolo) e che dunque la questione della raccolta e canalizzazione dell'acqua è un problema con cui l'uomo ha dovuto sempre fare i conti fin da quando ha iniziato la pratica "stabile" dell'agricoltura e la costruzione di primi villaggi ecc. Si vede bene come, a questo punto del percorso, si aprano diverse opportunità di approfondimento e piste di lavoro che possono essere percorse in modo diverso a seconda delle domande, delle tematizzazioni che si decide di effettuare. Oltre, naturalmente ad un allaccio continuo con il tempo presente in cui il tema dello spreco idrico, dell'acqua bene comune, risulta di particolare attualità. L'esercizio di stesura dell'unità di lavoro, almeno nella sua fase di avvio ha consentito di mettere in pratica quanto rilevato in prima battuta solo a livello teorico e cioè l'utilità di decodificare i segni del passato da cui siamo circondati mettendo in connessione le due diverse dimensioni temporali di presente e passato rendendo i due piani comunicanti. Le domande da porre al passato non sono solo un pretesto, ma divengono necessarie a riflettere sul tempo presente. Proprio in questo bisogno di conoscenza di ciò che è stato sta il senso dello studio della Storia.

5. Questioni emerse.

Il supporto delle questioni ascoltate durante le relazioni della prima giornata, il dibattito nato all'interno del gruppo e i ragionamenti seguiti facendo riferimento alle nostre reali situazioni di lavoro, ci hanno portato a concludere che, se da un lato si riconferma la validità di alcune risoluzioni ormai da tempo consolidate, dall'altra vi sono ancora questioni aperte rispetto alle quali è opportuno continuare a discutere e sperimentare. Ad esempio:
- i QdC rimane l'elemento connotativo della conoscenza storica proprio e adeguato a questo tratto del curricolo verticale; piuttosto sarebbe auspicabile rivedere le modalità di accesso ad esso che superino o completino l'idea del poster inteso come rassegna o carrellata di uno stesso modello ripetuto seguendo l'indice del sussidiario; ad esempio si potrebbe giungere alla conoscenza di QdC scelti e selezionati partendo dalla lettura di alcuni aspetti del tempo presente che per essere compresi nel loro carattere di novità e cambiamento oppure nella loro dimensione di continuità e lunga durata necessitano della conoscenza di precise porzioni del passato.
- Andare oltre il manuale come strumento esclusivo di costruzione della conoscenza storica introducendo supporti di altro tipo, caratterizzati dall'uso di immagini, anche per andare incontro alle esigenze dei bambini che possono trovare nella lettura e nella scrittura un ostacolo al loro apprendimento.

- Soprattutto appare prioritaria per l'insegnante l'esigenza di una formazione sulle conoscenze e sui contenuti e non solo sulla metodologia poiché occorre aggiornare i criteri per tematizzare e selezionare il catalogo degli argomenti di studio adeguandoli alle nuove prospettive, ai mutati interessi degli alunni e degli studenti che non sono da considerare potenziali cittadini, ma cittadini di fatto.

- Riemerge prepotentemente la figura di un insegnante come intellettuale e operatore culturale che deve essere consapevole di questo suo status e che dovrebbe uscire dall'isolamento nel quale a volte si trova ad operare e trovare forza nella formazione di gruppi di lavoro animati da spirito di ricerca e di sperimentazione.

Bibliografia presentata:

S. Gruzinski, *"Abbiamo ancora bisogno della storia? Il senso del passato nel mondo globalizzato"*, Raffaello Cortina, Milano 2016.

E. Vanhaute, *"Introduzione alla World History"*, Il mulino, Bologna.

J. Diamond, «Armi acciaio Malattie», Ed. Einaudi.

J. Clottes, *"La preistoria spiegata ai miei nipoti"*, ed. Archinto

C.M. Cipolla, *"Uomini, tecniche economia"*, Ed. Feltrinelli.

F. Braudel, *"Civiltà materiale, economia e capitalismo"* ed. Einaudi

M. Montanari, *"Il pentolino magico"*, Editori Laterza.

F. Braudel, *"Il Mediterraneo"*, Ed. Einaudi.

Come far pensare la successione dei mondi e i processi di trasformazione che l'hanno prodotta

coordinato da *Catia Sampaolesi*

L'attività di laboratorio ha visto la partecipazione di 18 docenti, di cui 17 della scuola secondaria di I grado e 1 della primaria, 14 provenienti dalle Marche e 4 da altre regioni italiane
All'inizio dell'attività laboratoriale sono emersi, oltre al percorso formativo e alle esperienze di insegnamento di ciascuno, le aspettative rispetto al laboratorio e i problemi riscontrati nell' azione didattica.

Le aspettative nei confronti del lavoro di gruppo sono risultate le seguenti: approfondire i temi della trasposizione didattica in storia; organizzare una storia generale diversa; conoscere la didattica dei Processi di Trasformazione, per coloro che ne avevano solo sentito vagamente parlare; approfondire la didattica dei PdT anche attraverso nuove tematizzazioni, per coloro che la stavano già sperimentando con le classi; avviare la costruzione di un curricolo di Storia per la scuola secondaria di I grado, con particolare attenzione alla didattica per competenze.
I problemi condivisi sono apparsi molteplici e hanno riguardato:

a. l'ambito delle conoscenze: la selezione dei contenuti, l'approfondimento di temi che vadano oltre la seconda guerra mondiale, l'apertura sul presente, i raccordi interdisciplinari, l'uso del manuale e di altre fonti di documentazione;

b. l'ambito della programmazione didattica: la stesura dei piani di lavoro, la didattica per competenze con i compiti autentici di realtà, il limitato tempo a disposizione per la disciplina;

c. l'ambito dell'apprendimento da parte dei discenti: le problematiche di ordine cognitivo dovute a Bisogni Educativi Speciali, la motivazione degli alunni, la padronanza nell'uso degli strumenti della disciplina, l'uso del lessico specifico.

Conclusa la fase introduttiva, ci si è divisi in tre gruppi (uno per ogni classe della secondaria di I grado) che hanno avuto il compito di esplorare i manuali in uso per cogliere come in essi venga (o non venga) presentata la successione dei mondi e i processi di trasformazione che l'hanno prodotta. L'attività sui manuali è proseguita con la riorganizzazione degli indici sulla base di temi unificanti e di rilevanza storiografica. Dopo la presentazione di alcuni esempi di Pdt, il lavoro di gruppo è stato finalizzato alla costruzione di un Processo di Trasformazione per ogni classe di scuola media, utilizzando una griglia di progettazione, il manuale e altre fonti di documentazione tratte dal web. Ai corsisti è stato anche chiesto di provare ad individuare conoscenze, operazioni cognitive e abilità implicate nel PdT su cui stavano lavorando, in vista di una didattica per competenze. La socializzazione dei lavori ha caratterizzato la fase finale del laboratorio, con la presentazione dei tre Processi di Trasformazione, tematizzati come di seguito indicato:

1. dalla crisi dell'impero romano (IV sec d. C.) alla divisione del Sacro Romano Impero (sec. IX d. C.).
2. la mondializzazione dell'economia dal XV al XVII sec. d. C. .
3. dal colonialismo (fine XIX sec.) al neocolonialismo (fine XX sec.).

In conclusione le coordinatrici di laboratorio hanno proposto ai partecipanti un questionario di autovalutazione organizzato sulla base di tre indicatori:
1. Attività di analisi dei manuali
2. Didattica dei Processi di Trasformazione
3. Unità di Apprendimento e piano di lavoro di storia.

Particolarmente interessanti sono risultati gli esiti dei questionari sui quali vale la pena soffermarsi.

L'attività di analisi dei manuali effettuata durante il laboratorio è risultata interessante per quasi tutti i corsisti e mai sperimentata da diversi di essi. Utile è apparsa la riflessione, proposta dalla scheda di autovalutazione, sui criteri che orientano la scelta di un determinato manuale.

In relazione alla **didattica dei Processi di Trasformazione** è emerso anzitutto che essa viene applicata da pochi docenti, anche se diversi la conoscono. I corsisti hanno evidenziato vari punti di forza di tale metodologia: costituisce uno stimolo per l'insegnante a formarsi, lo responsabilizza nella selezione dei contenuti, aiuta a comprendere il presente e a rapportarlo al passato, favorisce l'unitarietà delle tematiche proposte e l'acquisizione di una visione a lungo termine dei processi. Offre inoltre la possibilità di analisi contrastive, di collegare fatti e concetti, di acquisire una struttura concettuale e organizzativa chiara che costruisce un sapere stabile. Si è infine osservato che si risparmia tempo rispetto alla didattica tradizionale, gli alunni appaiono più coinvolti, più attivi nel processo di apprendimento e sviluppano capacità critiche; l'apprendimento di conseguenza risulta più significativo.

Al tempo stesso sono stati individuati i punti di debolezza, ovvero gli aspetti che meno convincono o meno favoriscono la didattica dei Processi di Trasformazione: il tempo limitato a disposizione per la progettazione e l'attuazione dei PdT, la difficoltà a tematizzare in modo efficace e significativo, la selezione dei contenuti che può non includere alcuni snodi fondamentali, il venir meno dell'approfondimento di una tematica in tutti i suoi aspetti qualora si privilegi la visione d'insieme, la difficoltà a ricevere un feedback significativo in fase di verifica dell'apprendimento. Inoltre la mancanza di aggiornamento storiografico nei docenti, le resistenze negli stessi a modificare il proprio atteggiamento di fronte al programma tradizionale, la scarsa motivazione in alunni difficili e la loro limitata autonomia nell'uso del manuale; infine le resistenze, in alcuni casi, da parte dei genitori degli alunni che, operando confronti con altre classi, chiedono una programmazione che sviluppi tutti i contenuti del manuale.

Per quanto riguarda il terzo indicatore, il laboratorio è risultato utile ai partecipanti poiché sono stati ricavati spunti per: costruire un piano di lavoro organizzato per Processi di Trasformazione, strutturare Unità di Apprendimento secondo una griglia di progettazione, rivedere la scansione degli argomenti, utilizzare il manuale senza soggiacere alla sua logica, usare fonti di documentazione e strumenti vari, incentivare un ruolo più attivo degli alunni, collaborare con altri docenti.

Si ringraziano i colleghi che hanno partecipato al laboratorio: E. Basso, S. Battistelli, A. Ceci, M. Conti, F. Coppotelli, P. Giunta, B. Licastro, P. Loguercio, T. Magnaterra, R. Marini, R. Mazzieri, E. Micheletti, L. Rizzotto, R. Salimbeni, L. Sammarco, G. Scendoni, D. Severini, A. Vergati.

Come evitare che gli alunni pensino di fare il ripasso di una storia già studiata e come presentare problematicamente contesti e processi di trasformazione

coordinato da *Vincenzo Guanci e Paola Lotti*

Il laboratorio si poneva come uno spazio di discussione e riflessione per arrivare ad elaborare un'idea, una bozza, magari un progetto, di curricolo di storia per la scuola secondaria di II grado, nelle sue tre scansioni: primo biennio, secondo biennio, anno terminale.

I tre curricoli avrebbero dovuto affrontare soprattutto le conoscenze significative mettendone in luce problemi e processi di trasformazione.

Il gruppo di lavoro, coordinato da Vincenzo Guanci e Paola Lotti, ha visto la partecipazione attiva di Rosa Carnevale, Letizia Franciosi, Maddalena Marchetti, Maria Elena Monari, Vittore Riccardi, Alessio Soma, Vincenzo Luca Sorella, Stefania Spiritelli, Rachele Tortora.

Purtroppo non siamo stati in grado di rispettare la tempistica data nella presentazione del laboratorio.

Infatti ci si è attardati eccessivamente a discutere dell'uso del manuale e della selezione dei contenuti occupando praticamente tutto il tempo a disposizione.

Ciò ha comportato non solo la rinuncia ad esaminare e riflettere sulle grandi opportunità offerte dalla rete per l'insegnamento/apprendimento della storia ai nostri giovani studenti, ma anche e soprattutto l'impossibilità di analizzare le indicazioni e le linee guida ministeriali alla luce dei problemi e dei processi di trasformazione indicati, per quindi selezionare processi, trasformazioni, scale spaziali, periodizzazioni, su cui riflettere a progettare curricoli per licei e istituti tecnici e professionali.

Al fine di spostare la discussione dai manuali e dai loro contenuti alla ricerca di un sistema originale di uso dei manuali e approfondire con gli allievi le conoscenze comunque presentate dai manuali stessi, è stata presentata - e discussa con interesse - la metodologia utilizzata da Paola Lotti per avvicinare i suoi studenti di Istituto Tecnico allo studio di un processo di trasformazione con l'uso del manuale. E' stato discusso, per esempio, il confronto tra le rivoluzioni industriali della fine del XVIII sec. e quelle della fine del XX secolo. A partire da tale confronto si sarebbe poi dovuto sviluppare la narrazione e la scoperta da parte dei ragazzi del processo di trasformazione dell'Europa e del mondo.

Purtroppo ciò non è stato possibile.

Non siamo riusciti a far uscire la discussione dalla scelta dei contenuti per riflettere su una organizzazione degli stessi diversa da quella consueta dei manuali, i quali, con qualche piccola variazione/aggiunta dall'uno all'altro, conservano il consolidato impianto cronologico-lineare eurocentrico.

Per rendere l'idea ecco la prima pagina del materiale presentato dalla Lotti (manuale in adozione: G. De Luna-M. Meriggi, *Il segno della storia 2*, Paravia ed.):

ELEMENTI FONDAMENTALI, CONCETTI E CONFRONTI TRA LE RIVOLUZIONI INDUSTRIALI

PERIODO: FINE XVIII SEC. FINE XX SECOLO

SPAZIO GEOGRAFICO: EUROPA-MONDO

ATTIVITÀ: in classe, singolarmente, ricerca delle info presenti nella tabella, lettura e comprensione dei concetti;

individuazione termini tecnici e loro significato; confronto tra processi di sviluppo; ricostruzione dei contesti storici generali e culturali. Raccordi con letteratura e storia dell'arte, geografia.
Dopo le vacanze di Natale, completamento tabella con info ed esposizione orale.
Valutazione in classe giovedì 22 di 2016: comportamento, attenzione, velocità individuazione info colonna seconda rivoluzione industriale (per la prima ripasso già svolto varie volte); conoscenze concetti prima rivoluzione industriale; comprensione di alcuni semplici concetti economici e sociali; individuazione delle informazioni nel manuale
Valutazione dopo vacanze: esposizione orale, correttezza espositiva e utilizzo terminologia adeguata; ricostruzione dei processi storici almeno nelle linee essenziali; conoscenze relative alle rivoluzioni industriali; concetto di rivoluzione industriale e di rivoluzione in generale; differenze e confronti, utilizzo corretto degli indicatori di spazio-tempo. Contesti culturali

	Presupposti e rivoluzione industriale inglese. Capitolo 5 e capitolo 10	**Seconda rivoluzione industriale**	**Rivoluzione digitale? Consultare i siti sotto tabella**
Linea del tempo: raccordi con contesto culturale	p. 122-23	p. 484-85 linea tempo pp. 568-69	

La crescita demografica, come e perché incide	p. 124 e ss	p. 571	
Gli indicatori demografici in relazione agli sviluppi economici	p. 125-26		
Il fenomeno dell'urbanizzazione: come cambiano gli ambienti urbani, le città, il territorio	p. 126 p. 251	p. 517-18	
Le nuove organizzazioni del lavoro	p. 127-28 p. 253	p. 596	
Le condizioni del lavoro	p. 129	p. 596 p. 597 http://www.storiaeconomica.com/ storia-economica/ tempi-moderni-taylorismo-e-fordismo	

Il sistema industriale: che cos'è, significato di civiltà industriale, cambiamenti nella produzione, i mercati	p. 248 p. 251	p. 506, p. 509 p. 510 p. 512 p. 530 e ss. p. 596-97 http://www.tesionline. it/v2/appunto-sub. jsp?id=855&p=21 fordismo e taylorismo	
Le vie di comunicazioni: quali, dove, mutamenti, servizi,	p. 246	p. 511-12	
La tecnologia: quale, perché, chi, come	p. 250	p. 596	
I mutamenti sociali: quali nuove classi nascono? con quali caratteristiche e quali ruoli economici e sociali? i nuovi termini sociali	p. 253	p. 505-06 p. 513 p. 514 p. 518-19	

I mutamenti politici, nuovi movimenti politici, nascita nuove correnti politiche	p. 252	p. 507- p. 508 p. 515 p. 516-17 p. 526-27 p. 529 p. 571 p. 592-93, p. 595 p. 598 p. 604	
Le risorse economiche	p. 249 + tutta la parte colonialismo, commercio triangolare e schiavismo	p. 509 pp. imperialismo e colonialismo: differenze e permanenze	

Consultare i siti per riempire la tabella:

ascolto di video, lettura di articoli per individuare gli ambiti coinvolti dalla rivoluzione digitale:

- **concetto di rivoluzione, il contesto**
http://www.treccani.it/webtv/videos/Int_Juan_Carlos_De_Martin_rivoluzione_digitale.html durata 4'36''

- **rivoluzione digitale nel lavoro**
http://www.orienta.net/it/orienta-comunica/news/la-rivoluzione-digitale-del-lavoro.html durata 6'13''
http://www.ilsole24ore.com/art/management/2016-05-24/cosi-rivoluzione-digitale-trasformera-manager-e-imprese-082347.shtml?uuid=AD8HxDO&refresh_ce=1

- **il digitale nell'industria**: tipologia produzione, macchine, organizzazione lavoro
http://italian-directory.it/rivoluzione-digitale-industria-manifatturiera-europea

© Associazione Clio '92 - Agosto 2018
© Mnamon - Agosto 2018
ISBN 9788869492839

www.ingramcontent.com/pod-product-compliance
Lightning Source LLC
Chambersburg PA
CBHW030819090426
42737CB00009B/786